# LA FILLEULE

### PAR
### GEORGE SAND

— Tous droits réservés —

## PREMIÈRE PARTIE

### ANICÉE

#### I

##### MÉMOIRES DE STÉPHEN

J'avais seize ans lorsque je fus reçu bachelier à Bourges. Les études de province ne sont pas très-fortes. Je n'en passais pas moins pour l'aigle du lycée.

Heureusement pour moi, j'étais aussi modeste que peut l'être un écolier habitué au triomphe annuel des premiers prix. Un violent chagrin me préserva des ivresses de la vanité.

J'avais travaillé avec ardeur pour être agréable à ma mère et pour la rejoindre. Elle m'avait dit en pleurant, le jour de notre séparation :

— Mieux tu apprendras, plus tôt tu me seras rendu.

A chaque saison des vacances, elle m'avait répété ce vœu. Mon travail de chaque année avait été juste le double de celui de mes compagnons d'étude. Aucun d'eux n'avait sans doute une mère comme la mienne.

Je n'avais aimé qu'elle avec passion. Lorsque, à la veille de passer mes derniers examens, je songeais à sa joie, je me sentais si fort, que, si l'on m'eût interrogé sur quelque sujet d'étude tout à fait nouveau pour moi, il me semble qu'inspiré du ciel, j'aurais su répondre.

Je venais de recevoir mon diplôme, et j'allais prendre congé du proviseur, lorsque la foudre tomba sur moi. Une lettre cachetée de noir me fut remise. Elle était de mon père.

« Mon pauvre enfant, me disait-il, je n'ai pas voulu t'annoncer cette fatale nouvelle avant l'épreuve de tes examens. Quel qu'en soit le résultat, il faut que tu saches aujourd'hui que ta mère est au plus mal et qu'il nous reste bien peu d'espérance que tu puisses arriver à temps pour l'embrasser... »

Je compris que ma mère était morte, et je sentis mourir en moi subitement quelque chose comme la moitié de mon âme.

Je ne pleurai pas, je partis ; je ne devais, je ne pouvais ja-

mais être consolé ; je sortais de l'enfance, et je voyais déjà clairement que je n'aurais pas de jeunesse.

Je ne trouvai plus de ma mère que ses longs cheveux noirs, qu'elle avait fait couper pour moi une heure avant d'expirer.

J'avais tout juste l'âge qu'elle avait eu en me donnant le jour, seize ans ! Elle venait de mourir du choléra dans toute la force de la vie, dans tout l'éclat de sa beauté. Je trouvai mon père plus accablé que moi. Sa douleur était morne, maladive ; mais elle ne pouvait pas être durable.

Mon père était un homme d'une forte santé, d'une grande activité physique, d'une intelligence réelle, mais qui se mouvait dans le cercle étroit des intérêts domestiques. C'était un bourgeois de campagne, le plus riche de son hameau : il avait environ six mille livres de rente. La conservation et l'entretien de son fonds territorial était l'unique occupation de sa vie. Tant qu'il eut une femme et un fils, il put appeler devoir ce qui était, en réalité et par soi-même, un plaisir sérieux pour lui. Au commencement de son veuvage, il lui sembla, comme à moi, qu'il ne pourrait plus s'intéresser à rien. Peu à peu, il se résigna à reprendre ses occupations par sollicitude pour moi. Plus tard, il les continua par besoin d'agir et de vivre.

Je glisserai rapidement sur de tristes détails. Il suffira de dire une chose que, dans notre province, chacun sait être vraie. Une certaine classe de bourgeois aisés formait, à cette époque, une caste nouvelle. Ces nouveaux riches avaient, à grand'peine, cousu les lambeaux de quelques minces héritages ou acquisitions dont l'ensemble formait enfin un lot qui satisfaisait ou flattait leur ambition. Tout est relatif : tel qui s'était marié avec une métairie de quarante mille francs, se regardait comme riche quand il avait triplé ou bien quadruplé cet avoir. Alors sa fortune était faite, sa terre était constituée, elle ne pouvait s'arrondir dans son imagination ; mais l'idée de la voir encore se diviser en plusieurs parts lui devenait inadmissible, révoltante ; il jurait de n'avoir qu'un héritier, et il se tenait parole à lui-même.

Alors, à côté de l'épouse légitime, pour laquelle on avait généralement de l'affection et des égards quand même, venait s'implanter, de l'autre côté de la rue ou du chemin, la paysanne dont les nombreux enfants devaient être assistés et protégés, sans pouvoir prétendre à morceler l'héritage du protecteur. Cette paysanne était ordinairement mariée, sa postérité était donc censée légitime et connaîtrait une sorte d'aisance relative. Cela était de notoriété publique, mais ne troublait pas l'ordre établi. Le bourgeois de province apporte du calcul, même dans ses entraînements.

A l'époque où je vins au monde, il y avait aussi, comme cause de ce trouble moral dans les unions de province, une différence sensible d'éducation entre les sexes. La vanité du paysan, devenu bourgeois et, sachant à peine lire, était de s'allier à une famille plus pauvre, il est vrai, mais plus relevée et comptant quelque échevin de ville parmi ses ancêtres. Mon père apporta en mariage une fortune de campagne, deux cent mille francs ; ma mère, une bonne éducation, des habitudes plus élégantes et un nom plus anciennement admis au rang de bourgeoisie : elle s'appelait Rivesanges ; mon père, qui s'appelait Guérin, joignit les deux noms, comme c'était encore l'usage chez nous dans ces occasions.

Mais ce n'est pas tant le nom que le titre, qui est l'idéal de ce bourgeois de campagne. Peu lui importe le sexe de son unique héritier. En cela, il diffère de l'ancien noble, qui tenait à la terre à cause du nom et du titre. Le cultivateur enrichi aime naturellement la terre pour elle-même. Que celle qu'il a réussi à constituer subsiste et lui survive dans son entier, il mourra tranquille. Le noble s'est soumis à la suppression du droit d'aînesse ; le bourgeois proteste à sa manière. Il réduit sa famille, au risque de la voir s'éteindre.

Il n'y avait donc pas de danger que mon père, encore jeune, se remariât. Mon sort fut pire. La paysanne vint tenir son ménage, occuper sa maison et s'emparer de sa vie.

J'étais trop jeune, ma mère m'avait inspiré un trop grand respect filial pour que je pusse préserver mon père de cette tyrannie naissante. Je ne protestai que par ma tristesse qui lui déplut. Au bout d'un an, mon père m'appela et me dit :

— Vous vous ennuyez chez moi ; vous avez reçu l'éducation d'un bourgeois de ville : donc, vous avez perdu le goût de la campagne. Vous y reviendrez quand vous ne m'aurez plus. Mais, en attendant, il vous faut chercher une occupation qui utilise les connaissances qu'on vous a données au collége. Voulez-vous être avocat ou médecin ? Ne songez ni au notariat ni à la charge d'avoué. Pour vous acheter une étude, il nous faudrait vendre de la terre, pour n'y pas réuni quatre jolis domaines pour les dépecer. Voyons, mon fils, prononcez-vous.

Je demandai timidement à mon père s'il désirait que je fusse avocat ou médecin ; je ne me sentais pas de vocation spéciale, mais ma mère m'avait enseigné l'obéissance.

J'aurais travaillé pour elle par amour ; j'aurais travaillé pour lui par devoir.

Mon père parut embarrassé de ma question.

— J'aimerais bien, dit-il, que vous fussiez avocat ou médecin, ou toute autre chose qui vous fît gagner de l'argent.

— Avez-vous besoin, repris-je, que je gagne de l'argent pour vous ?

— Pour moi ? s'écria-t-il en souriant. Non, mon garçon, je te remercie ; gagnes-en pour toi-même. Tu peux compter sur douze cents livres de pension que je te servirai. C'est peu à Paris, à ce qu'on dit ; c'est beaucoup pour moi. Gagne de quoi être plus riche de mon vivant, voilà ce que je te conseille.

— Combien me donnez-vous de temps pour gagner de quoi vous épargner ce sacrifice ?

— Tout le temps que tu voudras, répondit-il. Je te dois une pension ; ma fortune me la permet, ma position me le commande ; mais ne songe pas à me réclamer autre chose jusqu'à ce que tu te disposes à te marier.

Là-dessus, mon père me donna deux cent francs pour mon premier mois, trente francs pour mon voyage, un manteau, une malle pleine de linge et une poignée de main. Je vis qu'il était impatient de me voir partir ; je partis le soir même, emportant les cheveux de ma mère, quelques livres qu'elle avait aimés et des violettes cueillies sur sa tombe.

J'esquisse rapidement ces premières années de ma vie. J'espère n'y apporter ni orgueil, ni aigreur, ni aucune emphase de douleur ou de mélancolie. Je veux arriver au récit d'une phase de mon existence que j'ai besoin de me résumer à moi-même ; mais j'ai besoin aussi de me rendre compte succinctement des circonstances et des impressions qui m'y ont amené.

On m'a souvent reproché d'avoir un caractère exceptionnel. Voilà ce dont il m'est impossible de convenir, puisque je ne m'en aperçois pas et qu'il me semble agir en toutes choses dans le cercle logique de ma liberté légitime, et non-seulement dans celui de mes droits, mais encore dans celui de mes devoirs.

Ne connaissant personne à Paris, devant y rencontrer seulement quelques camarades de collége, je n'eus pas la tentation d'y faire une installation plus brillante que mes ressources ne me le permettaient. Seulement, dès les premiers jours, je compris que l'hôtel rempli d'étudiants était un milieu trop bruyant pour la tristesse où j'étais encore plongé et que n'avait point adoucie les adieux de mon père. Je louai une mansarde dans le voisinage du Luxembourg dans une maison tranquille. J'achetai à crédit un lit de fer, une table et deux chaises. Longtemps ma malle me servit de commode et de bibliothèque. Peu à peu, m'étant acquitté de mes premiers achats, je pus m'installer un peu mieux et me trouver matériellement aussi bien que possible, selon mes goûts. Ma mère m'avait donné ceux d'une propreté un peu recherchée pour ma condition et fort en dehors des habitudes de mes pareils. Mon père avait prédit que cela me conduirait à faire des dettes ou à ne me trouver bien nulle part. Il se trompait. Si l'homme habitué à un certain soin de sa personne a plus de peine à s'installer que celui qui se contente du premier local venu, il a aussi, à s'y confiner, une secrète jouissance qui le préserve de la vie turbulente du dehors. C'est ce qui m'arriva. Quand je me vis dans des murailles revêtues d'un papier frais, et que je pus regarder les arbres du Luxembourg à travers des vitres bien claires, il me sembla que je pouvais passer ma vie dans cette mansarde, et j'y passai tout le temps de mon séjour à Paris.

J'ornai ma cellule à mon gré. Quelques fleurs sous le châssis de ma fenêtre inclinée au penchant du toit, mes reliques dans une boîte à ouvrage de ma mère, un vieux châle qu'elle m'avait donné autrefois pour en faire un tapis de table et que, de crainte de l'user, je relevais à la place où j'installais mon travail, son pauvre petit piano que mon père consentit à m'envoyer, un couvre-pieds qu'elle m'avait tricoté pour moi, voilà de quoi je me composai un luxe d'un prix et d'un charme inestimables.

Mes anciens amis de collége vinrent me voir. Ils me trouvèrent doux et obligeants, mais assez morne, cachotier, disaient-ils, parce que je ne leur confiais pas les aventures que je n'avais pas ; en somme, plus bizarre que divertissant. J'eus peu de regret de leur avoir ouvert ma porte, et même une véritable terreur, un jour qu'ayant fait un effort pour leur sembler moins maussade et les mettre à l'aise, je les vis poser leurs cigares allumés sur le châle de ma mère et ouvrir son piano pour y jouer à tour de bras des contredanses. Je craignais de poser la religion filiale ; j'étais inquiet, agité ; je faillis un instant passer pour un avare, parce que je refusai de prêter un livre qui lui avait appartenu. Un seul d'entre eux me devina : c'était Edmond Roque, qui devint mon ami de cœur.

Dès que nos bruyants compagnons furent partis :
— Cette société ne te conviendra jamais, me dit-il. Tu n'es pas enfant, mon pauvre Stéphen ; je ne sais même pas si tu es jeune. Peut-être le deviendras-tu en vieillissant. Quant à présent, il te faut la solitude avec un ami ou deux. Choisis-les bien, et apprends un secret pour préserver ton repos de l'oisiveté des autres, un secret dont je me trouve parfaitement bien.

Il fit le tour de ma chambre, trouva le long de la cloison qui donnait sur le palier, un pan de bois, et me dit :
— Demain, tu feras venir un ouvrier, si tu n'es pas assez adroit pour faire cette besogne toi-même. Un trou de la grosseur d'un tuyau de plume sera pratiqué ici. Tu verras qui frappe ou sonne à ta porte, et tu feras le mort pour quiconque ne sera pas ton ami. Ce n'est pas plus malin que ça. Entends-moi bien : tout l'avenir d'un homme dépend d'une circonstance ou d'une précaution de cette importance-là.

— Et tout le caractère d'un homme, lui répondis-je, se révèle dans une pareille prévision. Eh bien, je ne saurais suivre ton conseil.

Edmond Roque était un esprit net et ferme. Il ne connaissait pas la susceptibilité et ne se piquait qu'à bon escient.
— J'entends, me dit-il ; tu sais que je ne suis pas égoïste, et je sais que tu es dévoué. Mais ce que je te reproche de ne pas étendre assez l'obligeance ; moi, je te reprocherai de l'exagérer. J'aurais peut-être été jaloux de toi, si je n'avais compris que tu l'emportais par l'intelligence et moi par le caractère. Tu travaillais pour l'amour de quelqu'un : ta mère ! je le sais. Moi, je travaillais... tu vas dire pour moi-même ? Non ! pour l'amour de la science. Savoir pour savoir, c'est une assez belle jouissance, et qui n'a pas besoin de stimulant étranger ou accessoire. Nous voici livrés à nos propres forces ; je sais ce que je veux, et ce que tu veux, toi, tu ne le sais pas.

— Il est vrai, quant à moi, mon cher Edmond. Mais ne me parle que de toi. Quel est le but que tu poursuis ? La gloire ou la fortune ?

— Ni l'une ni l'autre ! la science, te dis-je. J'en ai assez appris jusqu'à ce jour pour être certain que je ne sais rien du tout. Eh bien, je veux savoir, avant de mourir, tout ce qu'un homme peut apprendre. Nos camarades ne m'en demandent pas tant. Tous veulent savoir d'abord ce que c'est que le plaisir, puis quelques-uns pousseront l'ambition peut-être jusqu'à vouloir pénétrer les savantes profondeurs de la chicane, ou s'assimiler les phrases creuses et ronflantes du barreau, ou encore se promener dans le vaste champ des conjectures médicales. Je ne me contente pas de si peu, ni toi non plus, j'espère. Comme toi, j'ai quelque fortune dans l'avenir ; comme toi, des parents qui ne m'imposent pas le choix d'un état ; comme toi, des goûts simples, des habitudes de frugalité rustique qui me permettent de vivre avec le peu qu'on me donne. Tous deux, nous comprenons la douceur de l'étude ; tous deux, nous pouvons être heureux par là. Je suis résolu à l'être, je le suis déjà. C'est à toi d'écarter les vulgaires obstacles qui te feront perdre la seule chose précieuse qui soit au monde, le temps ! les heures de cette vie si courte qui ne sont malheureusement pas comptées doubles pour l'esprit studieux et avide ! C'est à toi surtout de chercher là ta force et ta consolation, car je te vois brisé intérieurement et incapable de trouver dans le désordre la stupide ressource des ivresses vulgaires. Allons, courage, ferme ta porte, perce ton mur, endurcis ton cœur, non contre le besoin naturel que tout esprit juste éprouve d'assister son semblable, mais contre la condescendance banale qui dégénère vite en faiblesse et en duperie.

Edmond Roque raisonnait fort bien à son point de vue ; mais il ne voyait pas parfaitement clair dans mon âme. Comment l'eût-il fait ? Je ne me voyais moi-même qu'à travers un nuage. Il était Méridional, il avait grandi sous le ciel dont la lumière accuse vivement et un peu sèchement tous les objets. Moi, j'étais du Berry, un pays où les brumes de l'automne sont profondes, où les vents soufflent avec violence, où la température, inconstante et capricieuse, rend l'homme très-incertain, moins grave en réalité qu'en apparence, volontiers indolent et même fatigué de vivre, avant d'avoir vécu.

Vaincu par ses exhortations, je perçai ma cloison ; mais on ne change pas ses instincts ; mon moyen tourna contre moi. J'avais résolu de n'ouvrir qu'à ceux qui mériteraient une exception. Il arriva que je n'en trouvai pas un seul qui n'eût droit au sacrifice de mon temps et de mon travail. Sans ce maudit point d'observation, j'eusse tenu bon peut-être ; mais, dès que j'avais eu le malheur de regarder, je me faisais un reproche de rester sourd, et les plus importuns, les plus désœuvrés, les moins sympathiques étaient précisément ceux que j'avais la patience de supporter, tant j'avais peur de devenir égoïste et insociable depuis que je m'étais assuré un moyen de l'être.

Heureusement pour moi, je n'étais pas assez riche dans le présent pour qu'on pût venir me demander beaucoup de services. Et puis je n'étais pas gai, je n'acceptais aucune partie de plaisir. Le deuil que je portais encore à mon chapeau me permettait d'observer celui que je devais toujours porter dans mon cœur. Mes camarades de collège eussent été tout entiers à l'ivresse de la première année de séjour à Paris. J'eus donc plus de calme que ma fatale douceur de tempérament ne devait m'en faire espérer, et je pus suivre les conseils de Roque en m'adonnant à l'étude, sinon avec ardeur, du moins avec assiduité.

II

Il ne s'agissait pas pour moi de savoir si je persisterais, en dépit de mon chagrin, à être studieux et à m'instruire sérieusement. Je ne pouvais pas ne pas aimer l'étude. Soit que j'en eusse le goût inné, soit que la volonté d'obéir à ma mère m'en eût donné l'habitude précoce, je ne savais plus être oisif, et mes longues et fréquentes rêveries étaient plutôt des méditations que des contemplations. De toutes les distractions auxquelles je ne tenais plus, la lecture et la réflexion étaient encore pour moi les plus naturelles et les plus acceptables. Je travaillais donc machinalement, et, pour ainsi dire, d'instinct, comme on mange sans grand appétit, comme on marche sans but déterminé, comme on vit enfin sans songer à vivre.

Cependant Edmond Roque, qui venait me faire de rares mais de longues et sérieuses visites, exigeait que je misse de l'ordre dans mes études, et que, comme lui, je suivisse une méthode pour arriver du détail à l'ensemble. Cela m'eût été possible si ma mère eût vécu, et j'eusse eu la force de lui écrire ce qu'elle désirait. Mais j'étais un pauvre être de sentiment, et mon intelligence si vantée ne se trouvait en réalité que la très-humble servante de mes affections. Les affections brisées, le cœur était vide, et l'esprit s'en allait à la dérive par un calme plat, flottant comme une embarcation qui n'a rien perdu de ses agrès, mais qui n'a ni passager à porter, ni pilote pour la conduire, et va où le flot voudra la faire échouer, la briser ou lui faire reprendre le courant.

Roque s'étonnait de cette situation morale. Il n'y comprenait absolument rien, et m'adressait de généreux et véhéments reproches.
— Que fais-tu ? disait-il en examinant mes livres et mes notes. Quinze jours de philosophie, puis tout à coup des poètes, de l'art, de la critique ! Des langues mortes, c'est bon ; mais, au bout de la semaine, de la musique, des sciences naturelles, mêlées d'économie politique et de sculpture ! Quel incroyable gâchis de facultés divines ! quelle désolante perte de temps et de puissance !

— Ne me disais-tu pas, lui répondais-je avec une langueur un peu moqueuse au fond, qu'il fallait apprendre, avant de mourir, tout ce qu'un homme peut savoir ?

— Mais tu as pris, s'écriait-il, le vrai moyen pour ne jamais rien savoir, c'est d'apprendre tout à la fois. Les connaissances se tiennent, j'en conviens, mais c'est en se suivant comme les anneaux d'une chaîne, et non en se mêlant comme un jeu de cartes.

— Et pourtant, avant toute partie livrée, on mêle les cartes !

— Ainsi tu fais de la vie un jeu où le hasard sera toujours là pour se moquer de tes combinaisons, ou pour t'épargner la peine de rien combiner ? Tiens, j'ai grand'peur qu'après avoir dépensé plus de temps et d'intelligence qu'il n'en faudrait pour devenir réellement instruit, tu ne finisses par être un poète ou un critique, c'est-à-dire quelqu'un qui chante sur tout, ou qui croit tout de tout parce qu'il ne connaît rien.

Je me défendais mal, si mal, que cet esprit ardent et rude s'impatientait contre moi et me quittait fâché. Il revenait pourtant, et, après chaque bourrasque, il semblait qu'il m'aimât davantage. Un jour, je lui dis en souriant :
— Tu me reproches de croire que l'affection est quelque chose de plus dans la vie de l'homme que sa raison et sa science, et pourtant ta conduite avec moi prouve que, toi aussi, tu es gouverné par ce qu'il te plaît d'appeler la faiblesse du cœur. Tu m'estimais sans m'aimer, au collège : c'était le temps où tu me croyais ton égal, parce que j'avais de la volonté. À présent que tu me méprises un peu pour mon insouciance, tu m'aimes, conviens-en, puisque tu te donnes tant de peine pour me mettre dans le bon chemin ?

— Oui, j'en conviens, s'écria-t-il avec une sorte de colère

plaisante : j'ai de l'amitié pour toi depuis que je te sens faible, et je suis indigné d'aimer la faiblesse, moi qui la déteste.

Roque s'en allait consolé et raffermi dans sa résolution de me surpasser, quand il avait trouvé une plaisanterie à m'opposer. Mais, dans cette lutte livrée à mon âme, il n'oubliait qu'une chose, c'était de la comprendre ; de même que, dans son ardente recherche de la vérité absolue, il oubliait d'étudier le cœur humain. Il ne l'a jamais connu : aussi a-t-il passé sa vie à s'étonner et à s'indigner des contradictions et des faiblesses d'autrui, sans éprouver la souffrance de les partager, ni la douceur de les plaindre.

Au bout de deux ans, je connaissais et comprenais infiniment plus de choses que mon ami, mais je n'en savais à fond et rigoureusement aucune, tandis qu'il était ferré, c'est-à-dire absolu et convaincu, sur plusieurs points. Il n'avait pas plus que moi pour but une spécialité déterminée. Il admettait avec moi que rien ne pressait, et que, la Providence nous ayant mis, comme on disait chez nous, *du pain sur la planche* (sa famille était fixée en Berry), nous pouvions bien donner à nos consciences la satisfaction de ne pas embrasser un état dans la société avant de nous sentir propres à le bien remplir. Nous nous permettions, lui de critiquer, moi de plaindre nos condisciples pressés par la nécessité, ou par une étroite ambition, de se faire médecins sans connaître la médecine, hommes de loi sans connaître les lois. Il les traitait de bourreaux du corps et de l'esprit ; je les considérais comme des victimes condamnées à faire d'autres victimes. Tous deux nous aspirions, avant d'agir, à embrasser une certitude religieuse, philosophique, morale et sociale. On voit que notre ambition n'était pas mince. Chez Roque, elle était audacieuse et obstinée. Chez moi, elle était déjà mêlée d'un doute profond. Je craignais de découvrir que l'homme n'est pas capable d'affirmer quelque chose, et je prenais mon parti d'accepter cette destinée pour les autres et pour moi-même. Roque ne voulait admettre rien de semblable ; il était résolu à devenir fou ou à se brûler la cervelle le jour où, après avoir péniblement gravi vers la lumière, il la trouverait enveloppée d'un nuage impénétrable. Ce jour-là, il devait ou maudire l'humanité, ou se maudire lui-même. Heureusement, ce jour ne devait jamais venir d'une manière définitive. Jamais l'homme intelligent ne se persuade qu'il a monté assez haut pour tout voir ; ou, si l'orgueil lui donne le vertige, il croit voir ce qu'il ne voit réellement pas.

La saison des vacances arriva. Je ne désirais point passer ces deux mois chez mon père ; mais je comptais aller le saluer pour lui témoigner ma déférence, et repartir. Il m'écrivit que ce serait du temps et de l'argent perdus. Je compris que *la Michonne* (c'était le nom de sa gouvernante) m'interdisait l'approche du foyer paternel. Cette situation n'était pas faite pour me donner du courage.

— Voilà, me dit Edmond Roque (le seul à qui je fisse confidence de mes chagrins domestiques), le résultat des entraînements du cœur. Tu dis que ton père est, malgré tout, bon et sensible : reconnais donc que c'est par l'abus de cette prétendue bonté et de cette sensibilité égoïste qu'il manque aux devoirs de la famille. Philosophe là-dessus, au lieu de t'en affecter. Pardonne, excuse, c'est fort bien ; mais préserve toi-même d'une destinée semblable. Ne cultive pas en toi la pensée d'un amour idéal pour une créature mortelle ; on se fait, grâce à cette rêverie, un besoin d'intimité sublime qui n'aboutit qu'aux risibles déceptions de la vie réelle. Tu es poète comme ta mère, mais tu es faible comme ton père, ne l'oublie pas, et prends garde de faire comme Pétrarque, pour qui Laure fut une abstraction, et qui finit par s'accommoder, dit-on, de la poésie de sa cuisinière.

Roque voulut m'emmener passer les vacances dans sa famille. Il avait de très-bons parents qui donnaient l'exemple de toutes les vertus domestiques dans une vie calme et froidement réglée. Ce milieu m'eût été salutaire, je le sentais. Mais la famille Roque demeurait à quelques lieues seulement de mon village, et il me semblait que mon séjour chez elle afficherait, pour mon pauvre père, la honte de mon exil. Je refusai, j'étais résigné à rester seul à Paris et à rêver, dans ma mansarde brûlante, la fraîcheur des ombrages de ma vallée.

Roque eut pitié de ma tranquillité d'âme.

— C'est de l'apathie, me dit-il. Je ne veux pas te laisser ainsi, pour te retrouver, dans deux mois, à l'état de chrysalide. Tu vas aller passer ce temps de solitude dans le plus bel endroit du monde. Tu y seras poète ou naturaliste jusqu'à mon retour ; cela vaudra mieux que de *momifier* l'entendement.

Nous partîmes ensemble par la route de Nemours, Montargis et Bourges ; c'était à peu près le chemin de notre pays. A un quart de lieue du sort trajet, Roque voulut s'arrêter pour m'installer dans la retraite qu'il me ménageait.

Plus âgé que moi de deux ans, et sorti de collège avant moi, Roque avait déjà fait l'apprentissage d'un certain art dans le choix d'une solitude momentanée. Il me conduisit dans une maisonnette isolée du village d'Avon, et perdue dans les taillis, à la lisière de la forêt de Fontainebleau. Cette pauvre demeure était habitée par un vieux couple honnête et propre, qui nous reçut à bras ouverts et se chargea de moi pour une très-modique rétribution.

Jean et Marie Floche, tel était le nom de mes hôtes. Leur rustique demeure se composait de deux étages contenant chacun deux chambres. Un escalier extérieur, tout tapissé de lierre, montait au premier, qui me fut loué. Au rez-de-chaussée, le ménage Floche se chargeait de préparer mes repas et de respecter mon isolement.

Roque, résolu à consacrer deux journées à mon installation, commença par me promener dans les plus beaux sites de la forêt. Il avait tracé lui-même un plan des principales localités, au moyen duquel je pouvais parcourir de vastes espaces sans me perdre ; mais il voulut jouir de mon ravissement en me faisant pénétrer avec lui dans la vallée de la Sole, dans les gorges de Franchart, au carrefour du Grand-Veneur et dans tous ces beaux lieux dont les arbres séculaires étaient alors dans toute leur magnificence.

Cette journée fut la seule agréable que j'eusse passée depuis mon malheur. Elle devait finir d'une manière fort triste.

Nous avions marché depuis le lever du soleil jusqu'à son déclin, sans prendre d'autre repos que le temps de faire un léger festin d'anachorète sur la bruyère en fleur. Roque avait commencé son cours de science universelle par la géologie. Il n'était occupé qu'à fouiller à ses pieds, et, dans son ardeur, il oublia bientôt de jouir de l'ensemble des beautés de la nature. Sa vive intelligence n'avait cependant pas de portes complétement fermées ; mais il se privait volontairement des jouissances qui eussent pu détourner son attention du sujet actuel de ses recherches. Il ramassait, brisait, creusait, et en même temps démontrait avec feu. Je sentais que cette tension prolongée de sa volonté eût fatigué ma pensée ; mais je me devais à lui tout entier ce jour-là, en l'écoutant, je voyais rapidement passer devant mes yeux des tableaux enchanteurs, des rayons splendides, des détails d'une indicible poésie. Il ne fallait pas songer à interrompre mon bouillant compagnon pour lui demander de partager mon ivresse.

— Je reviendrai, me disais-je.

Et, à chaque pas, je marquais un but, je méditais une halte délicieuse pour mes futures excursions.

L'air suave de la forêt et le bienfaisant exercice du corps me retrempaient sans que j'en eusse conscience. Dans ces pittoresques décors d'arbres et de rochers, je ne retrouvais pas la physionomie uniforme et gravement mélancolique de mon pays ; mais la marche prolongée dans ces régions solitaires me rendait, à mon insu, l'énergie physique et la douce langueur morale des jeunes années. Je redevenais moi-même, la vie rentrait dans mon sein.

Au coucher du soleil, chargés d'échantillons de toutes sortes, nous reprîmes le chemin de notre gîte. A un endroit sablonneux et découvert, deux blocs jetés le long du sentier, comme des autels druidiques, s'animèrent tout à coup d'une scène étrange, sauvage, presque effrayante.

Une femme affreusement belle de pâleur, de haillons pittoresques, d'expression farouche et de souffrance, était debout, adossée contre un des rochers, morne, les yeux fixés à terre, puis tout à coup levés vers le ciel avec un air de reproche et de malédiction inexprimables. Alors, à intervalles égaux, un rugissement sourd s'échappait de sa poitrine. Elle cachait aussitôt son front livide dans ses mains, elle crispait ses doigts maigres dans les flots noirs de sa rude chevelure éparse sur ses épaules. La sueur et les larmes coulaient sur son visage. Au-dessus d'elle, sur le rocher, un jeune garçon de neuf à dix ans et d'un beau type accentué, qui appartenait évidemment, comme sa mère, à la race errante et mystérieuse qu'on appelle improprement les bohémiens, semblait attendre un événement, ou chercher de l'œil un gîte secourable. Un petit mulet décharné paissait à deux pas de là. Ce groupe était l'image de la faim, de la détresse ou du désespoir.

Aux cris étouffés de la femme, nous avions doublé le pas. Je me hâtai de l'interroger ; elle me fit signe qu'elle ne comprenait pas. Elle ne savait pas un mot de notre langue ; mais, d'un geste de découragement presque dédaigneux, elle nous engageait à passer notre chemin. Roque s'adressa à l'enfant. Il répondit en espagnol. Mais mon ami, qui avait étudié la philosophie universelle de la formation des langues, n'entendait d'autre langue vivante que la sienne.

— Viens là, me cria-t-il ; toi qui as étudié au hasard tant de choses, ne saurais-tu pas l'espagnol, *incidemment* ?

C'était le mot dont il se servait pour railler les fragments sans ordre de mes connaissances superficielles. Je me sentais trop vivement ému pour partager son sang-froid. En toute autre rencontre, j'eusse récusé ma compétence ; mais il n'y avait là ni modestie ni mauvaise honte que la pitié ne dût faire taire. Je me hasardai à prononcer pour la première fois une langue que je lisais assez couramment et dont j'avais essayé de deviner l'euphonie. Je me fis comprendre, et le jeune vagabond me répondit :

— Nous sommes gitanos d'Andalousie. Mon père nous a quittés cet hiver pour aller chercher fortune à Paris, d'où il nous a fait écrire de venir le rejoindre. Nous nous sommes mis en route, il y a trois mois ; mais voilà ma mère très-malade tout d'un coup et qui va mourir ici, parce qu'on ne veut la recevoir nulle part.

Interrogé sur la cause de ce refus barbare, il sourit amèrement, baissa les yeux, et, les relevant sur moi, encouragé peut-être par ce qu'il lisait dans les miens :

— Regardez ma mère ! me dit-il d'un air suppliant.

La malheureuse, dans une nouvelle étreinte de souffrance, avait laissé tomber de ses épaules le lambeau de couverture dont nous l'avions vue drapée : elle était dans un état de grossesse avancé.

— Il n'est pas nécessaire d'être, comme toi, passé maître bachelier de Salamanque, s'écria Edmond Roque en me rejoignant, pour voir que cette pauvre mendiante est en proie aux premières douleurs de l'enfantement. Ah çà ! qu'allons-nous en faire ? car, la laisser là aux prises avec les seules ressources de la nature, qui sont pourtant les meilleures, c'est demander à la Providence de prendre une trop grande responsabilité.

— La Providence, c'est nous qui nous trouvons là, répondis-je. Il nous faut essayer de transporter cette femme à notre gîte, et il faudra bien que la mère Floche s'exécute en fait d'hospitalité.

Nous étions en train de chercher comment nous pourrions improviser une sorte de brancard, quand la bohémienne, à qui son fils fit comprendre notre bon vouloir, vainquit sa souffrance avec un courage héroïque, et nous dit par signes qu'elle nous suivrait. Elle ne pouvait pas ou ne voulait pas parler. Nous n'entendîmes pas un mot sortir de sa bouche, scellée par la souffrance ou la fierté.

Un quart d'heure après, nous étions à la maison Floche.

Craignant de rencontrer là une répugnance semblable à celle qui avait fait repousser ailleurs la pauvre vagabonde, nous cachâmes sa situation à l'œil peu clairvoyant du vieux Floche, jusqu'à ce que notre protégée eût franchi le seuil de la porte. Alors il nous sembla qu'elle avait des droits sacrés à l'assistance de ses hôtes, et, pendant que je haranguais les vieux époux, Roque partit pour aller en toute hâte chercher une sage-femme au village.

Le père Floche ne parut pas très-satisfait d'abord de l'aventure ; mais sa femme, qui avait l'autorité dans le ménage, montra une charité toute chrétienne, et l'obligea de se seconder dans les soins vraiment maternels et touchants qu'elle se hâta de prodiguer à l'étrangère. Roque revint avec la sage-femme d'Avon et, quand nous eûmes remis notre malade entre ses mains, nous montâmes dans nos chambres, où notre modeste souper nous attendait depuis longtemps.

— Je ne pense pas que nous puissions porter aucun secours à la patiente, en cas d'accident, dit mon ami en attaquant le repas avec la fureur d'un appétit de vingt-deux ans, à moins que tu n'aies appris *incidemment* la médecine et la chirurgie ?

— Heureusement que non, répondis-je. Tu n'as donc pas à te préoccuper de l'éventualité d'un meurtre. Mange en paix. Si la matrone d'Avon n'a pas pris ses inscriptions, comme tant de jeunes assassins nos condisciples, elle a du moins pour elle l'expérience.

III

— Sais-tu qu'elle est très-belle, cette misérable créature ! disait Roque tout en dévorant. On voit bien en elle le spectre d'une de ces ravissantes gitanelles que Michel Cervantes ne dédaigna pas de chanter. C'est un pan ruiné de l'Alhambra. A propos, toi qui apprends tout, sais-tu par hasard ce que c'est que cette race immonde qui porte encore au front le sceau de je ne sais quelle grandeur déchue ?

— Ce sont, lui répondis-je, des Indiens pur sang qu'on a baptisés de tous les noms des pays traversés par eux dans leur longue et obscure migration à travers le monde, égyptiens, bohèmes, zingari...

— *Et cætera*, reprit Roque en attaquant un autre plat. Il en est d'eux comme de ces fossiles que l'on trouve épars sur tous les points du globe, et que le vulgaire foule aux pieds sans se douter que ce sont les ossements du monde primitif.

Là-dessus, Roque entama une dissertation qui, accompagnée d'une mastication acharnée, dura près d'une heure, et qui aurait pu durer toute la nuit, si la mère Floche ne fût entrée, portant dans son tablier quelque chose qu'elle prétendait nous faire embrasser et bénir. C'était un petit avorton roulé dans un vieux tapis de pied d'où sortait une face violacée, des yeux fermés, des traits informes.

— Fi ! ôtez cela ! s'écria Roque ; c'est affreux à voir quand on mange.

— Un enfant qui vient de naître, c'est sacré, monsieur ! répondit la vieille en m'apportant la progéniture de la bohémienne.

L'emphase de la mère Floche fit sur moi, à mon corps défendant, une certaine impression. Je lui laissai poser le petit être devant moi sur la table et le regardai curieusement Je n'avais jamais accordé autant d'attention à un pareil objet, et, comme tous les hommes chez qui les entrailles paternelles n'ont pas encore parlé, je ne ressentais pour cette première manifestation de la vie humaine qu'un mélange de dégoût et de pitié.

— C'était bien la peine d'assister cette gracieuse perle d'Andalousie ! disait mon ami en riant. Elle nous a gratifiés d'un petit monstre !

— Ma foi, monsieur, vous n'y connaissez rien, reprit la mère Floche. Cette petite fille, quoique très-brune, est la plus jolie que j'aie jamais vue.

— Joli, ça ? s'écria Roque. Ainsi, mon pauvre Stéphen, nous avons été encore plus laids, nous autres !

— Admirons l'instinct des femmes ! pensais-je ; là où nous ne voyons qu'une ébauche informe de l'œuvre divine, leur appréciation mystérieuse saisit la révélation de l'avenir.

— Mais de quoi avez-vous revêtu cette pauvre créature ? demandai-je à mon hôtesse.

— De ce que j'ai trouvé de plus propre dans les hardes de la bohémienne, répondit-elle. Mais la sage-femme est en train de couper des langes dans un de mes vieux draps, et mon mari a été chercher une mauvaise couverture dont nous lui ferons des couches.

— En attendant, mettons ce marmot dans une enveloppe moins rude, pensai-je.

Et, ouvrant ma malle, j'y trouvai des mouchoirs de toile et un grand cache-nez en mérinos dont la mère Floche habilla l'enfant.

Ma sollicitude parut très-puérile à Roque, qui trouvait sage que l'enfant, destiné à ne jamais connaître les douceurs de la civilisation, s'habituât, dès le premier jour, à s'ébattre nu dans une sorte de paillasson.

On appela d'en bas la mère Floche.

— Ah ! mes bons messieurs, s'écria-t-elle, je ne sais où donner de la tête. Et mon homme qui n'a pas encore soupé ! Laissez-moi poser cette pauvre petite sur votre lit pour un moment ; je reviens la rechercher.

Elle sortit à un second appel de son mari, qui paraissait s'impatienter, et nous restâmes chargés de la garde de l'enfant.

— *Elle est bonne !* me dit Edmond en style d'écolier (*l'aventure* est le mot sous-entendu de cette locution). N'aurais-tu pas appris, *incidemment*, l'art de nourrir les marmots ?

L'enfant criait ; nous imaginâmes de lui donner de l'eau sucrée.

— Tiens, ça boit ! disait Roque émerveillé.

L'enfant s'endormit sur mes genoux. Roque reprit sa dissertation sur le déluge, tout en fumant son cigare.

Cependant, au bruit et au mouvement qui se faisaient au rez-de-chaussée avait succédé un silence complet.

— Je crois, Dieu me pardonne, dis-je à mon ami en l'interrompant, que tout le monde, vaincu par la fatigue, s'est endormi en bas, et que nous allons être obligés de bercer cette sorte d'être toute la nuit.

— Voyons, voyons, donne-moi ça, répondit Roque en voulant prendre l'enfant. Je vais le reporter à sa mère.

— Va voir ce qui se passe, lui dis-je, et envoie-moi la mère Floche.

Roque descendit. Je restai seul avec l'enfant, sans trop m'apercevoir qu'il était sur mes genoux, le soutenant instinctivement, et songeant à l'amour des mères, à la mienne par conséquent.

Puis ma rêverie prit un autre cours. Je demandai ce que

c'était que l'énigme de cette destinée humaine qui se pose si diverse à l'entrée de chacun de nous dans le monde, à cet incroyable jeu du hasard qui préside à la vie, et que nous avons besoin d'attribuer, pauvres êtres que nous sommes, à des combinaisons inexplicables de la Providence, pour en justifier la rigueur ou la bizarrerie.

Tout à coup la porte s'ouvrit et je vis apparaître le petit bohémien. Son teint olivâtre n'était guère susceptible de révéler la pâleur de l'émotion ou de la fatigue ; mais son œil fixe, sa bouche contractée, donnaient à son apparente fermeté une expression de douleur et de volonté au-dessus de son âge.

— Rendez-moi ma sœur, me dit-il laconiquement en espagnol. Ma mère est morte!

Je gardai l'enfant dans mes bras, et je descendis à la hâte. Je trouvai Roque constatant que la bohémienne, épuisée de fatigue, de misère et peut-être de chagrin, venait de succomber à l'effort suprême de l'enfantement.

Quand le petit gitano, qui m'avait suivi, se fut assuré de la vérité, dont apparemment il doutait encore, une crise de désespoir violent succéda à son apparente fermeté. Il se jeta sur le cadavre en criant ; puis il se mit à lui parler dans sa langue asiatique, occupé de remplir de sanglots qui, parfois, prenaient l'intonation d'un chant ou d'une déclamation. Pendant plus d'une heure, il fut impossible de le calmer, et nos exhortations semblaient lui inspirer une sorte de rage impuissante ou de haine sombre. Cette scène, à laquelle les autres assistants, occupés de remplir les formalités prescrites en pareil cas, donnèrent forcément peu d'attention, me pénétra vivement. Je ne pouvais en détacher mes yeux. La face pâle de cette morte, encadrée de longs cheveux noirs, représentait à mon imagination ma mère, dont je n'avais pu consoler l'agonie et contempler les traits flétris. Le désespoir de cet enfant était celui que j'aurais eu sans doute à son âge. Moi, je n'avais pu pleurer. Ses sanglots produisirent sur moi un effet magnétique ; mes nerfs, ébranlés tantôt par la monotonie déchirante de ses gémissements, tantôt par ses brusques et bizarres exclamations dans une langue inconnue, se détendirent enfin, et je sentis des ruisseaux de larmes couler sur mes joues, en même temps qu'un élan sympathique me portait à une commisération infinie pour cet être frappé d'une infortune semblable à la mienne.

A minuit, le décès légalement constaté, le maire et les témoins partis, la sage-femme fut payée et congédiée.

Qu'allaient devenir les enfants? Mes hôtes étaient si fatigués, qu'ils remirent au lendemain à s'en occuper. La mère Floche amena une de ses trois brebis et on put faire téter le nouveau-né. Bien que l'aîné fût arrivé mourant de faim, il refusa de rien prendre et voulut passer la nuit auprès du matelas où gisait la morte. De plus en plus apitoyé sur son sort, j'envoyai dormir tout le monde et je restai seul avec lui, le cadavre, la petite fille couchée dans une corbeille, la brebis et son agneau.

Alors le gitano se calma. Il s'assit au pied du matelas et me regarda attentivement, mais sans vouloir échanger avec moi une seule parole. Il semblait qu'il observât quelque prescription de sa religion, qui lui défendait de parler dans la chambre mortuaire. Enfin il parut s'assoupir, et, voyant tout tranquille autour de moi, je finis par m'endormir moi-même sur ma chaise.

Le chant du coq qui vint sonner sa fanfare matinale auprès de la porte m'éveilla. Il faisait à peine jour. Je ne vis plus le petit garçon dans la chambre. Je pensai qu'il avait été voir son mulet, ou dormir dans l'étable. Je m'assurai que la petite fille reposait tranquillement. La brebis broutait à une brassée de feuilles vertes qu'on lui avait apportée dans la chambre par précaution. La morte s'était roidie sous la couverture. Sa main livide et maigre, extraordinairement petite et bien faite, sortait du linceul et pendait à terre. Elle était ornée d'un bracelet d'or trop large qui retombait jusqu'à la naissance des doigts. Je le pris pour le donner à son fils. J'étais si accablé, que je le mis dans ma poche sans le regarder, et je me rendormis presque aussitôt.

Ce ne fut qu'au grand jour que l'on vint me relayer. Le gitanillo n'était pas rentré. Le mulet avait disparu avec lui. Nous pensâmes qu'ils avaient été, l'un portant l'autre, chercher l'assistance de quelque vagabond de la tribu pour ensevelir la mère et emmener l'enfant ; mais cette journée et les suivantes s'écoulèrent sans qu'on entendît parler du fugitif ni d'aucun de sa race.

Dans l'attente de quelque réclamation, le maire du village s'entendit avec la mère Floche et nous, pour assurer provisoirement l'existence du pauvre être abandonné. Nous fûmes tous fort embarrassés quand il s'agit de faire dresser son acte de naissance. Nous ne savions pas le nom de la mère, nous ignorions si l'enfant pouvait réclamer une paternité quelconque. Il fallut donc l'inscrire au registre de l'état civil comme né de parents inconnus. La mère Floche porta la petite fille au baptême et la prit pour filleule, avec moi pour parrain, dans cette pauvre petite église d'Avon, où un simple nom gravé sur une dalle, *Monaldeschi*, rappelle un des plus sombres drames amoureux du XVII<sup>e</sup> siècle.

Roque, bon et généreux, vida sa petite bourse sur le berceau de notre protégée, mais n'en continua pas moins à rire de l'aventure. Il voulait qu'on donnât à la gitanilla quelque nom expressif ou burlesque. La mère Floche, qui tenait au sien, insistait pour qu'on l'appelât *Scolastique*. Le maire avait l'habitude de donner à tous les enfants trouvés de sa commune le même prénom, Frumence, quel que fût leur sexe. Il me fallut soutenir plus d'un assaut pour baptiser à mon gré ma filleule ; mais, quand on m'eut concédé ce droit, je me trouvai fort embarrassé. Aucun nom ne me semblait assez caractéristique pour une destinée aussi étrange ; mais il était dans celle de l'enfant d'en avoir un très-vulgaire. Je m'avisai de regarder le bracelet que j'avais retiré du poignet de la morte : c'était une grosse chaîne d'or fermée d'un cadenas sur lequel étaient gravées d'imposantes armoiries, et d'une plaque qui portait ce seul mot : *Morena*.

Dans ma simplicité, je crus avoir fait une grande découverte, et j'allai fièrement montrer à mon ami Roque le nom de la mère, et la généalogie de l'enfant écrite dans la langue hiéroglyphique du blason. Il éclata de rire.

— Cela? s'écria-t-il. C'est un collier de chien volé à quelque grande dame espagnole, et ce nom, qui en français, qui, tu le sais, signifie tout bonnement *noire* ou *brune*, c'est le nom d'une petite chienne qui aura peut-être coûté bien des pleurs à sa maîtresse. Les gitanos sont grands escamoteurs de chiens et de chevaux, surtout quand ces animaux de luxe sont ornés richement. Que ta grande flâneuse d'imagination daigne donc rabattre de ses fumées : tu n'auras pas pour filleule une descendante de quelque Medina-Cœli, enlevée à son berceau par les sorcières errantes de l'Andalousie : ce n'est que la fille d'une diseuse de bonne aventure ou d'une danseuse de carrefour, dont le mari ou l'amant (si ce n'est elle-même) s'adonnait au rapt des petits chiens et des chaînes d'or.

L'explication était péremptoire, au point que, renonçant d'emblée à mes idées romanesques, je répondis sans hésiter :

— Eh bien, que le nom de Morena lui soit léger! C'est un adjectif qui peut qualifier sans profanation une créature de Dieu, et beaucoup de noms inscrits aux célestes archives du calendrier n'ont pas une origine plus recherchée.

En ce moment, la mère Floche apporta la petite fille, qu'elle avait attifée de son mieux et qui, grâce à cette rapidité prodigieuse avec laquelle la nature dégage son type de la première ébauche, semblait d'heure en heure prendre figure humaine. La teinte violacée avait disparu ; les traits, encore vagues, étaient pourtant un peu raffermis, et la peau prenait un ton bronzé très-caractéristique.

— C'est une négresse, s'écria Roque, une mulâtresse, tout au moins. Eh bien, elle sera parfaitement nommée.

— Ne m'en parlez pas, dit la mère Floche un peu consternée ; je doute qu'un être de cette couleur-là puisse devenir chrétien au baptême. Je m'imaginais que la mère et le garçon s'étaient noircis au soleil de leur pays ; mais voilà qu'au grand jour la petite en tient aussi, et je crains bien que ce ne soit une race de diables.

— Tranquillisez-vous, dit Roque, M. le curé va blanchir tout ça.

Nous nous rendîmes donc à la mairie et à l'église, où il me fallut adjoindre le nom de Morena, que le maire et le curé s'obstinaient à regarder comme un nom de famille, le prénom d'Anna. En fait de dragées, j'avais donné, le matin, à ma commère un vieux manteau que son époux avait brossé, la veille, d'un air de convoitise. Les femmes de l'endroit, qui s'entretenaient beaucoup de l'aventure, se pressèrent autour de nous pour voir l'enfant mystérieux. Mais la mère Floche, qui avait honte de la petitesse de sa filleule, ramena avec soin sur elle le fichu de grosse mousseline qui lui servait de voile baptismal, et nous allâmes faire tous ensemble, c'est-à-dire à nous quatre, le repas classique. Après quoi, Roque monta en diligence, me recommanda l'étude de la géologie, m'embrassa et partit pour rejoindre sa famille.

Nous nous étions opposés à ce que l'enfant fût mis à l'hospice et inscrit aux enfants trouvés. La mère Floche, ne voyant venir personne pour réclamer sa filleule, ne s'inquiéta pourtant pas. Elle était merveilleusement bonne et aimante, cette pauvre vieille, et elle soignait tendrement Morena (qu'elle persistait à appeler *Anna*), toujours nourrie avec succès par la brebis noire.

Je crois en vérité que, lors même que nous n'eussions pas

(1) L'inscription porte : *Monaldexi*.

contribué, Edmond et moi, aux premiers frais de cette humble éducation, elle les eût pris sur elle seule par charité. Elle trouvait l'enfant si grêle, qu'elle craignit d'abord de le voir succomber dans ses mains. Mais elle put bientôt se convaincre que cette apparence était trompeuse, que l'enfant était ainsi dans les proportions normales de sa race, et qu'il était même d'une santé beaucoup plus robuste, d'un appétit plus facile à satisfaire et d'un développement plus précoce que tous ceux du même âge qu'elle avait sous les yeux.

Cette aventure ne pouvait alors prendre une longue place dans mes pensées. Après la première émotion produite sur moi par le drame de la mort de la bohémienne, mon imagination, qui s'était allumée un instant, se refroidit tout à fait. Pendant deux ou trois jours, j'avais rêvé une sorte d'adoption des deux orphelins que Dieu semblait avoir jetés dans mes bras. Mais la disparition ou plutôt la fuite du petit garçon, qui me paraissait avoir épié dans mes yeux la pitié dont sa sœur était l'objet, et s'être sauvé, sans rien dire, pour me contraindre à m'en charger, la circonstance du bracelet, le nom même qu'il avait, dans un moment d'humeur peut-être, j'avais donné à la petite fille, tout contribuait à me faire envisager les choses sous leur véritable aspect. Les bohémiens sont une race dégradée par la misère et l'abandon. Leur type étrange, leur mystérieuse origine, prêtent sans doute à la poésie, et, à l'époque où je faisais cette rencontre, ils étaient à la mode en littérature. Mais j'avais assez lu un peu de tout pour connaître la réalité des choses et, à côté de ce charme pittoresque que l'on avait le caprice de leur prêter, le mépris trop fondé qu'ils inspirent aux nations qui les connaissent et qui souffrent de leurs rapines, de leur malpropreté, de leurs ruses, de leur abjection en un mot.

L'enfant devint bientôt pour moi un objet de curiosité physiologique, de pitié naturelle, et rien de plus. Quand je rentrais le soir de mes longues courses dans la forêt, je regardais sur la litière fraîche et parfumée de l'étable, le groupe de la brebis noire allaitant ses deux nourrissons, l'enfant et l'agneau. J'admirais la maternelle sollicitude de ma vieille hôtesse et la débonnaireté du père Floche, qui détestait les marmots et à qui sa femme persuadait de bercer celui-là. Ces deux vieillards, rangés, probes et austères, me paraissaient alors bien plus dignes d'attention et d'intérêt que la problématique destinée de ma filleule.

## IV

Ma santé de paysan avait beaucoup souffert pour s'acclimater à l'air de Paris et à la reclusion où je m'étais dû à m'oublier moi-même. Dans cette belle forêt de Fontainebleau, qui a inspiré un poète, l'auteur d'*Oberman*, comme les forêts vierges de l'Amérique ont inspiré Chateaubriand et Cooper, je me sentis bientôt renaître. Mon âme resta libre, mais non oppressée, et j'éprouvais moins qu'à Paris le besoin de m'absorber dans les livres pour échapper aux réflexions amères.

Je me laissai prendre, non plus comme un désœuvré, mais comme un enfant, aux séductions de la nature ; je sentais, si je puis parler ainsi, mes yeux s'agrandir et ma vue s'éclaircir pour embrasser le spectacle des choses éternellement vraies dans l'ordre de la beauté matérielle : les grands arbres, ces monuments qui vivent et progressent ; les fleurs sauvages, cette ornementation qu'on respire et qui renaît sous le pied qui la brise ; les ivresses bruyantes que répand le soleil sur les plantes et les animaux ; les langueurs muettes où la lune plonge délicieusement la création, toujours éveillée, même dans son silence. J'avais encore dans l'esprit un peu de ce vague contemplatif que ne secouent pas aisément ceux qui ont respiré en naissant l'air des vallées de l'Indre ; mais je m'initiais à l'appréciation d'une nature moins douce et plus belle. Je n'attendais plus, dans une promenade sans but, les influences du dehors ; j'allais les chercher, les surprenant même dans ces sites qui résument ou rapprochent la grandeur et la grâce, l'immensité des horizons éblouissants, ou la sauvagerie des retraites cachées.

Un matin, je vis voler sur les bruyères, ou dormir sur l'écorce des bouleaux, de si beaux insectes, que je me pris de goût pour l'entomologie.

— Encore une étude *incidente*, pensai-je en souriant ; mais qu'importe, si elle me charme pendant une saison ?

Je me procurai quelques livres que je feuilletais le soir pour m'assimiler l'esprit des classifications établies. Je vis que c'était là, non une science faite, mais un champ illimité d'observations ouvert à l'activité de l'explorateur. Pour devenir entomologiste, il faut consacrer sa vie à compter les fils d'une dentelle flottante, insaisissable, merveilleuse, que le soleil ou la brise secouent sur la végétation, à toutes les heures du jour et de la nuit. L'application de cette conquête est utile, dans un petit nombre de cas, à l'agriculture et à l'industrie ; mais, dès qu'on se voue à une spécialité dans la pratique scientifique, adieu l'étude sans bornes, adieu l'observation des mystères infinis, adieu l'interminable récolte des richesses qui pullulent dans l'air et la lumière !

— Je ne serai pas entomologiste, pensais-je, car je ne pourrais pas être autre chose ; et, comme je ne peux pas tout savoir, quoi qu'en dise mon ami Roque, je veux au moins tout comprendre, selon mes moyens.

J'étudiai donc les insectes selon ma méthode, qui consistait à n'en point avoir, à saisir au vol tout ce que la fécondité des cieux faisait pleuvoir autour de moi, à connaître les lois de la vie, à sentir les prodigalités inépuisables de la beauté dans chaque être, dans chaque objet livré à mon examen, et je vécus ainsi un mois qui passa comme un jour.

Le désir de surprendre telle ou telle espèce sur certaine plante m'emporta aussi dans le domaine de la botanique. Mêmes aperçus, même entraînement et mêmes réserves ; mais, dès lors, double jouissance. La plante et son parasite, beaux ou intéressants tous les deux, m'attiraient dans les régions où certaines espèces parquent leur existence. Dans ces courses motivées, toutes les splendeurs du cadre, tous les accidents pittoresques ou instructifs du chemin me saisissaient d'autant plus qu'ils étaient le superflu de ma conquête : c'était le vase de la vie universelle qui débordait sur moi au moment où, chercheur modeste, je ne lui en demandais qu'une goutte.

Heureux jours qui m'avez créé une source d'intarissables compensations aux amertumes de la vie morale, je ne saurais trop vous rappeler à ma mémoire et vous bénir !

— O ma mère ! m'écriais-je quelquefois dans une extase soudaine, si, en ce moment, tu peux me voir, tu me regardes vivre et cela seul peut te consoler de ne plus vivre à mes côtés.

Je fis une rencontre qui me contraria d'abord, mais à laquelle je me laissai aller peu à peu, par ce sentiment de commisération morale que je ne pouvais vaincre. Sur plusieurs points de la forêt, je me trouvai face à face avec un garçon un peu plus âgé que moi, agréable de figure et mis avec plus de recherche que moi dans sa tenue de touriste. Il me prit d'abord pour un de ces maraudeurs problématiques qu'on voit errer dans les régions écartées, et dont il est souvent difficile de s'expliquer l'oisiveté inquiète. Quand il vit que j'herborisais et chassais aux insectes, il chercha à lier connaissance et s'y prit avec tant de courtoisie, que je me laissai imposer plusieurs fois sa société.

Ce fut une société agréable par elle-même, mais à laquelle pourtant j'eusse préféré la solitude. Je n'aime pas la conversation ; je suis de ces esprits qui s'assombrissent en se résumant.

Hubert Clet était un fils de famille dérouté dans la vie, qui était censé chercher un état, et qui avait la ferme résolution de n'en trouver aucun digne de ses facultés. Né et élevé à Paris, fils d'un industriel aisé, déjà assez répandu dans le monde des artistes élégants, plus spirituel que capable et plus aimable qu'aimant, il cachait une immense vanité sous les dehors du savoir-vivre. L'estime qu'il se portait à lui-même ne se révélait donc pas par des affirmations de mauvais goût, mais elle se trahissait par sa manière de raisonner.

D'abord, il me crut au même point de vue que lui. Il crut que je méprisais tous les moyens offerts par la société actuelle à l'emploi de ma capacité. Mais, quand il vit que, loin de là, je doutais assez de moi-même pour vouloir prendre le temps de m'instruire avant de m'utiliser, que je ne reniais pas le devoir, mais que je m'y soumettrais au contraire dans l'avenir, en vue de quelque affection future dont je sentais le germe couver en moi lentement, il fit comme Roque avait fait ici, à un autre point de vue : il rabattit de son estime pour mon intelligence et goûta un certain plaisir à se regarder comme mon supérieur.

Voilà le résumé qu'il me contraignit à me faire à moi-même en le lui déclinant. J'en fus attristé. J'étais encore dans une situation d'esprit où j'aurais voulu oublier l'avenir, afin de m'habituer au souvenir du passé. Mais, devant ses théories insensées sur le mépris qu'il affichait pour ses semblables, je sentis ma conscience se révolter. En cela, bien qu'il me fît souffrir, il me donna une leçon utile, tout au rebours de sa conviction.

Ce qu'il y avait d'étrange dans son superbe détachement des hommes et des choses, c'est que, tandis que je vivais en ermite, sevré par ma pauvreté, ma tristesse et ma timidité, des jouissances de la jeunesse, du contact des arts, de la société des femmes et de toutes les élégances de la vie parisienne, il nageait en pleine eau dans ce milieu tant dédaigné. Il avait dansé avec la Malibran, il allait chez Victor Hugo, il donnait à Balzac des sujets de roman, il était abonné au Conservatoire de musique. Sans doute, il se vantait un peu, car il allait jusqu'à prétendre que vingt éditeurs lui demandaient ses œuvres, et que, s'il n'avait pas de nom, c'est parce qu'il méprisait la gloire et voulait vivre en poëte, pour lui-même.

Par moments, je le pris pour un hâbleur et pour un fou. Il y avait un peu de cela ; mais c'était le travers de sa première jeunesse, et il devait s'en corriger. Il pensait, comme tant d'autres, que, s'il n'était pas grand homme, c'est qu'il ne le voulait pas.

Ce travers était déplorablement répandu alors. Je n'en savais rien, moi qui vivais seul ou avec des camarades très-simples de mœurs et encore à demi rustiques. Hubert Clet m'étonna donc beaucoup au commencement. Un instant, il me parut un phénomène si curieux à observer, que je faillis négliger pour lui le coléoptère. Je me demandais si, en effet, c'était là un homme de génie dont il fallait combattre la sainte pudeur qui l'empêchait de se manifester, ou un sot à qui j'eusse mieux fait de tourner le dos.

Au bout de quelques causeries, je le connus assez bien, pour un provincial et un apprenti savant que j'étais. Je vis qu'il avait trop d'esprit pour n'être pas capable d'arriver au talent, mais que ce ne serait jamais un grand artiste littéraire, par ce qu'il vivait trop dans l'amour de lui-même. Je vis qu'il était plus naïf d'amour-propre et plus faible de cœur qu'il ne le pensait, et qu'il y avait même en lui d'excellentes qualités qu'il eût rougi d'avouer comme étant trop naturelles et trop prosaïques, mais qui devaient tôt ou tard l'emporter sur ses affectations d'ennui et de désespoir.

Un soir, il m'accompagna pour la première fois à mon gîte. Il demeurait, lui, dans une superbe villa d'été appartenant à la sœur d'un de ses amis. Cet ami l'avait amené là, pour la saison de la chasse. Mais il méprisait la chasse comme tout le reste, et il prétendait chérir la solitude ; voilà pourquoi il s'emparait de moi et ne me permettait plus d'être seul.

Il vit mon intérieur provisoire de la maison Floche, et le trouva plus original et plus poétique qu'il ne l'était réellement. L'histoire de la bohémienne et la vue de Morena, qui, en réalité, était devenue, au bout de six semaines, une fort jolie petite créature, lui inspirèrent l'idée...

*(Ici, nous trouvons une lacune dans le manuscrit de Stéphen Rivesanges, soit qu'il ne l'ait jamais remplie, soit qu'un de ses cahiers ait été perdu ou brûlé. Mais nous trouvons, pour nous renseigner sur la suite de son histoire, diverses lettres et fragments qui combleront cette lacune, et qui ont sans doute été réunis à dessein par lui à ses mémoires.)*

LETTRE DE MADAME DE SAULE A MADAME MARANGE

Mère chérie, dépêchez-vous de revenir. Savez-vous que c'est long, six mortels jours sans vous voir ! Vous ne m'avez pas habituée à cela, et me voilà déjà comme une âme en peine, ou plutôt comme un corps sans âme. Vous me direz que j'ai un frère pour me tenir compagnie. Bah ! vous savez bien que c'est de votre compagnie que j'ai besoin, et que celle de M. Julien est une chose fantasque et passagère que je n'ai pas la prétention d'accaparer. Il chasse du matin au soir, ce cher enfant, et, s'il est invisible tout le jour pour les gens sédentaires comme nous, du moins il rentre à la nuit, très-gai et très-aimable, quelque poudreux, crotté ou éreinté qu'il soit. Dormez en paix sur le compte de votre Benjamin, chère petite mère. Il se porte à ravir, et je crois qu'il est aussi sage que vous le pouvez souhaiter.

Votre grande fille, je devrais presque dire votre vieille enfant, est moins raisonnable. Quand vous n'êtes pas là, elle s'ennuie de tout, elle ne sait que faire de sa vie. Que voulez-vous ! il me semble que je ne suis rien par moi-même, que c'est par vous que je pense, que je raisonne et que j'existe.

Quand vous allez revenir, je vous raconterai toute une histoire... Mais, puisque vous n'arrivez qu'après-demain, pourquoi ne vous la conterais-je pas tout de suite ? C'est si bon de causer avec vous ! il n'y a que cela de bon. D'ailleurs, vous serez au courant d'avance, et vous ferez vos bonnes petites réflexions en chemin ; car vous allez voir que j'attends votre décision, comme de coutume et pour toute chose.

Hier matin, l'ami de Julien, ce joli petit M. Hubert Clet, que je ne trouve ni sot ni fou, puisque vous ne voulez pas que je juge trop sévèrement les enfants que votre enfant distingue, s'est avisé, à déjeuner, de me raconter une triste aventure qui s'est passée, il y a six semaines, je crois, à trois lieues de nous, au village d'Avon : Avon-Monaldeschi, comme vous dites.

Une pauvre égyptienne, dont on n'a pu savoir le nom, est venue accoucher et mourir, dans l'espace d'une heure, chez de bonnes gens qui ont gardé l'enfant et qui en prennent soin. L'enfant, quoique un peu noir (ou plutôt jaune), est joli comme un amour. Le récit de M. Clet m'a donné l'idée d'aller me promener jusque-là en voiture, avec lui pour guide et notre bon vieux chevalier pour chaperon, quoique, en vérité, il ne me semble pas qu'une femme de trente ans et un garçon de vingt ans puissent jamais se croire en tête-à-tête. Mais vous voulez que votre fille soit comme devait être la femme de César, et vous avez raison. Je suis trop fière que vous vouliez être fière de moi, pour risquer jamais une étourderie.

Nous avons trouvé M. et madame Floche (c'est un ancien jardinier et une ancienne laitière, qui ont bien cent trente ans à eux deux) occupés à laver et à babichonner la petite *Morena* avec autant de propreté, d'adresse et de tendresse que si c'eût été le fruit de leur antique union. Hélas ! ces bonnes gens sont comme moi : ils n'ont pas eu d'enfants ; mais ils ont vieilli ensemble, et moi, je serais une triste veuve.

La petite fille est un bijou ; la brebis noire qui la nourrit est une bonne bête. Je suis restée là, une heure, à m'amuser, comme un enfant que je suis encore malgré les trois cheveux blancs que vous m'avez trouvés l'autre jour sur la tempe droite.

Et puis est arrivé le parrain et le protecteur de l'enfant ; car il faut que vous sachiez qu'il y a un bon être qui a promis de veiller sur elle et de la faire vivre aussi longtemps et aussi bien qu'il pourrait. C'est un tout jeune homme, de l'âge de notre Julien, qui jouit, le croiriez-vous, de douze cents livres de rente, et qui trouve moyen de faire la charité avec cela ! Et Julien, qui a douze mille francs de pension et qui n'en trouve pas assez pour ses menus plaisirs ! le lui ai fait la morale là-dessus en rentrant. Mais il m'a envoyée paître, comme de coutume, et, comme de coutume aussi, il a fini par me dire que j'avais raison de ne pas faire comme lui. Je reviens à mon histoire, qui ressemble un peu à celle des *Sept châteaux du roi de Bohême.*

Ce jeune homme — il s'appelle Stéphen... je ne sais plus quoi — était à se promener dans la forêt avec un autre pauvre étudiant comme lui, quand ils ont rencontré et amené la bohémienne chez les Floche, où ils avaient loué deux petites chambres. L'autre est parti, laissant pour l'orphelin tout ce qu'il avait d'argent et disant que ses parents payeraient son voyage à l'arrivée. M. Stéphen est resté pour passer les vacances dans la forêt ; mais il a donné presque tout son linge et il s'est procuré cinquante francs, qu'il n'avait pas, pour assurer à l'enfant les bonnes grâces de ses hôtes et compléter sa petite layette.

La mère Floche m'a raconté tout cela, et elle a su après coup que ce jeune homme avait fait mettre sa montre au mont-de-piété, à Paris, pour avoir cette petite somme. Elle a voulu la lui rendre ; il n'a jamais voulu y consentir.

Voyez, chère mère, comme il y a des cœurs excellents, et parmi les gens les moins heureux ! J'ai été vraiment attendrie en voyant arriver ce jeune savant, tout brûlé par le soleil, vêtu d'une blouse de roulier, marchant dans de gros souliers dont nos domestiques ne voudraient pas, et tout chargé de plantes, de cailloux et de boîtes d'insectes qu'il venait de recueillir, et une partie de ses nuits à étudier. Il a été intimidé de nous voir là, au point de vouloir se sauver ; mais M. Clet, qui a fait connaissance avec lui dans ses promenades, me l'a présenté malgré lui. Le chevalier l'a interrogé sur ses recherches, et il est si modeste, qu'il s'est imaginé que notre ami était plus savant que lui. C'était fort amusant de le voir répondre avec déférence à des questions dont ce cher homme ne comprenait pas les réponses, et j'ai vu le chevalier si embarrassé, un moment, de continuer la conversation, qu'il a failli lui demander quelle différence il faisait entre les papillons et les lépidoptères.

Moi qui n'en sais guère plus long que notre ami, je me bornai à interroger le jeune homme sur la bohémienne. Apparemment qu'il s'était apprivoisé avec nos figures, car il me répondit sans se troubler et avec une élégance d'expressions à laquelle je ne m'attendais pas de la part d'un écolier de cette apparence. J'ai su depuis, par M. Clet, que ce n'est pas une nature ordinaire; que, dès l'âge de seize ans, il avait fini toutes ses études, après avoir eu les premiers prix sept ans de suite. Il assure qu'il est aussi avancé dans son instruction et dans sa raison qu'un homme fait et d'un caractère sérieux. Enfin, il l'avoue presque pour son égal : jugez combien il faut que ce jeune homme lui soit supérieur!

J'ai eu bien envie, tant il me paraissait gentil et intéressant, de l'inviter à venir nous voir; mais je n'ai rien voulu faire sans votre avis. Il me semble que ce serait pour mon jeune frère une connaissance plus utile que ce bel esprit en herbe de Clet. Vous en déciderez, mère. Ce n'est pas là ce qui me fait vous écrire. C'est l'envie désordonnée qui s'est emparée de moi de prendre et d'élever la petite Morena. N'est-ce pas notre devoir, à nous autres qui sommes riches, d'empêcher les pauvres de se sacrifier les uns pour les autres? N'aurions-nous pas honte de les voir se dévouer quand nous nous croiserions les bras? J'ai failli mettre l'enfant et la brebis, voire l'agneau, dans ma voiture; mais j'ai dit : « Ma mère arrive lundi, attendons et laissons-lui le plaisir d'ordonner. »

Adieu, vous que j'aime. Revenez donc vite. Votre pauvre petite *Marquise* hurle tous les soirs en passant devant votre chambre, elle me donne envie d'en faire autant.


V

ANCIEN JOURNAL DE STÉPHEN. — FRAGMENTS

Avon, 27 septembre 1832.

Anicée de Saule! quel doux nom! et quelle douce créature que celle qui le porte! Où ai-je vu une figure, un portrait qui lui ressemble? Je ne m'en souviens pas, mais bien certainement ce n'est pas la première fois que je vois ce type aimable et pur...

... Aujourd'hui, entre dix et onze heures, j'ai vu l'éclosion d'*elpenor*, au pied d'une vigne sauvage. Je suis resté une heure à attendre que ses ailes fussent développées. Elles étaient humides d'abord et semblaient lisses, incolores. A mesure qu'elles séchaient, je voyais apparaître le duvet si doux de son corps et la poussière si bien tamisée de ses ailes. Ses portions de rose étaient juste de la couleur de l'écume de la vendange, et ses portions vertes de celle de l'olive dans la saumure...

... Quand cette dame s'est retirée, j'ai gravi les rochers pour voir le lever de Procyon. Il monte entre deux fragments de rochers qui sont ici à l'horizon et qui lui font un repoussoir formidable; il brille perdu dans les profondeurs de l'éther que ce cadre fait reculer. Cela donne, à la vue même, le sentiment de l'infini. Je n'avais jamais vu les étoiles si belles que ce soir.


30 septembre.

Elle est revenue, avec sa mère cette fois. J'ai été profondément ému. Cette mère, ô mon Dieu! c'est la mienne; elle lui ressemble, non pas trait pour trait, mais leurs âmes semblent semblables, puisque tant de signes extérieurs établissent dans mon souvenir une similitude qui me pénètre et me bouleverse. C'est la voix de ma mère; c'est son regard si ferme dans la franchise, si doux dans la bonté; c'est sa démarche, sa manière de s'habiller, presque aussi simple, en vérité, quoique cette dame soit riche. C'est son esprit surtout, son jugement droit, sa tendre indulgence, sa modestie, sa grâce. Elle a quarante-six ans, dit-on ; elle paraît à peine plus âgée que ne l'était ma chère défunte la dernière fois que je la vis. Comme les femmes de Paris se conservent longtemps! Nous n'avons pas l'idée de cela dans nos campagnes. La belle Anicée de Saule dit tout haut qu'elle a trente ans. Je ne puis le croire. C'est, à peu de chose près, l'âge qu'avait ma mère, et il ne me semble pas qu'elle soit plus âgée que moi d'un jour. Si l'on nous voyait ensemble dans mon pays, sans nous connaître, on croirait que je suis le frère de l'une et le fils de l'autre...

... Les champignons pullulent dans la forêt; c'est, quoi qu'on en dise, la plus saine nourriture qui se puisse trouver; elle est presque aussi fortifiante que la chair des animaux et offrirait aux paysans une ressource véritable pendant la moitié de l'année. Malheureusement, ils connaissent peu les espèces alimentaires, et, quand ils ne s'empoisonnent pas, ils ont une méfiance qui va jusqu'à s'abstenir entièrement. J'en ai vu qui vendent des échantillons superbes pour la consommation, et qui, pour rien au monde, ne voudraient en manger.

J'ai trouvé l'agaric-améthyste en assez grande quantité ces jours-ci. C'est le plus élégant de ces cryptogames. Sa couleur lilas est d'une nuance admirable, et il exhale un parfum d'iris et de violette.

(Ici reprenait, dans les cahiers, le récit écrit par *Stéphen*, à une époque très-postérieure de sa vie.)

Dans les premiers jours, je ne fus pas aussi occupé de cette rencontre que bien d'autres l'eussent été à ma place. Il faisait encore un temps magnifique, et les charmes de la promenade m'empêchaient de songer avec regret que ma position ne devait pas me mettre en rapport avec des personnes si haut placées dans ce qu'on appelle le monde. J'allais plier bagage ; d'ailleurs, Roque m'écrivait du Berry et me donnait rendez-vous à Paris pour le 10 octobre.

Il fallait songer à établir mon budget pour la suite de l'éducation de Morena. Je demandai un soir à la mère Floche si elle pourrait se charger pour vingt francs par mois. Je ne pouvais faire ce léger sacrifice sans m'imposer de sérieuses privations ; mais gagner vingt francs par mois ne me paraissait pas impossible, n'importe à quelle besogne, et ne devait pas prendre beaucoup de temps sur mes études.

— Monsieur, dit le père Floche d'un air grave, ou nous allons nous brouiller ensemble, ou vous allez reprendre tout ce que vous avez donné pour l'enfant. L'enfant est née sous une étoile, monsieur, sous une belle étoile. Les dames qui sont venues ici l'ont prise en amitié et veulent s'en charger. Ça faisait de la peine à ma femme de s'en séparer si vite; mais, moi, je trouve que nous sommes trop vieux pour soigner un enfant si petit. Que nous soyons pris d'infirmités l'un ou l'autre, c'est lui qui en souffrira. La femme a donc entendu raison. On lui a fait, bon gré mal gré, un joli cadeau pour son bon cœur, et on emmène la petite au château de Saule où vous partirez pour Paris. On ne veut pas vous en priver jusque-là.

— Quoi! tout cela sans me consulter, père Floche? Je suis le parrain, moi, le seul parent, pour ainsi dire, puisque j'en ai accepté les devoirs, et, puisque ces dames me paraissent d'excellentes âmes, j'ai voix au chapitre avant tout le monde. J'étais décidé à payer pour l'enfant le nécessaire et à veiller sur lui, non pas seulement un an ou deux, mais toujours.

— Eh bien, monsieur, qui vous empêchera d'y veiller? Est-ce que vous n'avez pas lu la lettre que M. le comte a dans sa poche?

— Non, dit Clet, qui venait d'entrer, puisqu'elle est encore dans ma poche. J'allais au-devant de Stéphen sur un chemin, pendant qu'il rentrait par l'autre. Tenez, mon cher, lisez cette missive.

La lettre était de madame Marange.

« Laissez-nous faire notre devoir, monsieur; vous n'en aurez pas moins le mérite d'avoir fait le vôtre, et au delà. Permettez-nous, à ma fille et à moi, de nous charger de la pauvre Morena. Nous l'élèverons avec amour et, je l'espère, avec sagesse. Pour cela, il est nécessaire de nous consulter et de nous entendre avec vous. Venez donc passer la journée chez nous demain, afin que nous ayons le temps d'en causer. Mon fils ira vous chercher pour vous montrer le chemin. Nous désirons que vous ne l'oubliiez pas.

» JULIE MARANGE. »

Elle s'appelait Julie, comme ma mère, cette sainte femme! Il y a une destinée! Cette dernière circonstance, plus encore que la lettre et l'émotion que certaines ressemblances m'avaient causée, me décidèrent à vaincre ma sauvagerie et à me tenir prêt dès le lendemain matin à accepter l'invitation.

Le jeune Marange vint à dix heures, dans un tilbury pimpant, traîné par un cheval superbe. Ce jeune homme, beau, grand et fort, déjà barbu jusqu'aux oreilles, paraissait beaucoup plus âgé que moi; mais je vis bientôt que c'était un véritable enfant, et un enfant gâté, qui pis est. Il était bien élevé et ce qu'on appelle bon garçon ; mais ses vanités étaient puériles. Il plaçait son bonheur et sa gloire dans ses habits, dans ses équipages, dans ses armes de chasse, dans ses moustaches, que sais-je! jusque dans ses bottes. Il fut heureux, pendant le trajet, de la pensée que j'étais ébloui de son élégance. Un petit accident qui nous arriva me haussa un peu dans son estime. Son beau cheval perdit un fer et se mit à boiter. Je m'en aperçus le premier et le priai d'arrêter.

— Pourquoi? me dit-il. Au prochain village, nous trouverons un maréchal ferrant.

— Qui fera boiter l'animal bien davantage, parce qu'il n'aura pas de chaussures convenables pour son pied. Votre cheval est panard, monsieur, tout magnifique qu'il est, du reste. Il n'y a donc pas longtemps que vous l'avez?

— Ma foi, non : huit jours.

— Et vous l'avez acheté sans voir que ses fers de devant sont plus épais sur un bord que sur l'autre, parce que son pied ne pose pas également par terre?

— Vous êtes sûr de ça?

— Très-sûr ; venez vous en assurer vous-même.

Nous descendîmes, et, pendant qu'il constatait le fait d'un air de mauvaise humeur, je fis quelques trentaines de pas sur la route que nous avions parcourue, et je retrouvai le fer.

— Mon cher ami, vous êtes l'obligeance même, me dit mon compagnon, et, ma foi, je vous avoue, ajouta-t-il naïvement, que je ne vous aurais pas cru si bon juge. J'ai été enfoncé de mille francs sur ce cheval-là. Vous ne l'avez examiné qu'un instant avant de partir, vous avez vu sa tare qui m'avait échappé, à moi; après trois heures d'examen et d'essai.

— Ce n'est pas une tare. Ayez soin qu'il soit toujours ferré convenablement, et il vous fera autant de service qu'un autre.

— Où diable avez-vous appris à vous connaître en chevaux? On me disait que vous étiez un savant en us, et je me suis toujours figuré les savants distraits, ignorant toujours les choses réelles, fort maladroits de leurs mains et ayant la vue basse.

— Je ne suis pas savant, lui dis-je; et j'ai été élevé à la campagne. Mon père est propriétaire, mon grand-père était fermier, fils d'un simple paysan. J'ai le droit de savoir observer un peu les animaux.

Nous arrivâmes au château de Saule, une belle et suave retraite entre la Seine et la forêt, et jetée à mi-côte dans les collines rocheuses qui dominent le fleuve et la vallée. Du château, qui était une maison fraîche, vaste et plus commodément adaptée à la vie intime que nos vieux manoirs du Berry, on embrassait une vue à la fois riante et immense. Le jardin descendait en pente vers la Seine. Le parc montait vers la forêt, et couronnait de ses derniers arbres la crête du monticule. De là aussi, la vue était belle, plus belle à mon gré. Elle plongeait sur ces bassins de rochers épars dans la verdure, et embrassait ces horizons boisés, imposants et mélancoliques, qui font ressembler la forêt de Fontainebleau à quelque solitude inculte du nouveau monde.

Je n'avais pas apporté de toilette à Avon. La meilleure raison pour ne pas me présenter en habit, c'est que je n'en avais pas. Pour le reste, ne comptant rendre visite qu'aux grands chênes et aux petits ruisseaux de la contrée, je m'étais muni des vêtements les mieux appropriés au genre de vie que je devais mener. J'arrivais donc, chez des dames du monde, en blouse, en grosses guêtres, et, comme je me rappelle les moindres circonstances de cette première visite, en linge fort propre, mais assez grossier. J'avais encore mon trousseau du pays, des chemises du plus beau chanvre, filé dru par nos servantes; ma mère elle-même avait dû, plus d'une fois, charger les quenouilles et mettre la main au rouet.

A ma place, Roqué n'eût pas été pris au dépourvu. La seule puérilité de cet esprit sérieux (puérilité bien pardonnable à vingt ans) consistait à avoir tout de suite l'air d'un savant, ou tout au moins d'un homme grave. En conséquence, il était, dès le matin, partout et dans toutes les saisons de l'année, vêtu de noir, en habit, en souliers, et portait la cravate blanche. Il a gardé ce costume toute sa vie, par goût d'abord, par habitude ensuite.

Malgré l'inconvenance de ma tenue, je me présentai sans aucun embarras ; cette inconvenance étant involontaire, je m'en excusai tout de suite sans mauvaise honte. J'ai toujours été sauvage, réservé, je ne me suis jamais senti timide. Il me semble qu'il y a, dans la timidité, autant de sottise et de vanité que dans l'entrecuidance.

D'ailleurs, je crois que l'homme le plus gauche du monde se fût vite trouvé à l'aise auprès de madame Marange et de sa fille. Ni avant de les voir, ni dans le cours de ma vie ensuite, je n'ai connu de femmes plus simples, plus franches, plus faciles à juger à première vue. Ce qui gêne, en général, les gens sans usage ou sans expérience, c'est l'embarras du savoir à qui ils ont affaire, et la crainte de dire ou de faire quelque chose qui choque les inconnus qu'ils abordent. Avec Anicée et sa mère, à moins d'être inepte, il était impossible de ne pas se rendre compte, d'emblée, de leurs caractères, de leurs goûts, de leurs sentiments, de leurs habitudes. Telles je les ai vues le premier jour, telles je devais les voir toute la vie : deux glaces sans défaut, deux miroirs de pureté qui, toujours placés en face l'un de l'autre, se renvoyaient l'image de la perfection pour la refléter à l'infini dans leur transparente profondeur.

Quand j'entrai, elles étaient dans le parterre, occupées à greffer des roses. Elles s'y prenaient fort adroitement, et je m'offris à les aider. J'avais si souvent pratiqué la greffe d'arrière-saison à œil dormant, qu'elles m'accordèrent toute confiance dès le premier coup d'œil jeté sur ma besogne.

Rien n'est si agréable que cette manière de faire connaissance en prenant part en commun à quelque occupation champêtre ou domestique. La journée se passa pour moi comme un instant, grâce à l'activité et à la simplicité d'habitudes de ces deux femmes, et à la bienveillance délicate qu'elles mirent à m'associer à leurs délassements. Aussitôt après le déjeuner, Julien prit son fusil; Hubert Clet prit un livre, et je restai seul avec les dames. Je voulus parler de Morena.

— Pas encore, nous avons le temps! dirent-elles.

C'était une manière tout affectueuse de me retenir, et il ne fut question de l'orpheline que le soir, après dîner.

Je me laissai faire. Pourquoi n'aurais-je pas accepté l'intimité offerte avec tant de confiance? Je les suivis dans le parc, où elles cueillirent des ceps pour le dîner ; sous les treilles, où elles mirent les plus belles grappes de raisin dans des sacs; à la cueillette des poires, où elles trièrent les espèces qui devaient être mangées à différentes époques; dans le fruitier, où elles placèrent les plus beaux échantillons sur les rayons, après les avoir essuyés avec soin un à un, pour les préserver de la moisissure. C'était ainsi que je passais autrefois le temps de mes vacances, aidant ma mère dans tous ces soins que la femme intelligente et laborieuse sait rendre aussi poétiques qu'utiles. En vérité, par moments, j'oubliai mes années de douleur : je me crus auprès d'elle, aidé par une charmante sœur qui embellissait mon rêve et ne le dérangeait pas. Par moments, je faillis appeler madame Marange maman et dire chez nous en parlant de la maison.

Je vis arriver avec tristesse le moment de les quitter. Qui m'eût dit, le matin, que je passerais un jour entier sans désirer de me retrouver seul, et que je le trouverais court, m'eût bien étonné; et voilà que je trouvais ce qui m'arrivait tout naturel, comme si j'eusse passé ma vie entre cette mère et sa fille.

Enfin, je pris mon chapeau de paille et demandai la permission de parler de Morena. J'exposai que, sans doute, c'était un grand bonheur pour elle de trouver une protection si brillante et si généreuse, mais qu'il y aurait peut-être un grand malheur à la suite : celui d'être élevée dans des conditions trop au-dessus de sa vraie condition, et de retomber dans la misère avec désespoir, avec opprobre peut-être, après avoir connu des douceurs trop grandes et caressé des rêves trop brillants.

— Vous parlez avec beaucoup de sens et de prudence, répondit madame Marange ; et je ne saurais vous faire un crime de ne pas nous connaître assez pour savoir que, si nous chargeons de cet enfant aujourd'hui, c'est pour ne l'abandonner et la négliger jamais. Prenez donc le temps d'avoir confiance en nous ; revenez !

— Ah ! madame, m'écriai-je, ce n'est pas là ce qui m'inquiète. Je vous connais toutes deux, à l'heure qu'il est. C'est dire que je crois en vous, que je suis sûr de votre persévérance dans la charité ; mais je vois comme on est heureux auprès de vous et comme on doit souffrir de vous quitter. Une telle existence rendra quiconque la goûtera si difficile sur tout le reste, qu'il vous deviendra impossible de la faire cesser sans briser une âme généreuse ou sans aigrir un cœur égoïste. Que sera l'enfant de la bohémienne ? Un ange ou un démon, dans les conditions où vous allez la placer ! Élevée par de pauvres gens, habituée aux privations, assujettie de bonne heure au travail, pourvu qu'elle soit protégée contre le vice et préservée de la misère qui y conduit, je voyais son avenir tout simple et assez clair. A présent, je ne la vois plus que dans un nuage. C'est un nuage doré, il est vrai, mais il n'en est pas moins impénétrable.

Pendant que je parlais, madame Marange regardait sa fille comme pour lui dire : « Je m'attendais à cela. »

Quand j'eus parlé,

— Voilà mot pour mot, dit-elle, les objections que j'ai faites à ma chère Anicée, lorsqu'elle m'a exprimé son désir d'élever cette pauvre petite. Ces objections sont très-fortes et subsistent encore dans mon esprit, en partie. Mais ma fille dit à cela que nous serions coupables de donner à la prévoyance plus qu'à l'entraînement ; et j'ai aussi bien de la peine à croire, je vous le confesse, que le premier mouvement du cœur, qui est toujours le meilleur, ne soit pas aussi le plus sage. Voyons, Morena ne sera peut-être ni un ange ni un démon, mais tout bonnement une fille insignifiante ; et, dans ce cas-là, rien n'est si facile que de lui faire une existence appropriée à ses facultés et à ses goûts. Mais admettons votre hypothèse : si elle est un ange, nous l'aimerons assez pour satisfaire l'ambition d'un ange. Si elle est un démon, nous la plaindrons et lui pardonnerons assez pour qu'elle soit un peu moins démon. Est-ce qu'on doit regarder, avant de faire ce que Dieu prescrit, si on en sera récompensé en cette vie ? Non sans doute. Je vois dans vos yeux que vous pensez comme nous ; seulement, vous craignez que le bien-être et la culture de l'intelligence ne développent le mauvais germe qui peut se trouver dans cette petite créature. Là-dessus, Anicée ne partage pas mes craintes ; elle dit que, si le ver est déjà dans le fruit, un bon soleil ne lui fera pas tant de mal, en nourrissant l'un et l'autre, que le froid qui gèle et tue le fruit avec le ver.

— Je vous avouerai que le ver me fait grand'peur, repris-je.

Et je racontai de quelle manière le petit gitano, le frère de Morena, avait subitement et sournoisement abandonné sa sœur auprès du cadavre de sa mère, après m'avoir attendri par le spectacle d'une douleur trompeuse.

Ce court récit fit une certaine impression sur madame Marange.

— Ma fille, dit-elle, pensons-y. Je peux braver et supporter bien des chagrins ; mais ne pas te préserver de tous ceux que je puis prévoir, je ne le dois pas, je ne le veux pas.

## VI

Je m'attendais à voir mon avis prévaloir. Il n'en fut rien. Madame de Saule était le reflet le plus pur de sa mère ; mais c'était un reflet si splendide, qu'il effaçait parfois, en dépit d'elle-même, le foyer où il allait puiser la lumière. Dans cette adoration mutuelle qui semblait fondre deux âmes en une seule, il était difficile, dans les circonstances ordinaires de la vie, de trouver une différence. Anicée en paraissait même comme annihilée volontairement aux yeux vulgaires ; et, dans le monde, j'ai vu plus tard qu'on lui reprochait cette naturelle et sainte servitude de l'amour filial, comme une faiblesse d'esprit qui l'empêchait d'exister, d'avoir une idée à elle, une volonté propre. C'était l'opinion d'Hubert Clet en particulier, comme je vais avoir bientôt à le dire.

On se trompait, et, dès le premier jour, je fus à même de ne point partager cette erreur. Anicée, plus douce à sa mère à l'habitude, entraînait parfois son guide. C'était l'affaire d'un instant, il est vrai ; mais, dans cet instant, l'une faisait faire tant de chemin à l'autre par l'ardeur de son sentiment et le courage de son esprit, qu'elles ne pouvaient revenir sur leurs pas ni l'une ni l'autre.

— Ma chère mère, s'écria-t-elle, vous dites que vous ne voulez pas que je m'expose à des chagrins ; c'est impossible ; pour cela, il faudrait me rendre égoïste et commencer par m'en donner l'exemple : c'est ce que vous n'avez jamais pu et ne pourrez jamais faire. D'ailleurs, il n'y a pas de chagrins que je ne puisse supporter sans grand mérite, puisque je vous ai pour me consoler et me dédommager de tout. Laissez donc dire ce grand philosophe, cet homme mûr et froid qui fait comme vous faites toujours, c'est-à-dire qu'il commence par se dépouiller, s'engager et se sacrifier, après quoi il donne aux autres des leçons de prévoyance et de méfiance. Demandez-lui donc s'il s'est décidé des mécomptes et des déceptions qui l'attendent peut-être, le jour où il s'est chargé de cet enfant. Voulez-vous donc estimer plus que moi ? J'en serai très-jalouse, je vous avertis. Et vous, monsieur Stéphen, vous êtes un orgueilleux qui voulez garder tous les risques et toutes les peines pour vous seul. Vous craignez que je ne gâte votre filleule ? vous supposez qu'elle aura tant d'intelligence, qu'elle sera forcément comme un diable dans notre bénitier ? Eh bien, je vous dis, moi, que, c'est une créature supérieure, c'est alors un crime d'étouffer l'intelligence et une lâcheté de ne pas la développer à tout prix ; car l'intelligence a des droits sacrés, et, si on les méconnaît, c'est alors qu'elle s'irrite et devient ennemie des autres et d'elle-même.

Madame Marange était ébranlée, et, moi, j'étais vaincu.

— Tenez, dit la bonne mère, pour terminer, il n'y a pas de théories absolues devant l'avenir, et, de tout ce que nous prévoyons là, si quelque chose arrive, ce sera d'une manière si imprévue, que toute notre sagesse d'aujourd'hui ne nous servira de rien. Il faut faire le bien au jour le jour, et laisser à Dieu le soin du lendemain. Tout ce que nous pouvons arranger, c'est une éducation appropriée aux facultés et au caractère que nous verrons poindre et grandir chez notre orpheline. Si la nature l'a faite pour une vie d'humble travail, et qu'elle s'y porte sans réflexion avec de l'incapacité pour le reste, nous en ferons une bonne petite ouvrière ; si elle a de l'imagination et de l'ardeur, nous la ferons artiste ; si elle est sage et bienfaisante, nous en ferons une demoiselle. Mais nous avons besoin que le parrain surveille, juge et conseille. C'est son droit, et notre devoir, à nous, est de ne rien faire sans le consulter. Ainsi, monsieur Stéphen, vous voilà forcé de nous voir souvent et d'être un peu de notre famille pour toujours.

Je baisai avec effusion la main de madame Marange. Madame de Saule me tendit la sienne aussi. J'allais en faire autant ; je m'arrêtai tout à coup : il me sembla qu'elle était trop jeune pour cette preuve de familiarité dans le respect.

On voulut me faire reconduire. J'aimais beaucoup mieux marcher, et je l'affirmai si sincèrement, qu'on me laissa libre. Hubert Clet me conduisit jusqu'à la sortie du parc, afin de me montrer la traverse, et, quand il fut là, notre entretien l'emmena plus loin, presque jusqu'à mi-chemin d'Avon.

— Allons, mon cher Stéphen, me dit-il aussitôt que nous fûmes sortis de la maison, voilà votre filleule adoptée, et vous aussi, le parrain, adopté avec enthousiasme !

Comme il y avait un dépit marqué dans son accent, je m'arrêtai, étonné et attendant qu'il s'expliquât mieux. Il s'en aperçut, se prit à rire et passa outre ; je le suivis.

— Je vous fais mon compliment, reprit-il, quelques pas plus loin, d'un ton naturel, du succès que vous avez auprès de ces dames. Tout le monde n'est pas si heureux ! c'est ce qui prouve qu'avec les femmes, quand il s'agit de plaire, il suffit de le vouloir.

— Je comprends fort bien, lui répondis-je en riant, que vous ne l'avez pas voulu, puisque vous désirez que je le comprenne ; mais permettez-moi de ne pas le croire. Vous avez dû désirer de vous rendre agréable, et je pense (en tout bien, tout honneur, car je ne me permets jamais de plaisanter mal à propos) que vous avez dû réussir autant que vous le méritez.

— Oh ! oh ! l'homme sérieux ! reprit-il, des compliments un peu moqueurs pour moi et de la diplomatie à propos de madame de Saule ? Déjà ? Comme vous y allez, mon provincial ! Vous devriez être plus confiant avec celui qui vous a valu cette belle connaissance.

— Je ne la cherchais pas.

— Ce qui veut dire que vous ne voulez me savoir aucun gré d'avoir fait ici votre éloge et de vous avoir porté aux nues ?

— Si fait ; si vos éloges sont sincères, quelque exagérés qu'ils puissent être, j'en suis reconnaissant, ainsi que de l'honneur que vous m'avez procuré en me faisant connaître des personnes qui me paraissent dignes de tous les respects.

— Allons, Stéphen, s'écria-t-il avec un peu d'humeur, ne prenez pas sur ce ton. Vous me faites l'effet dans ce moment-ci, vous pourtant de l'esprit, d'un maître d'école de village qui a dîné chez la châtelaine de l'endroit, et qui a été si ébloui de cette faveur, qu'il n'a même pas voulu regarder si elle était laide ou belle.

— Je n'ai pas été tant de mon village : j'ai fort bien vu que madame de Saule est belle comme un ange.

— Ah ! j'en étais sûr ! Vous aimez ces têtes-là ? C'est fade, c'est calme, c'est ennuyeux comme un ciel sans nuage.

— Permettez-moi d'avoir mon goût. Peu vous importe, je présume.

— Sans doute. Mais cela ne sera peut-être pas aussi indifférent à madame de Saule. Il faudra que je lui dise votre admiration.

— De quoi vous mêlez-vous, je vous prie ?

— J'ai envie de m'amuser à lui faire la cour pour vous. Ça me distraira.

— Je vous engage beaucoup, si vous ne voulez pas être inconvenant dans vos façons de vous divertir, de ne pas me prendre pour le sujet de vos plaisanteries.

— Bien, bien ! Vous vous fâchez, parce que vous n'avez pas senti le courage de faire la cour pour votre compte. Bravo ! mon savant. Vous avez plus de courage et d'aplomb que je ne le serais imaginé avant de vous voir ici. Comme vous vous tenez sur vos deux pieds ! Allons, pardonnez mes sottes railleries, et habituez-vous, puisque vous voilà lancé dans le monde, à ne pas prendre au sérieux ces sortes de choses. Bien d'autres que moi vous feront compliment de vos bonnes fortunes ;

n'allez pas vous imaginer, chaque fois, que c'est par dépit ou par convoitise. Pour moi, il n'en est rien. Madame de Saule est une belle personne et une excellente femme, mais si vulgaire d'esprit, si froide d'imagination et si dominée par sa mère, qu'elle en est abêtie, et ce n'est pas moi qui voudrais engager la lutte contre tant de vertu, de prosaïsme et de surveillance maternelle. D'ailleurs, quelle femme mérite d'être aimée assez pour qu'on la dispute, ou seulement pour qu'on l'envie à un camarade? Elle existe peut-être, mais je confesse ne l'avoir jamais rencontrée.

Il me parla longtemps encore sur ce ton, et j'avoue que sa fatuité me déplut tant ce jour-là, que je faillis, à plusieurs reprises, le lui faire sentir durement. Plus il s'efforçait de dénigrer madame de Saule, plus je lisais clairement dans sa pensée qu'il en était vivement épris, et que, n'ayant pas été encouragé, il n'avait pas même trouvé moyen de le lui dire ; il était blessé de me voir mieux accueilli qu'au bout d'une journée que lui au bout de deux mois, et il se mordait les doigts de m'avoir introduit dans la maison. J'ai su, depuis, qu'il avait imaginé de raconter l'histoire de Morena et la mienne, pour se ménager un tête-à-tête avec madame de Saule, en l'accompagnant chez les Floche en l'absence de sa mère. Mais ce projet avait échoué. Madame de Saule s'était fait escorter d'un vieux ami de sa famille.

Si je me contins, ce fut par la crainte d'être aussi fat que lui en m'imaginant que madame de Saule avait besoin de moi pour embrasser la cause de ses charmes et de ses mérites. Je pris le parti de ne plus écouter ce qu'il me disait ; il s'en aperçut et me souhaita le bonsoir, en assurant que j'étais amoureux fou et que j'étais capable de ne pas retrouver mon chemin.

Je le retrouvai fort bien. J'ignore si j'étais amoureux. Je n'en avais pas conscience, car j'eusse pu jurer que je ne l'étais pas. Je me sentais presque heureux ce soir-là. J'avais plus de confiance dans la vie, je marchais avec plus de plaisir, la nuit me paraissait plus belle; je ne me sentais plus seul et abandonné sur la terre : et pourtant je n'espérais rien, je n'eusse rien osé désirer. Hubert Clet avait gâté la première heure de ma course, en s'efforçant de donner une forme réelle à mes vagues et chastes aspirations ; mais, à mesure que je m'avançais seul dans la forêt, cette influence désagréable se dissipait, et je me retrouvais seul avec les bons souvenirs de ma journée.

La lune était splendide, le profond et majestueux silence des premières nuits d'automne n'était interrompu, par moments, que par la course effarée et soudaine des cerfs et des biches dont je troublais la retraite.

C'était l'époque de l'année où les gardes de la forêt et les paysans de la lisière croient entendre passer la chasse fantastique du grand veneur. J'aurais bien souhaité quelque brillante vision de ce genre ; mais elles ne sont accordées qu'à ceux qui ont le bonheur d'y croire.

Il était près de minuit quand j'arrivai à la maison Floche. Je revenais souvent aussi tard. Je sortais même quelquefois au milieu de la nuit pour étudier la géographie céleste, et je rentrais, aux approches du jour, sans réveiller mon hôte. J'avais la clef de ma chambre, et l'escalier était extérieur.

Je fus surpris en approchant de la maison, de voir de la lumière au rez-de-chaussée, comme si, par exception, on se fût inquiétée de mon absence. Je doublai le pas, et remarquai une ombre noire, qui semblait se détacher de la fenêtre, glisser le long du mur et s'enfoncer dans le buisson. C'était évidemment quelqu'un qui épiait, du dehors, ce qui se passait à l'intérieur. Je ne m'amusai pas à crier : *Qui va là?* comme font les gens qui ont peur et qui craignent de mettre la main sur le larron. J'allai droit à la maison en sifflant, comme si je n'eusse rien remarqué, et, quand je fus arrivé à l'endroit du buisson où le fantôme avait disparu, j'y entrai brusquement. Aussitôt un bruit de pas et de branches brisées m'apprit que le voleur ou le curieux fuyait en ne sentant sauf près de lui. Je le suivis ; mais il avait de l'avance sur moi et m'échappa. Un instant je le vis traverser le chemin à vingt pas de moi. C'était un homme ; voilà tout ce que je pus distinguer. Je courus en vain ; ramené à mon gîte par crainte de quelque danger plus notable pour mes hôtes, j'abandonnai ma poursuite inutile, et retournai vers eux par un autre chemin.

J'y étais à peine engagé, que je vis accourir à ma rencontre une autre ombre plus petite et plus grêle, que je distinguais assez pour voir que c'était un enfant. Sans doute, il croyait rejoindre par là l'autre fugitif sans me rencontrer ; mais, dès qu'il m'aperçut, il coupa droit dans le fourré, où je ne perdis pas mon temps à le chercher.

Une bande de malfaiteurs menaçait peut-être la maison. Le mieux était d'aller avertir nos hôtes et de défendre la place avec le vieux Floche, qui possédait un bon fusil de munition (il avait été de la garde nationale de Fontainebleau), et qui, avec mon aide, pouvait faire bonne contenance.

La lumière éclairait encore la croisée de leur chambre, et, au moment d'entrer, je crus entendre de sourds gémissements. Je poussai vivement la porte. La mère Floche était levée et fit un cri d'effroi.

Bientôt rassurée, elle me rassura moi-même en disant que son mari souffrait de ses rhumatismes, et que rien de fâcheux d'ailleurs ne leur était arrivé. J'approchai du lit du père Floche. Il était en proie à de vives douleurs, et je crois que, si on nous avait attaqués, il eût été hors d'état de se défendre. Il avait un rhumatisme articulaire des plus aigus. Morena dormait tranquillement dans sa corbeille posée sur un coffre, au pied du lit de la vieille femme.

Je n'avais rien à indiquer qui pût soulager le malade ; sa femme, habituée à le soigner, s'en acquittait fort bien. Je fis une ronde attentive et minutieuse autour de la maison, et, ne voyant plus rien qui pût donner des craintes, je rentrai pour aider la bonne Floche à veiller son mari. Je lui demandai alors si elle avait vu ou entendu quelqu'un rôder sous sa fenêtre. Elle ne s'était aperçue de rien ; mais elle me raconta que, vers le coucher du soleil, un homme de fort mauvaise mine était entré chez elle pour allumer sa pipe, sans trop demander la permission. Il n'avait pourtant montré aucune hostilité, et, même, en voyant le père Floche se traîner à son lit, il s'était approché de Morena, que la mère Floche tenait dans ses bras ; il l'avait beaucoup regardée, offrant de la bercer pendant qu'elle-même aiderait son mari à se coucher ; il avait fait cette offre d'un ton fort doux.

— Mais il avait une si vilaine figure et un regard si faux, ajouta la vieille, que je n'ai pas osé lui confier l'enfant et que je l'ai engagé même à ne pas nous déranger plus longtemps. Alors il s'est mis à rire, en disant :

» — Est-ce que vous croyez que je veux vous la voler, votre petite fille? Elle n'est pas déjà si belle !

» — Ma foi, elle n'est pas, lui ai-je dit de même, bien blanche ni bien grasse ; mais vous n'avez rien à lui reprocher de ce côté-là.

— C'était donc un bohémien? demandai-je à mon hôtesse.

— Je ne saurais pas trop vous dire, répondit-elle. C'était un homme très-brûlé du soleil ; mais, malgré que ces gens-là se marient toujours entre eux, il y a bien du sang mêlé dans leur race. J'en ai vu qui étaient noirs comme les nègres et d'autres qui étaient presque blancs. Je jurerais que notre Anna est la fille d'un chrétien d'Espagne, car elle n'a pas les grosses lèvres et les cheveux crépus, et, quant à sa peau, il y a bien des gens du midi de la France qui ne l'ont pas plus blanche.

— C'est vrai ; mais continuez votre récit. J'ai dans l'idée que ce visiteur brun et laid était de la tribu, qu'il savait très-bien l'histoire de la naissance de Morena et qu'il venait pour la réclamer ou pour l'enlever.

— Il ne l'a pas réclamée du tout. Je n'avais pas grande envie de faire la conversation avec lui, et je n'ai voulu ni le questionner ni l'écouter. Il s'en est allé en ricanant et en disant :

» — Si votre mari est longtemps malade comme ça, voilà un petit enfant qui ne sera guère soigné ou qui vous gênera beaucoup. Vous serez forcée de la mettre en nourrice...

» — C'est bien, lui ai-je dit.

» Et il est parti sans rien demander.

— Tout cela et ce que j'ai vu tout à l'heure me confirment dans mon idée, mère Floche : l'homme qui regardait chez vous à travers la vitre était probablement le même que vous avez reçu et congédié ; et, quant à l'enfant, qui ne s'est pas présenté chez vous, mais qui s'est caché à mon approche, je jurerais que c'est le frère de Morena.

— Alors vous pensez, dit-elle, qu'ils ont l'idée de me voler ma pauvre petite pour en faire une saltimbanque? Ce serait bien la peine de l'avoir fait baptiser et d'en avoir eu un si grand soin ! Ah ! monsieur, il faut nous réjouir de ce que ces dames charitables veulent s'en charger, et il faut la leur donner le plus tôt possible ; car, une fois que vous serez parti, avec mon mari malade comme ça, comment pourrai-je la défendre, cette pauvre créature innocente !

J'étais complétement de l'avis de la bonne femme, et les circonstances de cette soirée levaient tous mes scrupules. Je passai la nuit à veiller autour de la maison. Dès le jour, je courus à Avon, d'où je ramenai, *primò*, une femme que la mère Floche consentait à prendre pour l'aider à soigner son mari ; *secundò*, une petite charrette attelée d'un âne robuste et couverte en toile. Je pris les rênes, après avoir caché la brebis noire au fond de ce modeste véhicule, à côté de Morena bien couchée dans sa corbeille.

Je fis ces dispositions avec beaucoup de mystère ; je pouvais compter sur la prudente discrétion de mes hôtes, et je fis plusieurs détours dans la forêt, m'assurant bien partout et avec soin que je n'étais ni observé ni suivi. On eût dit que l'enfant comprenait mes desseins; car elle ne trahit pas une seule fois mal à propos sa présence par un vagissement.

J'entrai par la porte du parc qui touchait à la forêt. J'y rencontrai madame de Saule, qui m'aida à m'introduire avec mon précieux bagage dans la maison, sans être vu de ses domestiques, dont elle n'était pas parfaitement sûre.

C'est ainsi que j'arrivai pour la seconde fois dans cet éden que j'avais quitté la veille avec peu d'espoir d'y revenir aussi vite que je le souhaitais.

## VII

Je fus accueilli avec une joie sincère. Madame de Saule me remerciait avec effusion. Il semblait qu'elle crût me devoir de la reconnaissance. Elle reçut l'enfant comme un dépôt sacré que je lui confiais, admira sa propreté, sa gentillesse, et s'épanouit au sourire de cette petite physionomie. C'était le premier sourire de Morena. On eût dit qu'elle était frappée de la beauté de son nouvel asile et de la tendresse de sa mère adoptive. Étrange destinée que la sienne, étrange destinée que la nôtre!

Comme je n'avais annoncé l'exécution de mes promesses que pour la fin de la semaine suivante, on n'avait encore rien préparé pour l'installation de l'enfant. On n'avait pas même décidé si elle serait nourrie dans la maison ou dans les environs. Le premier soin de madame de Saule fut de me prier de la porter dans sa chambre, où nous devions trouver madame Marange.

Là, je racontai en détail les petits événements de la veille, et nous eûmes à nous consulter. Si Morena avait réellement une famille qui vînt à la réclamer, nous ne pouvions la lui refuser. Mais quelle serait la preuve que cette famille fût celle de la bohémienne, puisque nous ne savions pas même le nom de cette dernière?

Nous devions donc être très-circonspects avant d'accorder confiance à ceux qui se présenteraient, et défendre l'enfant contre des tentatives d'enlèvement. Par conséquent, la première éducation nous forçait à des précautions particulières. De ce moment, la question fut tranchée. Morena devait être et serait élevée dans la maison de madame de Saule. Tous les hasards poussaient Morena dans les bras de cet ange.

Une des femmes les plus dévouées à son service fut chargée de veiller à toute heure sur l'enfant. On lui attribua une chambre aérée et commode dans le corps de logis qu'habitaient la mère et la fille. La brebis, dont le lait paraissait si merveilleusement approprié à son tempérament, puisqu'elle n'avait jamais été et ne fut jamais malade pendant l'allaitement, lui fut conservée pour nourrice.

Pendant qu'on vaquait à ces soins, j'eus le loisir et l'occasion d'apprécier tout à fait les instincts et l'âme maternelle d'Anicée. La Providence se trompe donc quelquefois, puisqu'elle n'avait pas béni les entrailles d'une telle femme.

Pourquoi ne ferai-je pas ici le portrait d'Anicée de Saule?... Le pourrai-je? Ma main n'a jamais essayé de le tracer; elle tremble en l'essayant.

Elle était plus petite que grande, et toujours si chastement vêtue, que le monde ne savait pas si elle était belle autrement que par le visage. Il fallait une de ces rares occasions où, pour se soumettre aux exigences du monde, elle revêtait une toilette de ville, pour voir ses épaules étaient aussi parfaites que ses bras, et son corsage aussi fin que ses pieds étaient petits. A l'habitude, elle avait des habits aisés, flottants, sous lesquels chaque mouvement gracieux trahissait pour moi la beauté de son être, mais qui, loin d'appeler le regard, semblaient vouloir y dérober sans affectation la femme pudique par instinct. Vivant toujours dans l'intimité de la famille, ne sortant de son intérieur que contrainte et forcée par certaines convenances de position, on la voyait tous les jours semblable à elle-même, de caractère, de manières et même de costumes. Hubert, dans ses jours d'humeur, disait qu'elle n'était pas assez femme, et qu'il y avait quelque chose d'insolemment apathique à passer sa vie en robe de chambre. D'autres fois, quand il la comparait aux autres femmes du monde, il avouait qu'avec sa robe blanche ou gris de perle à larges plis et à larges manches, ses beaux cheveux bruns noués et relevés comme au hasard, elle arrivait, on ne savait comment, à être toujours la plus richement habillée et la plus heureusement coiffée. Alors il prétendait que, sous cet air de négligence et d'oubli d'elle-même, il y avait une insigne coquetterie; car il n'était pas embarrassé pour se contredire lui-même, en étudiant comme un problème désespérant cette femme si simple et si vraie, dont la beauté morale était aussi transparente que sa beauté physique était voilée.

Tout le mystère de cet art qu'elle avait de plaire toujours aux regards en même temps qu'à l'âme, consistait dans un sentiment du vrai que je n'ai jamais vu en défaut chez elle. Si elle touchait à une broderie coloriée, sans y songer et sans s'appliquer, elle peignait un chef-d'œuvre avec son aiguille; si elle regardait une œuvre d'art, elle en sentait immédiatement le fort et le faible avec une justesse prodigieuse; si elle admirait un beau livre, on pouvait être sûr que là où l'auteur avait été le plus véritablement inspiré, là aussi elle était le plus vivement émue. Aussi, en nouant sa ceinture à la hâte, ou en relevant ses cheveux magnifiques sans consulter le miroir, elle se faisait, sans préméditation, poétique et belle, comme ces figures du Parthénon, largement et simplement conçues, qui semblent réaliser la perfection à l'insu de la main qui les a créées.

C'est dire assez que c'était un être de premier mouvement. Pourtant son imagination était calme, peut-être même froide; son éducation n'avait pas été plus approfondie que celle des autres femmes de sa condition. Elle n'était savante en rien de ce qui sort des attributions de son sexe. Elle avait même dû être un peu paresseuse dans son enfance, faute de vanité ou à force de bonheur; car, outre qu'elle avait eu le meilleur des mères, c'était une nature heureuse par elle-même. Mais son cœur, doué d'une bienveillance, d'une commisération, d'un dévouement extrêmes, lui tenait lieu d'imagination, de science et d'activité. Elle devinait tout cela par le sentiment personnel, et, comme jamais son sentiment personnel n'avait rien d'égoïste, d'hypocrite ou de lâche, elle avait des décisions souveraines, des solutions sans réplique, des sagesses toutes divines.

Elle présentait donc ce contraste enchanteur d'une personne très-raisonnable et très-spontanée, douce comme l'abnégation, résolue comme le dévouement; faible devant tout ce qui demandait de la tolérance, forte devant tout ce qui exigeait de l'équité. Les gens qui la jugeaient froide et nulle, à cause de sa vie austère et de sa complète absence de coquetterie. Ceux qui la connaissaient davantage la trouvaient romanesque dans sa confiante bonté. Ceux qui la connaissaient tout à fait la jugeaient comme je viens de la peindre.

— Elle est tout cœur des pieds à la tête, disait le vieux chevalier de Valestroit, l'ami d'enfance de son grand-père. Sa conscience, son esprit, son instruction, sa grâce, tout part de là.

J'aurai l'occasion de parler davantage de ce vieillard qui l'appréciait si bien, parce que lui-même, ridiculement ignorant pour un homme, avait, comme Anicée, des puissances de cœur qui suppléaient à tout. Il faut que je reprenne le fil de mon histoire; je m'aperçois que je suis un narrateur bien malhabile, et que j'écris comme j'ai vécu, en m'arrêtant à chaque pas pour admirer ce qui me charme, sans songer à gagner le but.

Je dois pourtant dire absolument, avant de passer outre, que cette journée s'écoula comme la veille et le lendemain, comme bien des jours ensuite, sans que cet être divin m'occupât de manière à me le faire définir. Il y avait en moi un instinct qui me commandait de l'estimer sans réserve, de l'aimer sans réflexion. L'amour s'insinuait dans mon sein comme s'insinuent dans les veines ces vins doux de mon pays, qui, à la saison des vendanges, semblent innocents jusqu'au troisième vin, et qui vous font complètement ivre avant qu'on ait étanché la première soif. Tous les étrangers y sont pris; leur raison est à peine troublée que leurs pieds sont enchaînés déjà par l'ivresse. Moi, étranger à l'amour, à la vie, j'étais déjà lié par une passion absolue et invincible, avant de croire que je fusse seulement amoureux.

Tous les jours, vers cinq heures, je m'en retournais à la maison Floche, ne voulant pas abandonner mes hôtes à la tristesse, à la maladie et à l'isolement. Tous les jours, madame Marange, en recevant mes adieux, me disait :

— A demain, n'est-ce pas?

Et, tous les jours, j'arrivais à midi.

J'avais fixé mon départ au 10 octobre. Le père Floche commençait à se lever. Rien de menaçant ne s'était produit autour de sa demeure. On n'avait pas vu non plus la moindre trace du pied d'un gitano sur le sable des allées du parc de Saule. Le 9, comme j'allais décidément faire mes adieux, madame Marange me dit :

— Pourquoi nous quitter ? Nous sommes forcés par nos affaires de rester ici jusqu'à la fin du mois ; restez-y avec nous. Quittez votre maison. Floche, qui devient froide, et vos bois, qui vous rendront misanthrope. Nous avons pour vous une petite chambre bien modeste, mais bien isolée, où vous travaillerez tant qu'il vous plaira. Allez embrasser votre ami du Berry, puisqu'il vous attend, et revenez le lendemain. Vous ne serez pas trop en retard pour les cours que vous voulez suivre, et vous reviendrez avec nous à Paris. Comme nous comptons emmener Morena, vous ne l'aurez pas perdue de vue un seul jour.

J'eus le courage de refuser ; je sentais d'avance tout ce que Roque aurait à me reprocher si je m'endormais ainsi dans les délices. Madame Marange insista.

— Tenez, me dit-elle, ce n'est pas une offre que je vous fais, c'est une preuve d'amitié que je vous demande. Je ne peux pas vous dire pourquoi et comment vous nous rendrez service en nous sacrifiant ces vingt jours ; je vous le dirai probablement plus tard.

Je n'hésitai plus, je promis. J'allai recevoir Roque à la diligence de Paris ; car, cette fois, il n'avait pu revenir par Fontainebleau. Il me gronda, il me railla, il me menaça de m'abandonner à mon apathie si je le quittais. Je le quittai. Je revins à Saule le lendemain.

— Tenez, me dit madame Marange, le soir même, en se promenant seule avec moi au jardin, je suis si reconnaissante de votre dévouement, que je veux vous dire tout de suite en quoi il consiste. C'est à nous préserver de la malveillance d'un petit ennemi que nous sommes fait. Ce pauvre M. Hubert Clet ne s'est-il pas imaginé de faire à ma fille la plus sotte, la plus ébouriffée, la plus ridicule déclaration d'amour ? Elle en a ri. Ça l'a blessé, et cependant il reste, après avoir toutefois juré de ne pas recommencer. Nous ne trouvons pas que nous devions le chasser, cela n'en vaut pas la peine. Ma fille a trente ans. Elle a déjà derrière elle une vie si sérieuse et si irréprochable, qu'elle aurait mauvaise grâce à éloigner d'elle un pauvre danger. D'ailleurs, mon fils, qui, naturellement, ne sait rien de cela, et qui, sous ses airs d'enfant gâté, conduit des instincts assez chevaleresques, pourrait bien faire un mauvais parti à son ami. M. Clet est volontiers rogue, et ne se laisserait pas traiter comme un petit garçon. Devant cette crainte, nous avons dû nous taire ; mais, bien que M. Clet soit redevenu fort convenable, son insistance à rester ici nous étonne. Il semble qu'il se soit promis à lui-même de ne pas passer pour éconduit auprès de ses amis de Paris, auxquels nous savons, par le chevalier, qu'il a fait la confidence de ses projets amoureux. Je crains qu'il ne s'obstine à retourner souvent le même jour que nous, et à se montrer assidu chez nous. Je crains que cette petite comédie de mauvais goût ne fasse perdre patience à notre vieux chevalier, qui a la tête vive, et ne le remette tout haut de mère, je crains un duel entre mon fils et M. Hubert.

— Dois-je m'en charger, madame ? répondis-je avec une naïveté qui fit sourire madame Marange. Parlez, je provoquerai Hubert aujourd'hui même.

— A Dieu ne plaise, mon cher enfant ! s'écria-t-elle ; vous n'avez pas mission de défendre ma fille, et une affaire qui nous atteint si peu ne mérite pas le plus petit coup d'épée. Il ne s'agit pas de cela ; il s'agit de détruire, par votre présence, l'effet de l'outrecuidance de M. Clet. Sans vous, nous voici seules ici avec mon fils et lui qui se pose en don Juan. Nous avons de vieux amis, nous n'avions jamais reçu de jeunes gens dans l'intimité de la campagne. De ce que nous avons cédé au désir que montrait Julien de nous amener celui-ci, il voudra faire conclure que ses prétentions sont agréables. Si vous êtes admis dans cette intimité, il pourra se vanter d'une exception en sa faveur, et même je veux vous demander de nous amener votre ami Roque un de ces jours, ne fût-ce que pour quelques heures. Nous l'aimons sans le connaître et nous voulons le voir à Paris. Puisqu'il faut que mon fils, en devenant un jeune homme, apporte la jeunesse à notre foyer, je voudrais l'y entourer, en même temps que nous, de jeunes gens sérieux et d'un caractère sûr. Ils sont rares. Puisque nous sommes assez heureux pour vous avoir découvert, restez-nous. Peu à peu, je suis persuadée que vous prendrez de l'influence sur Julien, et que vous le dégoûterez des gens et des choses frivoles.

Cette bonne mère n'eut pas de peine à me convaincre. La pensée ne me vint seulement pas de lui dire qu'elle venait d'imaginer un remède qui pouvait être pire que le mal. Je me sentais si fort de la conscience de mon respect pour sa fille, que je ne prévis pas une chose bien simple et qui devait arriver nécessairement : c'est que Clet, par dépit, donnerait à entendre, dans un sens ironique ou malveillant, que je lui étais préféré.

Dès ce jour, la lutte fut engagée sourdement entre lui et moi. Il se borna d'abord à observer, puis me railla de filer le parfait amour, sans espoir et sans profit ; enfin, il partit brusquement, résolu, non à calomnier madame de Saule (son âme n'était pas capable de cette noirceur préméditée), mais tout porté à dénigrer nos relations lorsqu'elles gêneraient son amour-propre.

Madame Marange avait de la fortune ; mais la terre de Saule, qui avait appartenu à son gendre, était sans importance. M. de Saule avait eu des emplois assez brillants pour suppléer à l'insuffisance de son patrimoine. Après sa mort, sa veuve, qui n'avait jamais eu le goût du monde, avait souhaité d'habiter la campagne une grande partie de l'année, et, des diverses résidences qu'elle possédait, elle avait préféré celle-là à cause du site. On avait donc décoré avec une élégante simplicité le petit château, et agrandi le jardin et le parc aux dépens des prairies environnantes ; l'exploitation agricole offrant un mince revenu, on n'avait pas à s'en occuper beaucoup, et on sortait peu de la réserve, si ce n'est pour aller rendre des services pleins de simplicité et de cordialité aux gens de la campagne, quelquefois pour visiter en voiture les plus beaux sites environnants. En général, ces deux femmes vivaient comme cachées dans leur sanctuaire, subissant les visites avec une aménité résignée, et préférant une vie réglée et uniforme à tout autre genre d'existence.

C'est ainsi que j'avais vécu près de ma mère, et la destinée d'Anicée dans le présent était si semblable à la mienne dans le passé, qu'auprès d'elle je croyais recommencer à vivre dans les conditions normales de mon être.

Roque, cédant à ma prière et aux aimables avances de madame Marange, vint passer une journée avec nous. Il était trop bon et trop droit pour ne pas apprécier tout de suite ces deux femmes ; il remarqua vite une chose qui ne m'avait pas frappé, et qui ne changea rien à mes sentiments quand il me la fit constater : c'est que madame Marange, avec son ton simple et sa vie modeste, était extrêmement instruite pour une femme. En cela, elle dépassait sa fille ; mais elle cachait ce genre de supériorité avec un soin extrême, et il fallait pour s'en apercevoir, toute l'obstination naturelle que mettait Edmond Roque à ne vouloir pas s'intéresser aux choses vulgaires, et le besoin qu'il avait continuellement d'élever la conversation à des résumés de science abstraite, quand il ne pouvait la faire rouler sur des faits de science positive. Il était pédant, mais de bonne foi, avec tant d'amour et si peu de vanité, qu'il fallait bien l'accepter ainsi, et l'aimer quand même. Par obligeance, par bonté, par savoir-vivre, madame Marange lui laissa donc voir qu'elle le comprenait. Elle était la veuve d'un homme qui avait cultivé modestement les sciences par goût et par aptitude naturelle ; elle n'était pas une femme savante, mais rien de ce qui avait intéressé son mari ne lui était étranger.

J'ai dit par quelle supériorité d'élan dans la tendresse Anicée redevenait l'égale, et, à mes yeux, plus que l'égale de son admirable mère ; mais Roque n'en jugea pas ainsi. Il trouva bien plus d'attrait à se faire écouter, que questionner par madame Marange, qu'à contempler madame de Saule. Elle lui sembla, par conséquent, la plus jeune, la plus belle des deux. Il est certain qu'elle était encore charmante et qu'elle pouvait éblouir un tout jeune homme. Ces sortes de sympathies, que l'âge rend disproportionnées, sont invraisemblables à la pensée, sont pourtant très-fréquentes, par conséquent très-naturelles ; mais, entre une femme si saine de jugement, aussi vraiment chaste que madame Marange, et un enfant aussi pur et aussi froid que mon ami, l'attrait ne pouvait qu'être tout moral, la sollicitude toute maternelle.

Néanmoins, la jeunesse, quelque austère qu'elle se fasse, aime à exagérer ses appréciations ; les hyperboles sont vives, son vocabulaire est jeune. Aussi Roque me dit-il en riant, dès le premier jour, qu'il était *amoureux* de madame Marange.

— Oui, amoureux est le mot, ajouta-t-il en reprenant son sérieux habituel ; je ne sais pas si c'est une femme d'un âge mûr, cela m'est parfaitement égal ; elle me paraît beaucoup plus belle que sa fille, et nulle femme ne m'a jamais plu autant qu'elle. Tu peux donc lui dire de ma part qu'elle a en moi un adorateur dévoué, un mari très-fidèle si bon lui semble.

C'est ainsi que, pendant plus de vingt ans, Roque parla de madame Marange quand il lui parla à elle-même ; mais, comme jamais il n'alla plus loin et ne songea même à lui baiser la main, cette sainte femme n'en fut pas compromise, et, à soixante et dix ans, elle l'appelait encore son amoureux, avec cette simplicité enjouée qui est le privilège des matrones irréprochables.

Malgré le plaisir que Roque goûta dans cette journée, il ne

manqua pas, dès qu'il fut seul avec moi, de me gronder énergiquement sur ma paresse. Je n'avais pas ouvert un livre depuis quinze jours ; je n'y avais pas même songé. Je ne sentais pas le besoin de la vie purement intellectuelle, depuis que celle du cœur m'était rendue. J'avais été sevré de celle-ci depuis deux ans : il me semblait bien avoir le droit de la savourer pendant quelques jours.

— Quelques jours ! disait Roque indigné. Ne dirait-on pas que monsieur compte vivre plusieurs siècles ! et il mourra peut-être samedi ou dimanche. Il mourra sans avoir appris ce qu'on peut apprendre dans une semaine, c'est-à-dire un monde, un des mondes dont se compose le monde infini de la science.

Roque prêchait d'exemple. Dans ses vacances, il avait appris le sanscrit ; il appelait cela respirer l'air natal et se retremper à la campagne.

Il blâma l'adoption de Morena ; il eut pour le faire toutes les raisons qui m'avaient fait hésiter. Il fut sourd à celles qui m'avaient vaincu ; ce qui ne l'empêcha pas de trouver la petite fille ravissante et de donner de fort bons conseils sur la manière de soigner son développement physique.

. . . . . . . . . . . . . . . . . . . .

## VIII

Nous sommes encore une fois privés de souvenirs personnels de Stéphen ; mais, comme c'est à cette même époque que nous avons connu intimement les principaux personnages de cette histoire, nous pourrons raconter très-fidèlement ce qui manque dans son récit.

Madame Marange et sa fille occupaient à Paris une maison qu'elles avaient achetée rue de Courcelles ; leur genre de vie y était à peu près le même qu'à la campagne. Elles y avaient un grand et beau jardin qui les isolait du voisinage et leur permettait de ne pas trop se croire à la ville. Elles eussent préféré passer toute l'année aux champs ; mais Julien Marange n'eût pas été de cet avis, et elles le trouvaient trop jeune pour l'abandonner à lui-même. Dès le matin, Anicée s'occupait de Morena ; elle surveillait sa toilette, et même, quand sa mère ne l'observait pas trop, elle s'en acquittait elle-même avec un plaisir naïf : elle n'avait jamais connu cette joie féminine de toucher adroitement à un petit être, de chercher à deviner ses désirs, d'étudier le langage de ses vagissements et l'expression, chaque jour plus intelligible, de ses regards. Elle s'initiait, avec une amoureuse curiosité, à ces mille petits soins dont l'intelligence est révélée aux mères et qu'elle regrettait si douloureusement d'être forcée d'apprendre. Elle rougissait presque de son ignorance ; elle avait hâte de n'avoir plus le secours d'une étrangère entre elle et cet enfant, à qui elle voulait pouvoir s'imaginer qu'elle avait donné la vie.

Madame Marange craignait un peu l'excès de cette tendresse, et s'efforçait de la réprimer ou de la contenir. Il y avait cinq ans déjà qu'Anicée était veuve. Sa mère désirait qu'elle se remariât, et redoutait comme obstacle à l'adoption exclusive et jalouse de cet enfant étranger, qu'Anicée tendait à considérer comme le sien propre, jusqu'à concevoir déjà vaguement l'idée de ne la sacrifier à aucune affection nouvelle.

Anicée avait été mariée à un homme de mérite, mais qu'un fonds d'ambition cachée avait bientôt privée des charmes de l'expansion et de l'appréciation des douceurs du foyer domestique. Elle avait souffert de cette déception sourde et lente, et peu à peu complète. Son mari avait des procédés exquis envers elle, selon le monde ; mais son intimité était devenue morne, préoccupée, froide, un peu hautaine. Anicée n'avait pas aggravé son mal par d'importuns et d'inutiles reproches. Elle avait sacrifié sa réprimande et son idéal de bonheur tendre et caché. Elle ne s'était jamais voulu avouer qu'elle était malheureuse. Elle ne pouvait l'être complétement son âme si douce, tant de penchant à s'effacer ou à s'immoler, et les consolations d'une mère si assidue et si parfaite. C'était une victime souriante et parée, qui mourait de langueur et d'ennui au milieu de l'éclat du monde. Elle avait souffert sans jamais se plaindre ; mais sa mère ne s'y était pas trompée : elle avait essayé de le faire comprendre à M. de Saule. En sentant ses torts, il s'était aigri comme font les gens qui ne peuvent ou ne veulent pas les réparer. Il avait eu de l'amertume contre sa belle-mère, prétendant qu'elle exerçait sur sa fille une influence fâcheuse en l'encourageant dans sa manie de retraite ; il songeait presque à séparer ces deux femmes, ce qui eût été la mort de l'une ou de l'autre, si la mort ne l'eût surpris lui-même.

Anicée n'avait donc connu dans l'amour et le mariage qu'un bonheur court et trompeur. Elle ne désirait pas faire une nouvelle expérience. La pensée d'être rapprochée pour toujours de sa mère la dédommageait de la solitude de sa vie. Depuis cinq ans, elle faisait comme faisait Stéphen depuis un mois. Elle se reposait d'avoir souffert, sans songer à vivre complétement.

Dans la journée, elle ne recevait personne ; en cela, elle était d'accord avec madame Marange, qui pensait qu'on doit, pour conserver la santé de l'esprit, s'appartenir chaque jour un certain nombre d'heures. Elles déjeunaient avec Julien, qui suivait ou était censé suivre des cours. Dès qu'il était sorti, elles lisaient et brodaient alternativement ensemble. Elles vivaient dans une telle fusion d'habitudes, qu'il n'y avait jamais qu'un livre commencé ou un ouvrage de femme sur le métier pour elles deux. De temps en temps, on apportait Morena, qui se roulait à leurs pieds sur une épaisse couverture de soie piquée. Peu à peu, Anicée obtint qu'elle y restât presque tout le temps. Elle éprouvait une jouissance infinie à contempler les mouvements souples et gracieux de cette ravissante petite créature qui, ne souffrant jamais et se sentant prévenue dans tous ses désirs, ne troublait presque jamais de ses cris le calme de cette suave demeure.

Après la lecture, Anicée et sa mère, qui avaient le goût de l'ordre dans les choses morales et matérielles, s'occupaient alternativement ou ensemble des détails de leur intérieur ; elles renouvelaient ou arrosaient les fleurs choisies qui parfumaient les appartements ; elles ordonnaient le dîner, selon le goût des hôtes qu'elles attendaient ; elles écrivaient leurs lettres, elles s'habillaient l'une l'autre.

Julien rentrait. On s'occupait de lui, de ses études, de ses plaisirs surtout, dont il était beaucoup plus pressé de rendre compte et de demander les moyens de renouvellement. Le chevalier de Valestroit, ou quelque autre vieux ami, venait dîner. Anicée allait ensuite s'occuper du souper et du coucher de Morena. A huit heures, le terme moyen de la réunion était une dizaine de personnes intimes. Une fois dans une semaine, on rendait des visites dans la journée ; une autre fois, on allait au spectacle le soir.

C'est à cette vie placide et délicieusement monotone que Stéphen fut associé. Elle semblait avoir été faite exprès pour lui. Ce jeune homme était un étrange composé de mollesse et d'ardeur intellectuelle. Ses facultés, peu communes par leur précocité, leur variété et leur étendue, ne rivalisaient à l'étude solitaire pendant la journée. S'il paraissait y apporter moins d'acharnement que son ami Roque, c'est qu'il y apportait réellement plus de facilité. Il avait de ces heureuses organisations qui n'ont jamais l'air d'avoir travaillé, parce qu'elles n'ont pas besoin de résumer leurs conquêtes. Elles en jouissent en silence et les possèdent sans les compter. Sa modestie excessive ne tenait pas à un effort de sa volonté pour rester dans les limites du bon goût. C'était plutôt une langueur naturelle et charmante qui le préservait du besoin de produire son mérite. Il avait un fonds de poésie dans l'âme qui ne lui permettait pas d'arriver systématique, et, tandis que Roque voulait tout soumettre à la règle de l'analyse pour arriver à la certitude, Stéphen trouvait la conviction par une intuition soudaine et sûre qui ressemblait au génie.

Ce génie humble et caché se suffisait à lui-même tout le temps où il lui était impossible de vivre par le cœur ; mais, dès que le soir arrivait, si un obstacle imprévu retardait sa sortie accoutumée et sa course habituelle du Luxembourg aux Champs-Élysées, il se faisait en lui une impétuosité de volonté dont on ne l'aurait pas cru susceptible. Les jours où Anicée et sa mère allaient au spectacle, il entrait dans une sorte de crise singulière ; il se demandait avec terreur, lui si doux, si patient et si facile à occuper, ce qu'il allait devenir jusqu'à l'heure où il avait l'habitude de les quitter les autres soirs. Pendant quelques semaines, il avait acheté une contre-marque pour avoir le droit d'entrer au parterre, de les regarder de loin et d'aller les saluer un instant dans l'entr'acte. Mais cette manière de les voir en public le fit souffrir davantage, et il y renonça.

Alors il ouvrit sa porte à quelques amis qui venaient causer et fumer, ce soir-là, chez lui. Pour son compte, il causait peu et fumait encore moins ; mais il les écoutait et s'intéressait à l'échange de leurs idées. Tout ce qui lui eût paru oiseux ou fatigant en d'autres moments, lui était, à celui-là, plus agréable que la solitude le mieux utilisée. Il avait besoin de s'étourdir, ou de faire un effort pour se rappeler qu'il y avait d'autres êtres sur la terre que les deux femmes de la rue de Courcelles.

Roque venait là aussi, les yeux brûlés par le travail, la voix brève et l'esprit tendu, ne voulant pas avouer qu'il avait besoin de cette heure de repos, et feignant de s'y laisser aller par complaisance.

Ces petites réunions, dans une chambre encore trop petite pour les contenir, et où la circulation du jeune sang suppléait parfois à l'insuffisance du combustible, ne manquaient pas d'un certain charme. Les trois ou quatre amis des deux amis étaient des jeunes gens assez distingués pour les apprécier. Au milieu de la légèreté un peu folle de leur âge, l'influence pure de Stéphen, le souffle ardent de Roque, faisaient passer des rayons de poésie ou des éclairs d'esprit. On discutait sur toutes choses avec chaleur, avec ce mélange d'entêtement, de mauvaise foi et d'ingénuité insouciante qui est propre aux jeunes gens de tous les pays, mais à ceux de France particulièrement.

Quand deux ou trois oisifs de *première année* se trouvaient là, leurs fréquentes interruptions, les saillies pittoresques, les applaudissements ou les huées de cet auditoire désintéressé dans les questions soulevées, brisaient forcément l'obstination passionnée de Roque et faisaient passer dans la conversation d'autres courants d'idées que Stéphen aimait assez à saisir au vol, à fixer par une réflexion jetée comme au hasard, et à livrer à l'analyse hachée et variée des autres.

Pendant ce temps, il rentrait dans son silence, et, tout en suivant leurs raisonnements ou leurs déraisonnements, il pensait un peu à autre chose. Quelquefois on le priait de jouer sur son piano un air du pays qui, comme une brise rafraîchissante, planait sur ces jeunes têtes; et cependant on n'écoutait pas. Roque, qui n'avait jamais rien écouté d'*inutile*, entamait une dissertation sur la musique des Chinois et des Indiens dans les temps primitifs. On ne l'écoutait pas non plus; mais on entendait de chaque oreille le musicien et le savant, et, au milieu de ce bruit de paroles, de cette fumée de tabac et de ce décousu d'idées qui flottait au-dessus de sa tête, Stéphen s'oubliait au piano et improvisait sans le savoir, tout en recueillant quelques bribes de la causerie des autres. Il lui semblait être alors sous les noyers de son village ou sous les chênes de la forêt de Fontainebleau, et saisir au loin les sons vagues de la voix humaine emportée à chaque instant par les souffles de l'orage.

« Un soir que j'improvisais ainsi, dit Stéphen dans un fragment que nous nous sommes efforcé de rejoindre par ce qui précède, nous vîmes entrer chez moi une espèce de vieux Schmuck (1), ancien chef d'orchestre allemand, qui vivait pauvrement à Paris de quelques leçons. Il demeurait à côté de moi depuis peu de temps; une cloison séparait ma chambre de la sienne. J'ignorais sa profession et son talent; sans quoi, je me serais fait un scrupule de troubler son repos et d'écorcher ses oreilles. Il fut accueilli par des rires homériques, car il n'y avait rien de plus plaisamment laid que sa figure et son accoutrement, et il arrivait de l'air effaré d'un homme réveillé dans son premier sommeil, qui demande grâce, vu l'heure indue, et qui menace d'invoquer la haute impartialité du portier. Je me levai, prêt à céder à ses trop justes réclamations; mais il s'agissait du contraire.

» — Mon cher voisin, me dit-il, vous avez ici un ami qui parle fort bien sur la théorie musicale, mais qui parle trop près de la tête de mon lit, et qui m'empêche d'entendre les airs que vous jouez. Ces airs champêtres que vous répétez tous les soirs me sont agréables et m'endorment, et l'éloquence de monsieur me réveille. Si vous vouliez seulement changer le plan de place, le mettre où monsieur cause, et faire causer monsieur à la place où vous jouez maintenant, je serais un voisin heureux et reconnaissant.

» — C'est une épigramme à deux tranchants ! s'écria Roque. J'agace monsieur avec ma science, et tu l'endors avec tes mélodies.

» — Vive le voisin ! il a de l'esprit ! s'écria-t-on autour de moi. Que sa volonté soit faite ! mais qu'auparavant il nous joue quelque chose d'un peu plus neuf que les complaintes ou les bourrées de Stéphen.

» — Oui, dit-il lui-même, mes enfants. Vous aimez le neuf, n'est-ce pas ? Je vais vous en donner.

» Et, se plaçant au piano, il se mit à jouer admirablement quelque chose de sublime qui me jeta dans une extase où je restai plongé longtemps encore après qu'il eut fini.

» Mes amis l'écoutaient, et l'applaudissaient avec élan. Sur quoi, Roque se remit à disserter, cette fois, sur la musique moderne comparée à celle du siècle dernier. Il avait lu, la veille, un ouvrage critique à ce sujet, et il nous le résuma avec beaucoup de précision et de clarté. Seulement, il trouva matière à prouver le raisonnement de son auteur, en faisant des remarques sur le prétendu motif de Bellini que l'Allemand venait de nous servir.

(1) Personnage de Balzac, dans *le Cousin Pons*.

» Je n'écoutais guère, et, pourtant, bien que je ne fusse pas assez savant en musique pour deviner l'auteur de cette chose admirable, je sentais si bien que, par sa profondeur et sa simplicité, elle n'appartenait pas à l'école moderne, que je ne pus me défendre de hausser les épaules devant les applications de mon ami. Alors le vieux maître se tourna vers moi :

» — Vous voyez, monsieur, me dit-il, ce que c'est que la prévention sans l'expérience, et la théorie sans la pratique. Votre ami prétend que ces formes-là n'auraient pu être trouvées il y a cent ans, et pourtant je viens de vous jouer tout bonnement un choral à trois parties de Sébastien Bach.

» Roque s'en alla de fort mauvaise humeur, en nous amis en riant, et je restai seul avec le vieux maître d'harmonie. »

. . . . . . . . . . . . . . . . . . . . . . . . . . . . . . . . . . . . . . . . . .

Ici s'interrompt encore le fragment, et nous sommes forcé d'y suppléer de nouveau. Ce que Stéphen oublie ou supprime, c'est que M. Schwartz lui dit ce soir-là. Il lui déclara qu'il était un grand musicien et qu'il pouvait devenir un grand compositeur, s'il le voulait. Stéphen, qui avait appris de sa mère, à l'âge de huit ans, les premiers éléments des règles musicales, et qui, depuis, n'avait jamais ouvert un cahier de musique, eut bien de la peine à croire que l'Allemand ne continuait pas à se moquer de lui. D'après son insistance, il pensa que le pauvre diable manquait de leçons, et il allait lui proposer, avec son irréflexion de charité habituelle, de devenir son élève, lorsque Schwartz, comme s'il eût deviné sa pensée, s'écria :

— Surtout ne prenez pas de leçons ! Vous êtes d'une intelligence à étudier tout seul la partie scientifique; mais ne demandez jamais votre sentiment, votre goût, vos idées à personne. Vous savez l'harmonie ?

— Non vraiment, monsieur, répondit Stéphen ; c'est tout au plus si je sais qu'il y a une science pour régler ces lois qui, trop violées, déchirent l'oreille, et, trop observées, refroidissent l'émotion.

— Voilà une grande parole ! s'écria Schwartz. Ah ! monsieur, vous savez ce que c'est que l'harmonie mieux que ceux qui se sont mêlés de la définir, et vous possédez la pratique sans connaître la théorie. Je m'en suis bien aperçu de cela en vous écoutant. Vous faites des fautes d'orthographe musicale qui sont d'un grand artiste et que vous auriez le droit d'imposer comme du purisme si vous étiez auteur célèbre.

— Mes fautes d'orthographe, les voici, dit Stéphen en reproduisant sur le piano certains passages de ses airs du Berry. N'est-ce pas, voilà ce qui vous étonne et vous charme ? Moi, cela me charme sans m'étonner, parce que mon oreille y est habituée et que mon sentiment en a besoin. Je ne saurais vous dire le nom de ces accords, je ne les connais pas. Ils me plaisent, parce que je les ai entendu faire aux ménétriers de mon pays. Quant à des transitions, je sais bien qu'elles ne se rencontrent pas dans la musique officielle ; mais elles sont dans la nature, et, comme la nature ne peut pas ne pas avoir raison, c'est la musique officielle, la musique légale, si vous voulez, qui a tort.

— Bravo ! s'écria Schwartz.

Et ils causèrent avec passion une partie de la nuit. Stéphen s'était plusieurs fois privé de dîner pour avoir de quoi payer la dernière des places aux Italiens les jours où l'opéra était selon son cœur. Il avait un grand instinct du beau, du grand et du vrai dans tous les arts.

La conversation de Schwartz, entremêlée de l'exécution de divers courts chefs-d'œuvre, l'intéressa tellement, que, dès le lendemain, il abandonna momentanément toutes ses autres études pour se livrer à la lecture de la musique. En peu de jours, ses doigts, qui s'étaient déjà exercés avec beaucoup d'adresse naturelle et de moelleux instinctif, à exprimer sur l'instrument ses souvenirs d'enfance et ses rêveries auditives, surent rendre la pensée d'autrui. Ses bons yeux prompts, soutenus par une attention surhumaine, parvinrent à lire sans efforts les partitions et les manuscrits largement griffonnés que Schwartz mit à sa disposition. Au bout de trois mois, Stéphen lisait à livre ouvert et il avait la presque tout ce qu'il y a de beau et de bon à lire dans ce qui a été recueilli des œuvres des maîtres. Il était devenu bon musicien ; il improvisait avec plus de liberté morale, avec un sentiment plus étendu qui n'avait pas cessé d'être naïf et individuel.

Schwartz, qu'il avait écouté d'abord avec enthousiasme, l'écoutait à son tour avec adoration. Roque n'osait plus disserter devant lui, si ce n'est sur l'inutilité relative de l'art. Stéphen avait appris *incidemment* la musique ; il s'était créé une nouvelle source de jouissances, et, tous les soirs, en revenant de la rue de Courcelles, il se racontait son propre bonheur dans cette langue de l'imagination et du sentiment que beaucoup de philosophes et de savants croient vague et creuse, parce qu'elle est mystérieuse et infinie.

Un jour, Stéphen, qui, malgré le conseil de Schwartz, ne voulait pas être compositeur de musique, reprit ses études générales et réserva ses jouissances musicales pour ses heures de loisir. Mais, le soir, il lui arriva un triomphe sur lequel il était loin de compter et qui fit entrer son âme dans une nouvelle phase d'ivresse et de joie. Il nous le racontera lui-même.

## IX

ANCIEN JOURNAL DE STÉPHEN.

15 mars 1833.

Elles ont parlé ce soir de partir! Elles veulent retourner à Saule dans un mois. Et moi, que vais-je donc devenir? Je le savais pourtant, qu'elles passeraient la belle saison là-bas! et je l'avais oublié à force de ne pas vouloir que ce fût possible.

Non, elles ne partiront pas, ou je trouverai moyen de les suivre; elle me l'a presque dit; elle ne peut pas vouloir me tromper; elle parlait, d'ailleurs, malgré elle... Ah! c'est là ce qui me fait peur: si elle avait réfléchi, elle n'aurait pas dit cela. A quoi pensais-je quand j'ai mis une main distraite sur ce piano? Je ne l'avais vu jamais ouvert. Je sais qu'Anicée chante un peu, mais avec tant de timidité ou de mystère, que ce bel ornement est là comme un meuble de parade. J'ai cru qu'on attendait quelque artiste, j'étais curieux d'entendre un beau son. Moi qui suis habitué au petit instrument bien criard de ma pauvre mère, je n'en suis pas moins avide quelquefois de galoper sur un coursier plus souple et plus puissant. Avec un doigt, j'interrogeais à petit bruit les dernières touches, celles dont est privée mon épinette surannée.

On a parlé de ce départ; je n'ai pas tressailli, j'espère; mais ma main droite s'est crispée involontairement et un sanglot rapide et sourd s'est échappé de l'instrument trop sonore.

— Ah! il joue du piano, et il est musicien! s'est écriée madame Marange; il est capable de tout savoir sans qu'on s'en doute. Allons, dites-nous quelque chose de bon. Tout à l'heure, une jeune parente vient de nous faire subir, de par sa maman, un *rondo* si féroce, que nous en avons encore les nerfs agacés. Guérissez-nous, si vous êtes médecin. Vous ferez une bonne action.

Clet, qui vient encore de temps en temps, est entré en ce moment. Clet méprise tout ce qui ose faire de la musique, parce qu'il professe pour la musique en elle-même un culte que rien ne peut satisfaire. Il m'a supplié de ne pas jouer. Cela m'en a donné envie, ne fût-ce que pour distraire de sa conversation madame de Saule, qui le trouve insupportable. J'ai joué d'une manière très-enfantine une chanson de mon pays. Elle a plu à madame Marange. Clet a daigné approuver la modestie de mon choix.

Anicée n'a rien dit du tout.

Là-dessus, on est venu lui dire tout bas que l'accordeur était là.

— Il vient trop tard, ce bon Schwartz, a répondu madame Marange. On l'avait demandé pour sept heures, il en est neuf, et nous avons avalé le *rondo* à huit. Priez-le de revenir demain dans la journée.

Le nom de Schwartz m'avait un peu surpris; mais tous les Allemands s'appellent plus ou moins Schwartz, et je n'y pensais plus, quand Anicée dit à sa mère:

— Ah! maman, c'est cruel, de faire revenir ce pauvre vieux de la rue de l'Ouest jusqu'ici, pour une besogne qu'il ferait en cinq minutes, si vous le permettiez. Je sais bien que c'est ennuyeux d'entendre accorder un instrument, mais nous voilà en si petit comité! Nous pouvons passer dans le petit salon et fermer les deux portes.

— Tu as raison, a dit madame Marange. Faites entrer le bon Allemand.

— Il y a donc deux Schwartz dans ma rue? pensais-je; car à coup sûr, un homme du talent de mon professeur n'est pas facteur à trois francs la course.

Comme nous passions dans la pièce voisine, on a introduit Schwartz, le vrai Schwartz, l'homme de génie, mon ami, mon

maître. Des larmes me sont venues aux yeux. Je suis rentré dans le salon, je lui ai serré les deux mains.

— Vous le connaissez donc? a dit Anicée, qui était restée près du piano pour accueillir avec bonté le pauvre vieillard.

— Ne dites pas qui je suis, m'a dit Schwartz en allemand. Que voulez-vous! la misère fait faire tant de choses!

La misère! et je ne le savais pas! Il manque de leçons et il ne me l'a jamais dit! Il manque de pain, peut-être, et il me l'a caché avec un orgueil stoïque!

Je lui ai désobéi. J'ai dit à Anicée:

— Vous demandiez de la bonne musique pour vous remettre; laissez-le accorder son piano, et priez-le d'en jouer.

— Oh! je m'en doutais bien, a-t-elle répondu. Il y a comme cela tant de talents qui se cachent ou s'ignorent! Eh bien, nous resterons au salon pendant qu'il donnera son accord, afin qu'il ne se sauve pas sans nous avoir charmés.

Madame Marange est rentrée au salon pour savoir ce qui nous y arrêtait. Elle ne quitte pas sa fille du regard; c'est la première fois que sa présence m'a fait souffrir entre nous deux. Jamais je n'avais désiré me trouver seul avec Anicée; mais, ce soir, il me semblait qu'elle avait vu mon effroi, qu'elle devinait ma souffrance et qu'elle me parlerait de ce fatal départ pour m'en adoucir la pensée.

Sa mère, en apprenant que Schwartz était un grand musicien a compris sa situation.

— Eh bien, nous a-t-elle dit tout bas, demain il viendra donner des leçons ici. Ce sera un prétexte pour l'entendre souvent, et nous lui donnerons un louis par cachet. Priez-le de rester avec nous pour prendre le thé; nous le ferons jouer ensuite; et nous aurons l'air de nous décider à cause de son talent et non à cause de votre recommandation.

Clet s'était endormi sur le divan du petit salon; nous l'y avons oublié. Le chevalier est venu; madame Marange a chuchoté avec lui, et il s'est engagé à trouver, en moins de huit jours, deux autres élèves à mon pauvre ami. On a servi le thé. Schwartz avait fini son accord. Anicée lui a sucré elle-même sa tasse. Clet, qui se tue à fumer de l'opium, parce que c'est la mode, ne s'était pas éveillé. Le chevalier, qui ne comprend rien à cette mode-là, avait envie de le jeter dans le jardin. C'est effrayant, ce que Schwartz a englouti de sandwichs. Je jure que le malheureux n'avait pas dîné! Peut-être a-t-il été empêché de venir chercher ses trois francs à l'heure convenue, parce qu'il se sera trouvé mal en route.

Je n'ai rien dit de cela; mais madame Marange, qui devine tout, m'a dit tout bas:

— Ce thé, c'est fade pour les jeunes gens. De mon temps, on servait, le soir, une galantine et une bouteille de vieux malaga.

— Ma mère a des idées merveilleuses, s'est écriée madame de Saule; moi qui n'ai pas dîné! Monsieur Stéphen, à votre âge, on a toujours faim; venez me tenir compagnie, et vous aussi, monsieur Schwartz, un peu de complaisance: c'est si triste de souper seule!

Nous avons passé dans la salle à manger. En un clin d'œil, tout était prêt. Mon pauvre Schwartz croyait rêver. On a eu soin de ne pas le regarder manger et boire. Seulement, madame Marange lui remplissait son assiette et son verre comme par distraction et en nous parlant de l'opéra nouveau et de la séance de la Chambre.

Quand nous sommes entrés au salon, Schwartz ne marchait pas très-droit. Il avait pourtant bu modérément; mais qui sait depuis combien de temps il ne boit que de l'eau?

Il avait l'œil en feu, et sa laideur n'était pas risible. Il s'est assis au piano en trébuchant et en s'écriant d'une voix pleine que je ne lui connaissais pas:

— A nous deux, mon petit, à présent!

Il s'adressait à l'instrument, dont il venait d'être le manœuvre, et dont il reprenait possession en maître. Il a été sublime. Anicée et sa mère on été transportées. Ah! comme Anicée a compris! Elle prétend qu'elle n'est pas musicienne! C'est possible: elle n'a besoin de rien savoir, puisqu'elle sent et devine toutes choses.

Clet s'est éveillé au tonnerre formidable qu'évoquait Schwartz sur le clavier; il est entré comme un homme en somnambulisme. Il était vivement secoué par le grandiose impétueux du vieux maître. Il n'a pas voulu le dire, mais il n'a osé faire aucune réflexion dédaigneuse.

Schwartz, après avoir joué une heure, s'est levé malgré les réclamations. Il était dégrisé.

— En voilà assez, a-t-il dit: je vous ferais mal aux nerfs, car j'y ai mal moi-même. Je deviens bizarre, et je ne suis pas de ceux qui croient être beaux quand ils sont laids. Il faut boire un peu de l'eau pure de la source après tout ce malaga. Viens-tu, toi, m'a-t-il dit en me tutoyant pour la première fois;

joue-leur une fugue de Bach, bien tranquille et bien vraie ; tiens, celle que tu disais l'autre soir en rentrant.

J'ai objecté que je ne la savais pas tout entière par cœur.

— Tant mieux ! s'est-il écrié ; tu improviseras la fin et tu partiras de là pour le pays de ta fantaisie.

Clet a pris son chapeau en disant :

— Ah ! l'élève va jouer ! Attends, Stéphen ! mon cher ami, je n'écoute jamais les amateurs.

On l'a laissé sortir ; mais il est resté dans la pièce voisine pour m'écouter, afin de se ménager une rentrée accablante pour mon amour-propre.

J'ai eu le premier mouvement de vanité que j'aie jamais ressenti. J'ai joué avec audace... Et puis j'ai oublié Clet, et le chevalier, qui ne s'amusait pas beaucoup, et Julien, qui rentrait et qui faisait un grand bruit de tasses, et Schwartz lui-même, qui croyait devoir m'encourager. Je me suis retrouvé seul dans ma pensée avec *elle*. Je lui ai dit en musique tout ce que l'âme endolorie et inquiète peut dire à Dieu qui veut se retirer d'elle. Par moments, je revoyais le pâle et doux visage de ma mère, cette ombre lumineuse qui s'attache au rayonnement de mon étoile. Je me laissais rassurer et consoler par elles deux... Mais la nuit se faisait autour de moi ; elles s'envolaient ensemble vers l'empyrée.

J'avais des sanglots dans le cœur... Je jouais mal, très-mal ; je ne suis pas encore sûr du clavier ; mais j'avais des idées, de l'émotion surtout. Madame Marange m'a presque embrassé ; Schwartz m'a embrassé tout à fait. Clet est rentré sans rien dire, pour observer Anicée, qui ne disait rien et me dérobait son visage. J'ai fermé le piano pendant qu'on faisait compliment de moi à Schwartz. Alors Anicée s'est penchée vers moi et m'a dit tout bas, avec des yeux pleins de larmes :

— Stéphen, vous m'avez fait bien du mal ; vous souffrez donc ?

— Vous partez !

— Eh bien, et vous aussi.

Il m'a semblé d'abord que cela voulait dire : « Vous partez avec nous... » Mais, moi aussi, je m'en souviens, j'avais parlé, il y a quelques jours, d'aller en Berry voir mon père, qu'on me dit malade. J'ai rêvé qu'elle me disait de la suivre... J'ai eu le vertige ! Mais non, elle pleurait ! O mon Dieu, elle a pleuré pour moi !... Je crains de devenir fou.

* * *

**17 mars.**

Il me semble que sa mère s'inquiète de ce qui se passe en moi. Pourquoi donc son regard pèse-t-il quelquefois sur le mien comme celui d'un juge sur un coupable ? Ne peut-elle donc plus lire jusqu'au fond de mon âme ? De ce que cette âme est devenue triste, n'est-elle pas toujours aussi pure ? Et, si je souffre, si je m'alarme, si je sens que je ne peux pas vivre sans elle, que lui importe ?

Si j'étais nécessaire au bonheur d'Anicée comme elle l'est au mien, sa mère pourrait s'inquiéter... et comment ?... Si cela était, ne lui consacrerais-je pas ma vie entière ? Moi qui m'attacherais à tous ses pas, rien que par égoïsme, que serait-ce donc si j'étais assez bien du ciel pour qu'elle invoquât mon dévouement ?

... Hélas ! je suis un enfant ! L'amour s'empare de moi avec violence, et je veux encore me donner le change, me persuader que c'est de l'amitié, qu'on ne doit rien redouter de moi, que je ne dois rien craindre de moi-même. Mon Dieu ! il me semble pourtant que je ne demande, pour être le plus calme, le plus satisfait des hommes, que de la voir tous les jours, là, dans son paisible intérieur, auprès de sa mère, entourée de ses vieux amis, souriante, affectueuse, et ne m'aimant pas plus qu'elle n'aime Morena ou même la brebis noire.

De l'amour ! est-ce de l'amour que j'ai pour elle ? Je ne sais pas ce que c'est que l'amour, moi ; je suis trop jeune, ou j'ai vécu trop absorbé par ma mère. Le premier jour que j'ai vu Anicée, c'est la mère que j'ai songé, c'est sa mère que j'ai regardée. L'amour peut-il exister sans l'espérance du retour ? Et là où il n'y a pas d'espérance, le désir peut-il naître ? Elle m'aime comme son frère. Elle a raison : je l'aime tant, cette sœur-là !

* * *

## X

REPRISE DU RÉCIT DE STÉPHEN.

Si j'avais pu la voir toujours, si sa mère m'eût invité à la suivre à la campagne, des mois, des ans, la vie peut-être, se fussent écoulés sans que j'eusse la conscience nette de ma passion. En cela, grâce à Dieu, sa mère se trompa : la meilleure sauvegarde entre deux êtres parfaitement purs et enthousiastes, c'est le respect, l'espèce de crainte qu'ils s'inspirent l'un à l'autre en se voyant responsables devant Dieu de la liberté qu'on leur laisse.

Madame Marange crut devoir nous séparer. Avait-elle lu dans le cœur de sa fille une préférence trop marquée pour moi ? Ah ! la plus sage des mères est donc imprudente parfois, puisqu'elle-même m'avait tendu les bras avec tant d'affection et m'avait placé si haut dans son estime ! Elle regardait donc comme impossible, au commencement, qu'Anicée me vît avec d'autres yeux que les siens ? Elle oubliait donc que sa fille ne pouvait pas m'aimer comme elle, d'une maternelle amitié !

De ce qu'Anicée avait neuf ou dix ans quand je vins au monde, en résultait-il que je fusse nécessairement, à vingt ans, un enfant à ses yeux ?

Et, d'ailleurs, qu'importe de quel sentiment une femme nous aime, pourvu qu'elle nous aime quand nous l'adorons ? Je suis bien certain que, si madame Marange eût voulu prendre au sérieux les naïves et respectueuses adorations d'Edmond Roque, et qu'elle eût consenti à l'épouser, il eût été fier d'être son mari, et se fût trouvé, grâce à son caractère à lui, parfaitement heureux tout le reste de sa vie.

La nature a des lois imprescriptibles pour la généralité des êtres ; mais elle produit elle-même tant d'exceptions, elle donne à des enfants une âme si mûre, à des vieillards un esprit si ardent ou un cœur si naïf, elle ride de si jeunes fronts, elle respecte si longtemps de beaux visages, qu'on ne doit s'étonner de rien. A plus forte raison faut-il admettre que l'âge ne fait pas toute l'expérience, toute la sécurité, toute l'invulnérabilité de l'âme. Je ne me suis jamais senti d'un jour, d'une heure, plus jeune qu'Anicée ; elle a eu des cheveux blancs avant moi ; à présent, c'est moi qui en ai plus qu'elle ; elle savait lire plus avant que moi à dix ans, j'en savais plus qu'elle à vingt ; et, à vingt ans, j'étais un homme, je voyais, je sentais en elle la simplicité, la candeur angélique, la sainte ignorance d'une jeune fille.

Anicée m'avait dit un mot qui me laissa, jusqu'au dernier moment, l'espérance de la suivre à Saule pour toute la saison. C'est ainsi que je l'entendais ; elle l'avait bien compris. La veille de leur départ sa mère me dit :

— Vous viendrez me voir, n'est-ce pas ?

Ce fut un coup de massue pour moi. Je regardai Anicée d'un air de reproche inexprimable. Elle pâlit. Sa mère nous regarda tous deux. Il n'y eut pas, il ne pouvait pas y avoir d'autre explication entre nous. A voir les choses d'une manière positive, j'étais fou de rêver autre chose que l'hospitalité d'une ou deux semaines. Mais, moi, je trouvais ces convenances fausses et lâches. On m'estimait plus que les autres, j'étais le seul ami jeune en qui l'on eût et l'on dût avoir une entière confiance ; on m'avait donné cette confiance dès le premier jour, et, après six mois d'épreuve, quand on devait être arrivé à la certitude, on avait peur d'une règle jugée trop confiante, on me sacrifiait à la crainte de quelque jalousie d'entourage ou de quelque impuissante malveillance. Je me sentais brisé, je fis mes adieux sans amertume. Il me sembla que je n'aimais plus cette mère que j'avais osé comparer à la mienne, et que sa fille, ordinairement si courageuse, en ce moment si craintive, ne méritait plus une enthousiaste admiration de ma part.

En un instant, sans doute, mon attitude et mon langage exprimèrent la tristesse résignée de cette déception. Anicée, moins maîtresse d'elle-même, regarda, à son tour, sa mère d'un air de reproche plein d'anxiété, et, comme je sortais, elle s'écria, plutôt qu'elle ne me dit, de revenir à l'heure du départ, le lendemain matin, pour l'aider à prendre ses dernières dispositions. Je répondis que j'étais à ses ordres, mais d'un air de demi-détachement qui n'était pas joué. Je la voyais bien rougir et souffrir de son manque de parole; mais je voulais qu'elle eût la force de le réparer ouvertement, où de se repentir avec franchise de l'imprudence de sa promesse. Elle m'avait rendu la vie, elle me la reprenait sans motif et sans excuse. Je sentis pour la première fois que la douceur de mon tempérament cachait une fermeté réelle, inébranlable. Non, non, je n'étais pas un enfant !

Je fis beaucoup de réflexions dans ma longue course pour revenir à pied chez moi. Schwartz, qui m'attendait toujours jusqu'à minuit, me sauta au cou.

— Cher enfant, cher ami ! s'écria-t-il dans sa langue, que j'étais arrivé à connaître passablement, grâce à lui; mon violon, mon cher violon, tu sais que je voulais vendre cinq cents francs, et dont les brocanteurs ne voulaient pas me donner deux louis, on me l'achète mille francs!

— Qui cela?
— Devine.

Et, sans songer à ce qu'il disait, il me remit une lettre que madame Marange lui avait envoyée dans la soirée, sans me rien dire, et qui lui demandait le précieux instrument pour son fils Julien, en lui envoyant un billet de banque.

Puis, en post-scriptum, elle ajoutait :

« Voilà mon fils qui est forcé tout d'un coup de partir pour une de nos terres. Comme il pourrait bien y passer quelque temps, il vous prie de lui garder ce violon jusqu'à ce qu'il vous le redemande, et de le jouer souvent pour l'entretenir. »

Ces femmes étaient bonnes et d'une délicatesse exquise. Je leur avais dit que Schwartz cherchait à vendre son violon, mais que, le jour où il en viendrait à bout, il regretterait amèrement le fidèle compagnon de toute sa vie. Elles le lui payaient donc avec l'intention bien évidente de trouver prétexte sur prétexte pour l'empêcher de le livrer.

Schwartz était fier, mais facile à tromper. Il ne se doutait pas de la reconnaissance qu'il devait à ces âmes ingénieuses dans l'art de rendre service. Mais il était sûr de son lendemain et heureux de ne pas se séparer de son violon. Il en joua toute la nuit.

J'avais espéré me sentir calme. Je ne me sentis que fort. Schwartz m'empêcha de dormir : je pleurai ; je pensais à Anicée comme si elle était morte. Je fus exact au rendez-vous qu'elle m'avait donné. La mère et la fille affectèrent de me charger de mille commissions, et même elles me confièrent la surveillance de la maison de Paris, comme si elles eussent voulu me traiter en ami intime devant les autres intimes qui étaient là. Un instant je me trouvai seul avec madame Marange, et elle s'empressa de me parler avec une affection que je ne pus m'empêcher de trouver diplomatique.

— Que je regrette que vous n'ayez pas dix ans de plus! me dit-elle. Vous ne seriez plus forcé de rester ici pour devenir savant, comme c'est votre louable et trop juste ambition. Vous viendriez passer tout l'été à Saule, n'est-ce pas?

— Vous croyez, madame, lui répondis-je, que j'ai l'ambition de devenir savant? Vous me confondez avec mon ami Roque.

— Non pas, non pas, reprit-elle. (Et il me semblait que toutes ses réflexions étaient faites à dessein de m'ouvrir les yeux sur ma position vis-à-vis de sa fille, comme si j'eusse conçu quelque espoir insensé.) Vous devez vouloir être savant en conscience. La vie d'un homme est consacrée d'avance par les dons qu'il a reçus. Quel dommage pour nous que vous soyez un être si intelligent, et, par là, responsable de sa propre destinée ! Que n'êtes-vous un pauvre vieux malheureux comme Schwartz, avec tout ce que vous savez de plus que lui ! nous vous eussions emmené pour refaire l'éducation de Julien, et j'eusse été si contente de trouver un prétexte pour garder toujours un ami tel que vous ! Mais vous êtes un fils de famille, et personne n'a le droit de s'emparer de vous. Vous n'avez pas non plus celui de disposer de vous-même.

Elle avait tellement raison, que j'en eus du dépit.

— J'aurai toujours le droit, lui répondis-je, d'aller herboriser dans la forêt de Fontainebleau; c'est ce qui me consolera un peu de vous voir partir.

— J'espère bien que vous viendrez vous reposer quelquefois chez nous de vos courses scientifiques, reprit-elle d'un air contraint et presque froid.

J'avais provoqué mon arrêt. Je ne devais venir qu'en visite et le moins possible. Je l'aimais mieux ainsi, moi qui voulais connaître mon sort. C'est dans l'ordre : le bonheur ferme les yeux sur le lendemain, le malheur ne sait pas vivre du jour au jour. J'étais calme comme un martyr. Anicée me sembla plus calme que moi encore, ou, ce jour-là, elle n'était pas même triste. Ses yeux avaient une expression que je ne comprenais pas, et dont la tranquille douceur me faisait parfois l'effet d'une insulte.

Au moment de monter en voiture :

— Venez ici, parrain, me dit-elle en me présentant la petite Morena. Donnez votre bénédiction à votre filleule.

Et, comme je me penchais sur le berceau pour embrasser l'enfant :

— Stéphen, me dit-elle à voix basse, comptez un peu sur l'avenir et sur moi ; notre amitié est indissoluble.

Je relevai les yeux sur elle, je lus dans les siens cette sorte d'enthousiasme inspiré qu'elle avait quand elle prenait une résolution généreuse qui devait triompher de la prudente sollicitude de sa mère. Je ne sais ce qui se passa en moi ; je passai de l'abattement à une sorte de joie pleine de sécurité.

— Merci ! lui dis-je.

Et le chevalier nous sépara. Il partait avec *elles*.

Hubert Clet et Edmond Roque étaient là aussi. Edmond était venu assez rarement dans le courant de l'hiver; mais, avec les gens qui lui plaisaient, il était ami, et même naïvement familier, dès le premier jour et pour toute sa vie ; il n'avait donc pas manqué de venir faire les adieux de l'amitié à la dernière heure. Julien, auquel restait quelques jours encore à Paris, avait invité son ami Clet à déjeuner, et continuait à ne pas se douter que ce personnage fût antipathique à sa sœur. Mais, chose étrange et qui peint bien la diplomatie maternelle, madame Marange, qui m'avait parlé dans son intimité pour écarter ou pour paralyser l'apparence de celle de Clet, avait cessé de repousser ce dernier dès le moment où il lui avait semblé que la mienne pouvait devenir dangereuse.

Dès que la voiture qui emportait mon âme et ma vie eut disparu, Julien exigea que nous vinssions déjeuner tous les trois avec lui au café de Paris. J'aurais voulu être seul ; mais Clet m'observait d'un air narquois et j'avais à faire bonne contenance. Je me laissai emmener.

Roque, avec sa cravate blanche et ses lunettes d'or, fit sensation au café de Paris. Je vis fort bien les sourires moqueurs des jeunes dandys, dont il frôla en my gauchement les tables, et je devinai les mots dits tout bas à Julien par quelqu'un d'entre eux. Cette figure de jeune pédant les divertissait. On ne me regarda pas. Je vis par là que j'avais l'air de tout le monde, et j'en fus bien aise. J'aurais pu être ridicule sans m'en douter, ce jour-là, pour la première fois, j'en aurais souffert. Celui que madame de Saule aimait comme son frère n'avait pas le droit de faire rire, même enfants ; quant à Hubert Clet, il connaissait tout le monde, tout le monde le connaissait. Il était là chez lui. Ayant de la fortune, de l'usage, de l'élégance, et de l'esprit par-dessus le marché, il était tenu en grande estime par la jeune fashion parisienne.

Notre déjeuner fut gai. Rougissant, je crois, un peu de son pédant, Julien avait demandé un salon pour nous quatre. Mais Roque fut extrêmement spirituel, et, contre son habitude, nullement fatigant ; mais par goût et par système à une grande sobriété, mais parfaitement distrait, il se grisa dès le premier service. Il s'en aperçut dans un état de *réplétion* et d'*ébriété fort délectable*, il fut étincelant d'érudition satirique et, lui le plus chaste des hommes, de gravelure pantagruélesque. C'était son fait, au reste, de parler de tout *ex professo*, sans avoir jamais usé de rien.

Clet fut fort triste, dès qu'il se vit écrasé par la verve d'un homme dont il s'était promis de faire un plastron.

Julien, qui était frivole comme un enfant riche et comblé, mais bon comme sa mère, au fond, et généreux comme sa sœur, donna tes mains joyeusement au triomphe de Roque.

Clet, que le vin ne pouvait égayer, devint nerveux et tourna à l'irritation.

Il me serait impossible de dire par quel chemin de traverse nous nous trouvâmes arrêtés face à face, lui et moi, dans une impasse de plaisanteries assez aigres de sa part, un peu dures de la mienne. J'étais parfaitement de sang-froid, et, s'il était ivre, il ne le paraissait si peu, que je ne pouvais tolérer ses sarcasmes.

Son animosité contre moi datait déjà de loin. Il avait su contenir jusque-là. J'aurais dû me dire peut-être qu'il était sérieusement épris, puisqu'il souffrait, et que quelque indulgence de ma part. Mais il dénigrait si ouvertement pour moi l'objet de mon culte, que je perdis patience et le blessai plus que je ne voulais.

Roque faisait tant de bruit, que nous eûmes le malheur de pouvoir nous dire, sans être entendus, tout ce que la présence et l'attention de Julien nous eussent forcés de refouler bien avant. Quand on se leva de table, Hubert Clet m'avait provoqué tout bas. Julien remarqua que tous deux nous étions pâles. Roque déclara que c'était la *densité nébuleuse* de la fumée des cigares qui nous faisait paraître ainsi, et il sortit pour promener gaiement les fumées de son vin sur les boulevards.

Je vis bien que sa cravate blanche un peu relâchée, son grand chapeau rejeté en arrière et ses yeux myopes brillant derrière ses lunettes posées de travers faisaient retourner les passants ; je le ramenai dans notre quartier latin.

Le lendemain, j'étais au bois de Boulogne avec lui, attendant Hubert Clet, qui y arriva bientôt, escorté de son témoin. Il n'avait pu choisir Julien, et pour cause : le sujet de notre querelle et notre querelle elle-même devaient lui être soigneusement cachés.

Je ne m'étais jamais battu, comme on peut croire. Clet, qui vivait dans le monde et qui affichait l'esprit frondeur, avait eu déjà une affaire. Il était d'un calme magnifique et s'y complaisait comme un acteur qui joue un rôle dans ses moyens. Je n'avais rien à affecter. Je n'ai jamais su si j'avais du courage, mais il me semble pas qu'il en faille pour risquer sa vie au bout d'un pistolet ou d'une épée, quand elle est toujours en risque, à tous les moments de notre éphémère et fragile existence. Roque, qui m'aimait certainement autant que lui-même et qui eût souhaité se battre à ma place, avait autant de sang-froid que moi ; ce qui était beaucoup plus méritoire.

Le témoin de Clet était un professeur émérite d'affaires d'honneur qui, à vingt-cinq ans, prenait les airs d'un patriarche du coupe-gorge. Il voulut d'abord essayer d'arranger l'affaire, et me demanda, dans la forme classique, si, en traitant M. Clet de fat impertinent, j'avais eu l'intention de l'offenser personnellement.

Je répondis qu'à coup sûr j'avais eu l'intention de lui prouver son impertinence et sa sottise, et que je persistais dans ce sentiment, à moins qu'il ne convint lui-même de son tort et ne le réparât en rétractant les sottises et les impertinences qu'il m'avait dites.

C'était au tour de Roque d'aller demander à Clet s'il avait eu l'intention de m'offenser. Il s'y prit plus simplement et lui dit :

— Vous avez traité mon ami de tartufe de village et de petit don Juan de mansarde. C'est peut-être drôle, mais nous ne voulons pas en rire. On vous a répondu sans amphibologie que vous étiez un fat et un impertinent ; vous avez demandé à vous battre, nous voici ; que décidez-vous ?

Le témoin de Clet trouva le procédé irrégulier, et après dix minutes de pourparlers très-inutiles, où le témoin nous donna à tous trois de fortes envies de rire, nous fûmes placés, Clet et moi, en face l'un de l'autre. Nous tirâmes ensemble. Clet me logea une balle dans les côtes. Je lui cassai un bras. L'honneur était satisfait. Ma blessure n'était pas très-grave. La balle fut aisément extraite. Je ne souffris pas de manière à perdre le courage ou la connaissance un seul instant. Sans être d'une apparence robuste, j'ai dans le sang un peu de la force tranquille du paysan berrichon, je ne suis pas très-sensible à la douleur.

Clet fut plus malade que moi. Son organisation nerveuse, déjà très-excitée par un régime absurde, lui occasionna de violents accès de fièvre, et l'enflure du bras fut fort tenace. Roque le vit souvent de ma part, et lui rendit fort estime en voyant que, reconnaissant son tort, il tenait fort secrets notre duel et sa cause.

J'étais au lit depuis trois jours, encore assez malade et affaibli par l'opération, lorsque je reçus une lettre de mon père qui m'annonçait de grosses pertes de bestiaux, et m'engageait à vivre de mon travail, sans compter davantage sur son assistance.

Cette contrariété me parut d'abord peu de chose ; mais ce manque de parole et le ton froid et presque dur de la lettre m'affectèrent beaucoup. Mon pauvre père, lui, si loyal et si bon, il me retirait même la jouissance du mince héritage de ma mère, et il m'abandonnait à mes propres ressources sans me donner le temps d'aviser.

Ce n'est pas du jour au lendemain qu'on trouve une occupation, si misérable qu'elle soit. J'avais contracté quelques obligations, en ce sens que j'avais attribué d'avance, sur les termes de ma modique pension, deux petites sommes au payement des dettes d'un ami encore plus gêné que moi. J'étais donc forcé de lui manquer de parole à mon tour, et on a si mauvaise grâce à accuser ses parents, que, si je n'eusse été hors d'état de me mouvoir, j'aurais pris des crochets ou un fiacre à conduire, plutôt que d'en venir à cette honteuse excuse.

## XI

Je quittai mon lit pour me mettre en quête d'un emploi ; mais il me fallait, pour entrer dans une industrie quelconque, un répondant connu des industriels, et je n'en connaissais aucun, ne voulant pas invoquer l'appui de Clet et de sa famille.

Pour occuper une fonction dans le gouvernement, si obscure qu'elle fût, il me fallait des titres ou un surnuméariat. J'aurais pu donner des leçons, être répétiteur dans un collège, ou seulement maître d'études. Pour tout cela, il me fallait des protecteurs, des connaissances. J'avais vécu trop seul, et pour rien au monde je n'aurais voulu m'adresser à madame Marange ou à sa fille, par conséquent, à aucune personne de leur entourage.

Je vis quel affreux métier est celui de solliciteur. Je le fis avec courage et sans vouloir me sentir atteint d'une humiliation, ni blessé d'aucune méfiance. Si on était peu accessible pour le malheur, c'était la faute du genre humain, qui apparemment pullule de malheureux lâches et fourbes.

Cependant la détresse arrivait avec une effrayante rapidité. J'écrivis à mon père pour lui demander trois mois de répit, lui remontrant avec soumission que c'était le temps nécessaire pour trouver à me caser. Il ne me répondit pas. J'ai su plus tard qu'une main avide et cruelle avait supprimé ma lettre.

Roque eût partagé sa chambre et son pain avec moi ; mais je l'aurais gêné dans ses études, et, en acceptant son assistance, je l'eusse empêché d'acheter des livres et des instruments ; car il apprenait en ce moment la médecine et la chirurgie, et je savais qu'il se privait souvent de manger pour se procurer cette satisfaction. Autant valait lui demander sa vie que ses moyens de développement intellectuel. Je lui cachai ma position.

Mon bon Schwartz commençait à retomber dans la misère. Il avait naïvement confié ses mille francs à un compatriote qui les lui avait emportés. La goutte l'avait pris, et, après de vains efforts pour descendre son escalier, il s'était vu forcé d'interrompre ses leçons dès le début. Rien ne fait plus de tort à un malheureux que de commencer par être malade. On l'avait remplacé au bout de quinze jours.

Je n'avais ni le temps ni la force d'aller donner un coup d'œil à la maison de la rue de Courcelles ; par conséquent, je n'avais pas l'occasion d'écrire à Saule. Mon silence étonna et inquiéta. On envoya Julien savoir de mes nouvelles. Il vint deux fois sans me trouver et écrivit que je me portais bien, puisque j'étais toujours dehors. Puis il partit lui-même pour rejoindre sa mère et sa sœur.

Ma blessure était guérie, malgré le peu de soin que j'en avais pris ; mais ma force, qui n'avait pas eu le temps de revenir, commençait à m'abandonner tout à fait. Parfois j'éprouvais des faims dévorantes que je n'avais pas le moyen de satisfaire. D'autres fois, j'éprouvais un dégoût invincible pour les aliments. Un jour je dépensai pour mon déjeuner et celui de Schwartz ma dernière pièce de monnaie. Je sortis en me disant qu'il fallait trouver du travail ce jour-là, à avouer ma misère à mon pauvre Roque.

Je courus tout le jour ; je rentrai sans succès et sans espérance. Le lendemain, je voulus tenter une journée de démarches avant de me risquer à de tristes aveux. Je sortis à jeun, je rentrai de même, sans plus de succès que la veille.

J'avais vendu ou engagé au mont-de-piété mes pauvres hardes. Il ne me restait que les reliques de ma mère, au milieu desquelles j'allais mourir d'inanition plutôt que d'essayer d'en tirer un dernier morceau de pain.

Je me décidai à écrire à Roque que Schwartz avait faim et que je n'avais plus rien à partager avec lui. Je portai ma lettre à la première boite, ne me sentant pas la force d'aller jusque chez mon ami, qui demeurait auprès de l'Observatoire. Je remontai à peine mes cinq étages, j'entrai doucement chez Schwartz. Il dormait. Je savais que le piano ne le réveillait pas. Je me mis à jouer très-doux la dernière chanson rustique que j'avais entendu chanter à ma mère. Je sentis un grand calme succéder aux battements précipités de mon cœur. La sueur se refroidit sur mon front. La dernière goutte d'huile s'épuisa dans la lampe. Je m'en aperçus à peine, tant mon regard était déjà troublé ; puis je ne sentis plus rien : mes mains se roidirent sur le clavier, ma tête tomba sur le pupitre ; il me sembla que je m'endormais pour toujours. Je distinguai encore faiblement l'horloge du Luxembourg, qui sonnait dix heures ; puis je devins complètement inerte.

Quand je revins de cette défaillance, je vis autour de moi des fantômes qui me firent craindre de n'avoir échappé à la mort que pour arriver à la folie. Anicée et sa mère étaient près de moi ; elles me parlaient avec tendresse, elles me prodiguaient les plus doux soins. Schwartz et le chevalier de Valesfroit allaient et venaient dans la chambre. Je vis confusément des fioles, des tasses. On m'avait fait prendre quelque cordial, car je me sentais ranimé ; mais je ne comprenais pas encore.

Je fus très-longtemps avant de me rendre compte de rien.

On me fit lever, on m'aida à descendre l'escalier, on me mit en voiture ; je me laissai conduire comme dans un rêve. Je ne me retrouvai moi-même que dans la maison de la rue de Courcelles, devant un souper de famille, où Schwartz était assis. Les choses se passaient pour nous deux comme elles s'étaient passées deux mois auparavant pour lui seul. On nous disait qu'on avait faim, et on nous priait de manger par complaisance.

La mémoire de cette soirée me revint entièrement, et je sentis la honte de la misère m'accabler jusqu'à la douleur. Le bon Allemand était si facile à tromper, qu'il trouvait l'explication de madame Marange toute naturelle. Elle était venue à Paris avec sa fille pour y passer deux jours. Étonnée d'apprendre de ses gens qu'on ne m'avait pas revu depuis son départ, elle avait envoyé le chevalier savoir si j'étais malade. On lui avait dit que j'étais sorti, mais que je n'étais pas rétabli d'un accident qu'on attribuait à une chute. Cette réponse l'avait surprise ; il avait pensé que j'étais fort mal et que je ne voulais pas recevoir. Il n'avait osé forcer ma porte. Il en avait été grondé par madame Marange et sa fille, qui étaient montées en voiture à dix heures du soir, ne voulant pas rester toute la nuit dans l'inquiétude. On les avait laissées monter. Elles m'avaient trouvé évanoui. En revenant à moi, j'avais accepté de venir souper avec elles pour partir le lendemain avec elles pour la campagne ; car il était évident que j'avais besoin de me remettre et de me reposer de mon travail.

Tout ce récit était exact ; mais la vérité n'en était pas complète, je le sentais. On feignait d'ignorer que je me fusse battu en duel et que la vraie misère fût la cause de ma rechute. Je voyais bien qu'on me trompait, que le portier de ma maison avait été plus explicite avec M. de Valestroit, ou que Schwartz lui-même, réveillé en sursaut par la visite des deux femmes, leur avait tout avoué sans s'en douter.

Je sentais la pitié de la mère peser sur moi comme une humiliation, l'inquiétude de la fille comme un doute : la première devait se dire que j'étais trop obscur, trop pauvre, pour devenir jamais un égal ; la seconde, que je n'avais pas assez de courage physique et moral pour devenir un appui. La fatalité de mon malheur et le sentiment de ma faiblesse me navrèrent. Je m'étais senti assez fort naguère pour être le fils, le frère et l'ami de ces deux femmes, et voilà qu'elles m'apportaient chez elles comme un malade et me donnaient à manger comme à un pauvre.

Ces réflexions succédèrent rapidement à mon atonie, et je fondis en larmes, nouvelle preuve de faiblesse qu'il me fut impossible de leur dérober.

Madame Marange me prit la tête dans ses mains avec une bonté indicible, tandis qu'Anicée prenait les miennes et les caressait presque comme celles d'un enfant que l'on veut consoler ; puis, tout en me dorlotant de la sorte, elles dirent au chevalier, qui ne devinait pas comme elles ma pensée, que c'était une crise nerveuse dont il ne fallait pas s'étonner après mon évanouissement, lequel n'était lui-même qu'un état nerveux.

J'eus bien de la peine à retenir mes sanglots, je suffoquais. Madame Marange, craignant une crise plus forte, sortit pour me chercher de l'éther. Le chevalier prit une bougie pour l'accompagner. Schwartz, dont les robustes instincts physiques dominaient toujours un peu, et qui mangeait, comme les loups, un pour quatre, avait la vue plongée dans son assiette. Anicée, qui était restée debout près de moi, passa ses bras autour de ma tête, l'attira contre son cœur avec une effusion angélique, et mit son mouchoir sur mes yeux pour essuyer mes larmes. Ma fierté fut vaincue par cette sainte caresse. Je sentis la sœur et la mère dans le sein de la femme, ces types sacrés qu'aucun autre genre d'amour n'efface dans les âmes complètes. Mes larmes coulèrent plus douces ; elles se tarirent dans la batiste embaumée de mouchoir, qu'elle me laissa garder, couvrir de baisers et cacher dans mon sein quand sa mère rentra.

On me trouva mieux. Le bon chevalier répéta à plusieurs reprises : « Ça ne sera rien, » comme on dit à un enfant qui s'est fait une bosse à la tête. Madame Marange me proscrivit de manger, prétendant que mon médecin avait dû me mettre à la diète, parce que c'était la mode, mais que l'abus de ce système tuait les malades plus que le mal. Chaque ménagement inventé de telle pour sauver mon orgueil me révélait sa bonté et mon humiliation. Mais déjà je ne me sentais plus l'une et je m'abandonnais à l'autre. Je fis un effort pour lui obéir ; mais j'avais une autre organisation que celle de Schwartz, et plusieurs jours se passeraient avant que je pusse manger sans dégoût et sans souffrance.

Il était deux heures du matin quand je me rendis compte du temps écoulé. Je voulus me retirer chez Schwartz. Madame Marange nous dit que, puisque nous devions partir tous deux avec elle et sa fille à dix heures le lendemain, nous coucherions, ainsi que le chevalier, dans le pavillon de son jardin. On

avait tout préparé pendant le souper. J'étais vaincu par la fatigue ; je dormis quelques heures, et, quand, selon mon habitude, je m'éveillai au jour, le chant des merles et des pinsons qui peuplaient le jardin me causa une douce illusion de la campagne. Ma tête était encore si faible, que je fus quelque temps à comprendre où j'étais réellement, et quelles circonstances imprévues m'y avaient amené.

Alors ma honte me revint, en dépit du mouchoir d'Anicée, qui était là sous mon chevet, et que je pressai sur mon visage comme pour en effacer la rougeur. Mais comment ne pas rougir de rentrer ainsi chez un nécessiteux, moi qui, en voulant la suivre, avais été fier de l'idée de lui sacrifier toute ma vaine science et tout mon avenir intellectuel !

— Non ! non ! m'écriai-je en me jetant hors de ce lit moelleux où j'avais été déposé comme par le Samaritain de l'Évangile. Je n'accepterai pas leurs bienfaits ! Ce n'est pas ainsi que je veux faire fléchir la rigueur de ma destinée. Je suis trop jeune de dix ans, voilà mon tort. Il faut que je le répare par une volonté surhumaine.

Mon parti fut bientôt pris. J'écrivis à madame Marange :

« Vous l'avez deviné, mon secret ; je n'ai pas besoin de vous le dire. J'en conviens avec vous. Vous savez que je ne le lui ai jamais dit, à elle ; car vous lisez dans son cœur, et j'espère que vous estimez un peu l'honnêteté du mien.

» Vous voulez qu'elle se marie, je l'ai bien vu. Vous ne repoussez pas d'auprès d'elle les hommes de quarante ans qui ont du mérite. C'est elle qui les refuse au bout de deux entrevues. A la première, c'est l'autorité qu'elle vous concède ; à la seconde, c'est son droit qu'elle reprend.

» Vous ne tenez ni à la naissance ni à la fortune. Vous êtes d'origine plébéienne. Vous êtes assez riche, et, d'ailleurs, votre esprit est trop élevé, votre âme trop noble pour ne pas préférer l'honneur et la vertu à toutes choses.

» Mais vous vous méfiez de la jeunesse. En théorie, vous avez raison. Je vous ai souvent entendue blâmer les amours disproportionnés sous le rapport de l'âge. Vous disiez qu'une femme de votre est vieille et qu'un époux de trente-cinq ans est encore un jeune homme. J'ai bien tout compris, rien ne m'inquiétait ; vous l'avouerai-je, je ne prenais rien de cela pour moi.

» Vous n'avez pas voulu admettre d'exception en ma faveur, force m'a été de le comprendre. Pourquoi donc me ramenez-vous aujourd'hui ici ? Parce que la maladie et la détresse m'ont fait si petit devant la pitié, que vous ne me craignez plus !

» Ange de bonté, je baise vos mains bienfaisantes et je pars ; je veux pouvoir emporter de chez vous l'espérance. L'espérance de mériter votre confiance absolue, oui, je l'ai, malgré vous et malgré moi. Quoi qu'il arrive, je serai votre fils par la volonté, par le dévouement, par le respect, par la soumission, par la tendresse.

» P.-S. — Retenez le pauvre Schwartz ; faites-lui faire des chemises et des habits ; donnez-lui peu d'argent à la fois. C'est un enfant, lui, et il a soixante ans, madame ! »

Je cachetai cette lettre, je la mis en évidence sur la table, et, avant que personne fût encore éveillé dans la maison, je gagnai la rue et allai droit chez Roque.

Il venait de recevoir ma lettre. Il m'ouvrit ses bras en me faisant de vifs reproches de ma trop longue discrétion.

— Eh bien, lui dis-je, ce n'est plus Schwartz qui meurt de faim, c'est moi. Je ne suis pas seulement gêné, je suis réduit à la dernière extrémité.

Et je lui racontai tout ce qui s'était passé la veille. Il m'approuva et me remercia même de mon courage, comme si je l'avais eu à son intention. Puis il me sauva d'emblée, en me procurant de quoi vivre. On lui proposait un mince emploi au Jardin des Plantes, celui de préparateur et de conservateur d'objets d'histoire naturelle, à douze cents francs d'appointements. Plus hardi et plus confiant que moi, Roque avait déjà des protections ; mais il avait de quoi continuer ses études à son gré, moyennant un régime d'existence stoïque, et il ne voulait pas sacrifier son avenir à gagner sa vie.

— Puisque tu en es réduit là, me dit-il, accepte cet emploi, que je me fais fort de pouvoir te céder. Tu auras tes soirées libres pour tes chères études *incidentes*, et ailleurs nous te trouverons mieux avec le temps. Seulement, plus de projets de promenades dans la forêt de Fontainebleau, du côté de certaine résidence ; plus de soirées d'hiver dans un petit salon doré, où on voit deux bien charmantes femmes, mais où l'on dépense plus que l'on n'acquiert ; plus d'interminables improvisations la nuit, plus d'amour absorbant et de dithyrambes au clair de la lune.

J'étais résigné à tout, sauf à ne point aimer, puisque c'était dans cet amour que je puisais mon courage. Au bout de trois jours, j'étais installé au cabinet d'histoire naturelle, dans un petit laboratoire où j'empaillais des oiseaux. J'avais souvent fait cette besogne à la campagne pour mon plaisir, et j'y étais fort adroit.

Mon apprentissage fut donc un morceau de réception qui me valut de grands éloges : on me trouva propre à plusieurs autres soins, et, au bout de trois mois, sans aucune réclamation de ma part, mes appointements furent portés à deux mille francs.

J'étais riche ! J'avais des habits et des chemises que personne ne m'avait donnés ; je n'avais pas été forcé de vendre le petit piano de ma mère, auquel je tenais comme Schwartz tenait à son violon. Il me restait, grâce à l'attention et à la prestesse avec lesquelles j'expédiais ma besogne, six heures par jour pour travailler à ma fantaisie (de six heures à minuit). J'en dormais six. J'en consacrais dix à mon emploi.

Un jour, on m'annonça une nouvelle qui me remplit d'orgueil et de joie. On me donnait trois mois de liberté pour faire, au profit du cabinet, une exploration scientifique dans la forêt de Fontainebleau. Il fallait remplacer certains individus précieux qui s'étaient détériorés aux collections. Je partis ivre de bonheur, et j'allai planter ma tente, pour commencer, à la maison Floche.

XII

Je trouvai mes vieux amis en bonne santé, et l'accueil qu'ils me firent me toucha vivement. Tous deux pleuraient de joie et m'appelaient leur enfant. Ils se réjouissaient de mon bien-être comme s'il leur eût été personnel. Je passai huit jours dans la région d'Avon, bien décidé à ne pas goûter le bonheur d'aller à Saule avant d'avoir commencé ma mission et de m'être mis en mesure de la continuer sans interruption après ma première visite.

Au bout de la semaine, je pus donc me présenter. Cette fois, j'étais encore revêtu de la blouse, comme lorsque j'avais fait ma première entrée. Mais ce n'était plus par pauvreté que je me montrais ainsi. Je portais le costume, l'uniforme, si l'on veut, de mon emploi.

J'arrivai à l'improviste et j'entrai par le parc, dont je connaissais les issues dérobées. C'était même époque, à peu près, que celle de l'année précédente. La chaleur était encore bonne à savourer, les arbres pliaient sous les fruits, les jardins revêtaient cette seconde parure de l'arrière-saison qui, pour être moins luxuriante que celle du printemps, n'en est que plus coquette et plus soignée.

Au détour d'une allée de bosquet qui aboutissait à la pelouse, je me trouvai tout à coup face à face avec Anicée. Elle était assise sur un banc et lisait à l'ombre, pendant qu'à vingt pas d'elle, Morena, sous l'œil de sa bonne, jouait sur l'herbe avec son ex-nourrice, la brebis noire. Morena était sevrée.

Anicée, en me voyant, ne put retenir un cri. Elle laissa tomber son livre, accourut dans mes bras et me baisa sur les deux joues avec l'effusion d'une sœur. Puis elle rougit après, ne sut me rien dire, se rassit sur le banc en me faisant signe de m'asseoir auprès d'elle, et, là, devenue tremblante, elle fit de vains efforts pour retenir ses larmes.

J'eus peur d'abord ; je n'osais croire à tant de bonheur. Je pensai qu'un malheur était arrivé dans la famille, ou qu'il lui était interdit par sa mère de me recevoir... ou enfin qu'elle s'était laissé fiancer à un autre que moi.

Il n'y avait rien de tout cela ! Justice et bonté du ciel, j'étais aimé ! Aussitôt que je l'eus compris, je cessai mes questions et ne demandai pas même la cause de ces larmes qui me rendaient si fier. Elle avait pleuré deux fois pour moi, une fois de douleur et une autre fois de joie. Quel plus naïf aveu pouvais-je exiger ? Je n'ai jamais compris qu'un homme osât arracher à la femme qu'il veut aimer toute sa vie une caresse ou un mot qui l'engage prématurément. C'est froisser la pudeur de l'âme, c'est violer la conscience. Jusqu'à l'hymen complet des âmes, celui qui veut être véritablement aimé doit respecter la liberté et laisser grandir la confiance. Insensé celui qui croit avoir les droits du maître parce qu'il a surpris un moment d'émotion et arraché ce mot : « Je vous aime, » après lequel la femme ressent parfois encore plus de peur de l'avoir dit qu'elle n'a éprouvé d'entraînement à le dire.

Non, non, je ne voulais pas l'obtenir ainsi ! je voulais laisser venir un jour où elle me le dirait, sans pâlir et sans trembler, avec de la joie dans l'âme et de la sérénité dans le regard.

Sa mère vint nous joindre et me montra une affection sincère. Dès les premiers mots, elle fut aussi franche avec moi qu'elle avait été prudente ; car, Anicée nous ayant quittés un instant pour aller me chercher ma filleule, qui s'était éloignée avec la bonne, elle me dit en me regardant tout droit dans les yeux et en me tenant les deux mains :

— Non, vous n'êtes pas un enfant. Vous êtes un homme de bien, vous serez un homme de mérite. Je n'ai jamais dit non, moi ! à présent, je ne dis pas oui, cela ne dépend pas de moi. Je tiens à ce que vous ne croyiez pas que j'abuse de mon influence et de mon autorité. Mais je suis mère avant tout, et je dois désirer que le temps consacre la confiance et l'affection.

— Dix ans, s'il le faut ! m'écriai-je en lui baisant les mains avec ardeur.

— Hélas ! dit-elle en souriant avec tristesse, dans dix ans, elle en aura quarante !

— En eût-elle cinquante ! répondis-je avec une fermeté qui frappa madame Marange et dont elle m'a avoué depuis avoir subi l'influence plus qu'elle ne voulait.

Morena, qui marchait déjà seule, avec des pieds d'une adresse singulière, malgré leur petitesse phénoménale, vint m'embrasser sans se faire prier. Sa précocité était quelque chose de remarquable et dont je fus même un peu effrayé sans oser le dire à sa mère adoptive. Elle parlait déjà d'une voix claire et avec une prononciation nette. Son vocabulaire était du double au moins plus étendu que celui des enfants de son âge. Ses traits aussi se dessinaient prématurément, et la beauté s'y faisait en dépit de la gentillesse. Quoique très-brune, elle n'avait rien dans les cheveux, dans le type et dans la peau, qui ne fût acceptable à la race européenne.

— La mère Floche avait raison, pensais-je, elle est fille d'un *chrétien d'Espagne*.

Anicée l'aimait trop. Elle se faisait son esclave avec un élan et une imprévoyance qui révélaient chez elle des sources d'intarissable dévouement. Si je l'eusse écoutée, j'aurais gâté ma filleule, et plusieurs fois elle me reprocha d'être trop sévère. Un jour même, elle me dit presque tristement que je ne l'aimais pas assez. J'ai compris, j'ai su, depuis, que, se regardant déjà comme ma femme, elle voulait que je me crusse le père de cet enfant que je lui avais donné et pour lequel aussitôt elle s'était senti des entrailles de mère.

Je revins plusieurs fois à Saule durant mon excursion, et même, ayant, à force d'activité et d'ardeur, recueilli les échantillons qui en étaient le but, j'eus presque un mois de surplus que je pus passer auprès d'Anicée.

On retarda pour moi la rentrée accoutumée à Paris, sans me le dire toutefois ; mais les tendres condescendances de la mère pour la fille étaient pour moi d'une transparence adorable. Des rares prétendants que madame de Saule avait consenti à laisser paraître un instant chez elle l'année précédente, il n'était plus question. De temps en temps, madame Marange recevait une lettre de quelque amie qui la blâmait de laisser sa fille veuve et qui lui proposait un parti convenable. Anicée, avec une malicieuse ingénuité, se faisait lire ces lettres tout haut devant moi, et elle riait ensuite avec une esprit qui me touchait infiniment ; elle forçait sa mère à en rire aussi, et, en somme, l'homme de quarante ans, si longtemps rêvé par madame Marange, devenait un mythe qu'Anicée la forçait de reléguer au nombre des fictions, comme Polyphème ou Croquemitaine.

Dans tout cela, pas un mot échangé entre nous deux, ni entre nous trois, qui pût donner un corps à la crainte ou à l'espérance. C'était comme une convention tacite de compter les uns sur les autres sans engager la conscience et la liberté de la personne. Le mot d'amour était toujours traduit dans la langue vulgaire de l'amitié ; le mot de mariage n'était pas même prononcé. Anicée n'arrêtait pas son esprit sur l'éventualité d'une union plus intime que celle qui régnait entre nous. Pour toutes les satisfactions personnelles, elle et l'enfant le plus soumis à ces lois de l'inconnu que les mères appellent l'avenir de leur fille. Elle avait la pureté tranquille d'une jeune vierge, à l'âge où les passions bouleversent le cœur ou l'imagination des femmes.

Quel sanctuaire de céleste chasteté que l'intimité de cette mère et de cette fille ! l'une qui pouvait dire à l'autre sans rougeur et sans tressaillement : « Oui, j'aime et je veux aimer ; » l'autre qui ne pouvait jamais craindre qu'une chose, c'est que sa fille ne fût pas aimée autant qu'elle le méritait.

Je travaillais avec délices à Saule. Nous nous séparions une heure après le déjeuner, et j'allais étudier dans ma chambre ou dans la campagne. Mais je préférais ma chambre, parce que, de temps en temps, j'entendais Anicée passer doucement sous sa fenêtre, ou rire et chanter au loin pour divertir sa *Morenita*. Avec certaines personnes, on se trouve investi du don de l'ubiquité intellectuelle. On se sent avec elles sans sortir de soi-même. Anicée ne m'a jamais dérangé d'aucun travail, et jamais aucun travail ne m'a distrait d'elle.

Nous nous retrouvions à l'heure du dîner avec un plaisir extrême. Pour bien savourer une société chère et précieuse, il faut la mériter par l'accomplissement soutenu d'un devoir.

L'âme humaine n'est pas faite, d'ailleurs, pour les félicités d'une constante effusion. Quand elle est assez forte pour ne pas s'y épuiser, elle s'y exalte, et la passion devient jalouse, exigeante, maladive. Le travail a été donné à l'homme comme le gouvernail de sa raison même et le stimulant de ses affections.

Nos soirées étaient délicieuses. Je jouais du piano *entre chien et loup*, sans vouloir permettre qu'on abusât de mon inspiration jusqu'à se blaser dans l'attention émue qu'on voulait bien m'accorder. On apportait les lampes et je faisais la lecture pendant que les femmes travaillaient. Madame Marange occupait dès lors le métier à elle seule ; Anicée avait toujours quelque nippe à coudre ou à broder pour son enfant. Après la lecture, nous causions plus ou moins sans tenir compte de l'heure, et minuit venait quelquefois nous surprendre au coin du feu pétillant des premiers froids d'automne. Habitué à me lever à six heures, j'avais encore quatre heures de matinée pour mes études avant de revoir mes bien-aimées compagnes.

Roque vint nous voir, ainsi que Schwartz, que madame Marange, après l'avoir bien *refait*, avait réussi à placer comme organiste à Fontainebleau. La présence de ces deux amis me fut plus douce qu'elle ne me l'avait jamais été, et Roque, qui commençait à se décourager de cette succession de spécialités qu'il avait prétendu tirer de lui-même, Roque, dont la vue et la mémoire s'usaient déjà, et qui sentait, à la fleur de l'âge, que les forces humaines ont une limite infranchissable à la volonté la mieux trempée, Roque, devenu philosophe, cessa de me railler et de me tourmenter.

— Tu as raison, me dit-il en m'écoutant lui résumer les divers travaux dont je m'occupais, il faut se nourrir de la science, mais selon la loi de la vie physique, qui veut qu'on mange pour vivre, et non qu'on vive pour manger. Les indigestions ne tuent pas les corps robustes ; mais elles détruisent l'estomac à la longue. Hélas ! la vie est trop courte et l'on ne se renouvelle pas à mesure qu'on l'épuise. On ne peut pas *savoir !* Il faut se contenter de *comprendre*. Oui, oui, tu as mieux procédé que moi, Stéphen, en étant plus modeste ; il faut absolument choisir entre ces deux termes : connaître un peu tout, ou bien ne connaître qu'une chose à fond. Voyons, quel parti prendrai-je, et quel parti prendras-tu ? ou bien quel parti prendrons-nous tous deux ?

— Mon ami, lui répondis-je, nous allons prendre tous deux les deux partis : nous serons égaux et absolus, universels et spéciaux. Écoute-moi bien. Puisque tu as, comme nous disions, le pain cuit sur la planche à un foyer paternel, et que tu m'as procuré le pain quotidien du travail manuel, nous allons passer encore deux ou trois ans à *comprendre*, sinon à connaître le plus de choses possible, sans nous dessécher sur aucune. Alors nous serons tout bonnement ce qu'on appelle des hommes instruits, ce qui n'est pas grand'chose ; mais nous aurons des intelligences rompues au travail et encore saines, ce qui sera beaucoup. Alors nous prendrons une spécialité et nous nous y adonnerons pour le reste de nos jours.

— Hélas ! c'est bien bête, une spécialité ! s'écria-t-il.

— C'est bête quand on est bête, lui répondis-je. Malheureusement, le vulgaire a raison de dire : *Bête comme un savant*, en ce sens que la plupart d'entre eux se font spéciaux en partant de l'ignorance absolue. Or, comme toutes les sciences se tiennent, celui qui n'en possède qu'une et qui dédaigne ou néglige d'acquérir de bonnes notions sur toutes les autres, n'est plus qu'un rouage qui fonctionne seul et sans utilité pour la machine. Nous aurons paré à ce danger de l'atrophie des nombreux lobes de notre cerveau en les exerçant tous d'avance sans excès.

» Puis, le jour venu d'en privilégier un seul, nous marcherons sans effort et avec une rapidité souveraine vers ce but. Nous ne trouverons pas sur notre route les hésitations de notre propre ineptie, et nous ne nous dirigerons pas en aveugles entre des rivages inconnus. Nous serons savants dans notre partie, mais, à tous autres égards, nous serons encore des hommes. Si tu es médecin, une bonne somme de philosophie, un peu d'art, assez de métaphysique, beaucoup d'histoire et pas mal de littérature, t'auront aidé d'avance à connaître l'homme, ce grand problème en qui la vie de l'âme est si étroitement unie à celle du corps, que qui ignore l'une, ignore l'autre. Ainsi de toutes les branches scientifiques. Elles partent d'un tronc dont il faut bien avoir analysé la moelle, et la religion serait même le vrai point de départ.

— Oui, oui, trois fois oui, dit Roque, soucieux et convaincu en même temps. Donc, il est trop tôt pour que j'étudie l'anatomie du corps, puisque, selon toi, je ne connais pas celle de l'âme.

— Non, mon ami, étudie-les ensemble ; seulement, il faut le temps à tout. N'aie pas l'orgueilleuse rage d'être grand médecin en moins d'années qu'il n'en faut aux autres pour être des carabins passables. Examine toutes ces choses que je te dis, et ne sois médecin que dans dix ans.

XIII

Roque fut triste à dîner ; pressé amicalement d'en dire la cause, il nous promit de s'expliquer au jardin, et, là, marchant avec animation sous la lune nuageuse de novembre :

— Mes chers amis, s'écria-t-il avec une grande naïveté de cœur, sachez que, jusqu'à ce jour, j'ai été un âne, et, qui pis est, un sot !

Et il résuma d'une manière brillante et claire le sujet de notre entretien. Il me plaça plus haut que lui, lui qui, sans méchanceté, sans en avoir même conscience, m'avait toujours traité en petit garçon devant Anicée et sa mère ; il passa d'une extrémité à l'autre ; et, passionné en tout, il déclara que j'étais le plus juste, le génie le plus lucide qu'il eût jamais rencontré.

Je voulus rire de ces éloges, que madame Marange écoutait avec une sollicitude avide. Anicée me prit le bras en me disant d'un ton d'autorité jalouse :

— Ne riez pas, taisez-vous : il a raison. Ne vous moquez pas ; ne dépréciez pas celui dont il parle. C'est une chose que je ne souffrirai de personne, pas même de la vôtre.

Quand Roque eut tout dit, madame Marange conclut avec une grande sagesse d'application.

— Stéphen avait raison, dit-elle. Qui ne sait pas la géologie ne saura jamais la botanique, et réciproquement ; qui n'entend rien à la musique manquera d'un sens dans la poésie ; qui ne se doute pas de l'anatomie ne saura jamais dessiner. Il est vrai que de grands génies ont tout deviné ; mais deviner équivaut à savoir. Donc l'exception confirme la règle. Maintenant, continua-t-elle, peut-on vous demander, sans indiscrétion, mon cher Stéphen, quelle spécialité vous comptez embrasser ?

— J'attends qu'on me le dise, répondis-je en pressant contre mon cœur le bras qu'Anicée avait passé sous le mien en me grondant.

— Qui donc vous le dira mieux que vous-même ? demanda madame Marange.

— Vous, madame, répondis-je encore en m'adressant à elle et en regardant sa fille. Je vous ai entendu dire autrefois qu'un homme ne pouvait se passer d'un état. Moi, j'aime tant toutes les choses que j'étudie, que je n'ai pas de préférence marquée. Jadis, je comptais sur ma mère pour me désigner mon but. A quelle autre puis-je demander maintenant de me rendre ce service ? N'est-ce point à vous qui m'avez témoigné tant d'intérêt et qui êtes un si bon juge ?

Madame Marange semblait attendre que sa fille parlât la première ; Anicée, ainsi encouragée, répondit :

— Moi, je ne suis pas un grand esprit comme vous autres. Je comprends le bonheur de l'étude ; mais la nécessité de s'illustrer, je n'y ai jamais rien compris.

— S'illustrer, non ! observa sa mère ; mais se rendre utile.

— Ah ! c'est la prétention de tout le monde, reprit Anicée avec un peu de tristesse. Tous les ambitieux se croient ou se disent nécessaires. Le mérite vrai est plus modeste. Il est utile à tout et à tous sans le savoir. Un jour vient où il se révèle malgré lui, mais c'est quand il a déjà fait tout le bien qu'il est capable de faire.

— L'oracle est obscur, dit Roque. Doit-on donc attendre que la profession vienne vous chercher et le succès vous surprendre ?

— Peut-être.

— Alors point de spécialité ; nous retombons dans mon ancien système : tout savoir pour être propre à tout. Mais je sais à présent que c'est impossible ; car l'homme vit trop peu de temps.

— Alors, dit Anicée, sans songer qu'elle ne répondait qu'à moi, un emploi quelconque de l'intelligence, celui qui gênera le moins la vie du cœur.

Je fus bien heureux de cette réponse, qui me disait tant de choses et que Roque trouva très-vague et très-insignifiante.

Anicée m'aimait tel que j'étais, sans nom, sans état, sans science réelle, peut-être sans avenir. Oh ! oui, j'étais bien heureux ! Je comprenais ce que sa mère semblait oublier, qu'elle avait été mal aimée par un ambitieux, et que son rêve était un époux humble et dévoué. J'étais donc fort embarrassé entre la mère et la fille. L'une qui me préférait inconnu et pauvre, l'autre qui m'eût voulu tout au moins distingué et indépendant de position.

Le problème était posé. C'est à Paris qu'il devait se résoudre. Il s'agissait de savoir si, au lieu de travailler pour mon instruction personnelle six heures par jour, j'irais passer toutes mes soirées, comme l'année précédente, à la rue de Courcelles. En prenant ce dernier parti, je retardais de six mois mon développement intellectuel, je prolongeais les incertitudes de madame Marange sur mon état futur, je blessais la noble ambition qu'elle nourrissait de ne voir sa fille unie qu'à un homme de talent ou de science. Il fallait cela pour me faire pardonner les malheureux dix ans qui me manquaient, et cependant elle sentait bien qu'il fallait dix ans encore pour que j'eusse un nom, et elle frémissait à l'idée de ce long veuvage pour Anicée.

De son côté, Anicée me trouvait stoïque, cruel, presque égoïste de sacrifier ainsi le bonheur d'elle à l'espoir, peut-être chimérique, de lui donner un nom illustre.

— J'ai trente ans, disait-elle à sa mère. Vous dites qu'on est vieille à quarante. Je n'aurai donc eu ni jeunesse ni amour. Je ne vous demande pas de nous marier, moi. Je n'y songe pas non plus. Mais ne me privez pas de la douceur de le voir. Quel plus humble bonheur que le mien ! voir tous les soirs mon ami devant dix personnes, puis-je moins demander ?

J'essayai de satisfaire madame Marange en ne venant chez elle qu'une fois par semaine. Cette privation me fut un supplice. Je l'avais supporté alors que mon orgueil, blessé par sa méfiance ou nourri par mon propre espoir, m'avait soutenu dans cette lutte contre moi-même. Mais je n'avais plus un stimulant aussi actif. Je me savais aimé, on m'avait béni, on me laissait espérer, on venait de me donner un mois de bonheur sans mélange. Je ne pouvais me faire à l'idée de recommencer mon épreuve. J'aimais cette femme de toutes les puissances de mon âme ; je la sentais aussi nécessaire à mon esprit qu'à mon cœur, bien qu'elle n'eût que du cœur pour alimenter son intelligence et la mienne. Son caractère, dont la beauté douce et tranquille était l'expression constante, formait autour de moi une atmosphère de sérénité dont je ne pouvais plus me passer. Ce n'était, peut-être pas de la passion, c'était mieux et plus, car c'était un amour que Roque ne pouvait comprendre, puisqu'il, qu'à une idée fixe, à une monomanie. Pour moi, c'était quelque chose comme la nostalgie. Rien ne pouvait me distraire, le matin, de l'impatience de la voir le soir, et le soir passé loin d'elle était si aride, que mon travail avortait dans ma tête.

Le bon Roque imagina un expédient auquel il put faire consentir madame Marange : ce fut de dire à l'entourage que feu M. Marange avait laissé d'importantes recherches scientifiques à débrouiller et à mettre en ordre. Il y avait du vrai là-dedans. Seulement, ces manuscrits ne valaient pas la peine que je me fusse donnée ; mais il fut convenu que je ne me la donnerais pas. Les amis n'y verraient que du feu, et on trouverait plus tard un prétexte pour ne pas donner suite à l'idée d'une publication.

En conséquence, j'habiterais le pavillon du jardin de la rue de Courcelles, de sept heures du soir à cinq heures du matin, les prétendus manuscrits devant être en sûreté à mon domicile. Il y avait une bonne petite bibliothèque de choix à mon usage dans ce pavillon. D'ailleurs, j'apporterais les ouvrages spéciaux dont j'aurais besoin. Je paraîtrais rarement en plein jour n'être pas trop remarqué, et je pourrais voir la mère et la fille à la dérobée, me sentir auprès d'elles... Je n'en demandais pas davantage.

Cette bonne mère consentit à subir auprès de ses amis le petit ridicule de vouloir faire un succès posthume à son mari. Je passai donc ainsi un hiver bien heureux. On s'étonna peu de me voir devenir le secrétaire d'un mort ; on m'oubliait vite dans la poussière de ces écrits qui faisaient peur à tout le monde. J'avais le moyen de payer un cabriolet de louage qui venait me prendre de grand matin pour me conduire au Jardin des Plantes. J'achevais ma nuit en sommeillant, en dépit du froid, dans ce rude véhicule. Je revenais à pied le soir, je dînais en route, j'étais à mon poste à sept heures. Je trouvais mon feu et ma lampe allumés et de douces recherches de bien-être pour ma veillée solitaire, où je reconnaissais la main délicate d'Anicée.

Dans le courant de la soirée, elle quittait souvent le salon pour aller voir Morena et trouvait presque toujours moyen d'ouvrir la fenêtre de sa propre chambre, qui donnait en face de la mienne. Malgré le froid et la neige, elle y restait quelques minutes, jusqu'à ce que, désespéré de la voir s'exposer à un rhume, je lui fisse comprendre en me retirant que mes remords m'arrachaient à ma joie.

Quand ses hôtes étaient partis, c'était toujours d'assez bonne heure, à cause de l'éloignement du quartier, elle agitait une sonnette, et j'accourais près du feu, entre elle et sa mère. On me permettait d'y rester une demi-heure et je retournais travailler et dormir.

Insensiblement, madame Marange, sûre de moi autant que d'Anicée, nous laissa seuls ensemble. Tous les domestiques se couchaient. Il n'y avait pas de malveillants parmi eux. Anicée était trop connue, trop aimée pour pour être calomniée dans son intérieur. Alors, nous prolongions doucement la veillée, malgré le reproche que se faisait mon amie de me dévorer mon temps. Puis elle riait de mes projets de gloire, elle se faisait fort de me conserver l'estime et l'amitié de sa mère sans cela. Elle avait envie d'aller brûler mes livres ; elle m'ordonnait de dormir au lieu de travailler en la quittant.

Je désobéissais : je veillais jusqu'à deux heures du matin, non par besoin de travailler, mais pour mener de front la double ambition que m'avait suggérait, si bien heureux par elle et digne d'elle. Je ne dormais donc plus que quatre heures sur vingt-quatre, quelquefois moins. Je n'en fus pas malade ni même accablé un seul jour. L'amour fait vivre ; c'est l'absence qui tue.

Un jour dans la semaine, on m'accordait pour récréation d'accompagner ces dames au théâtre. Je ne me le reprochai plus, quand je vis que cela m'était utile aussi et développait en moi des jouissances d'art et des souffrances de critique qui formaient mon jugement ou éveillaient mon imagination. Puisqu'il entrait dans mon plan de n'être volontairement étranger à rien de ce qui intéresse, émeut, redresse ou corrompt les hommes, je devais connaître cet art, qui, bien entendu, saurait résumer tous les autres.

Un soir que nous entrions à l'Opéra, où elles allaient, modestement, dans une baignoire, et sans toilette, je fus frappé de la figure d'un gamin qui étendait un bout de tapis sur la roue des fiacres et recevait deux sous de ceux qui en descendaient.

Bien qu'il se fût fait, depuis dix-huit mois, un changement dans sa taille et dans ses traits, je ne pouvais en douter, c'était le frère de Morena.

Je ne voulus pas en faire la remarque devant mes compagnes ; mais, dès que je les eus installées dans leur loge, je revins au péristyle ; je descendis les degrés et je rejoignis le gitano.

Le gitano vint à moi avec empressement dès que je l'eus appelé, et me reconnut sans hésitation.

— Ah ! ah ! monsieur, me dit-il en français et avec une assurance extraordinaire, c'est vous qui m'avez volé ma sœur !

A cette apostrophe faite tout haut, plusieurs personnes qui passaient se retournèrent. On me prenait pour le suborneur de filles. J'emmenai l'enfant dans un endroit de la rue plus isolé et je lui demandai l'explication de sa fuite soudaine après la mort de sa mère, son nom, celui de son père, celui de sa sœur, enfin.

— Monsieur, répondit-il, si vous voulez me promettre de me dire ce que vous avez fait de ma petite sœur, je vous apprendrai tout de ces choses.

— Je ne promets rien, répondis-je, sinon de te rendre un peu moins malheureux que tu me sembles l'être, si tu en vaux la peine.

Et, comme il parut mordre à l'appât d'une récompense, je lui donnai rendez-vous pour le lendemain, au labyrinthe du Jardin des Plantes.

Dans la crainte qu'il n'y manquât, j'aurais au moins voulu lui arracher tout de suite le nom et les indications principales ; mais il prit un air de mystère, prétendit qu'il avait des secrets importants à me révéler et fut exact au rendez-vous du lendemain.

Quand je revis cet enfant au jour, je fus frappé de la beauté extraordinaire de ses traits et de l'élégance gracieuse de son corps, en dépit des misérables haillons dont il était à peine couvert. Tout en lui annonçait une vive intelligence, son regard pénétrant, son sourire expressif, la justesse de ses souvenirs, et la facilité avec laquelle il parlait une langue dont il n'avait pas la première notion dix-huit mois auparavant. Son vocabulaire pittoresque frisant l'ignoble était celui du milieu où, depuis Fontainebleau, il avait traîné son impudence et sa misère ; et, malgré ce cachet impur, il y avait dans son accent espagnol peu accusé, dans sa voix suave, dans sa prononciation fine, je ne sais quelle distinction et quel charme qui formaient un douloureux contraste entre sa nature et sa situation.

Voici le récit vrai ou faux dont il me gratifia :

Son père était un gitano d'Andalousie, qui exerçait aux environs de Séville la profession de raseur de mulets. Il faut savoir qu'en Espagne on rase le poil des chevaux communs, des ânes et des mulets. Les bohémiens sont généralement employés à cette fonction sociale. Ce père était bon chrétien. (Tous les gitanos d'Espagne, terrifiés par l'inquisition, affectent une dévotion outrée, et encombrent de leurs adorations le porche des églises, sans réussir à persuader aux populations qu'ils ne pratiquent pas en secret le culte du diable.) Il s'appelait Antonio, et rien de plus ; sa femme faisait les corbeilles, tirait l'horoscope, chantait et dansait sur la voie publique. Lui, le fils de cette union, tenait les castagnettes ou raclait la guitare. Là s'était bornée son éducation.

Je traduirai de l'argot le reste du récit du gitanello.

— Je vous ai dit, là-bas, monsieur, que mon père avait quitté ma mère enceinte pour aller chercher sa vie en France, et qu'il nous avait fait écrire de venir le retrouver à Paris. Je savais très-bien que mon père était fâché contre elle en la quittant ; mais je ne savais pas pourquoi, et je n'avais pas besoin de vous le dire. Quand ma pauvre mère fut morte, au milieu de mon chagrin, je regardais avec attention ma petite sœur et je vis qu'elle était blanche.

— Blanche ? observai-je. Pas précisément.

— Elle l'est toujours plus que moi, reprit-il. Vous n'avez qu'à me regarder et à comparer, si elle vit encore et si vous savez où elle est.

Je ne répondis pas à cette question détournée, et je constatai qu'en effet ce jeune garçon ne pouvait renier sa race, tandis que Morena pourrait toujours faire douter de la sienne.

Il reprit :

— Cet enfant blanc me fit peur. Je me souvins d'avoir entendu mon père me dire en colère, avant de quitter l'Espagne :

» Le frère ou la sœur que ta mère va te donner viendra au monde avec une peau blanche. Si tu fais bien, tu lui mettras la tête sous une pierre, et tu danseras dessus.

» Mon père est méchant, je ne le suis pas ; seulement, je me dis :

» Si je ne tue pas cette enfant, mon père viendra nous tuer tous les deux.

» Et je me sauvai. Je n'ai rien volé à ma sœur. Ma mère avait deux choses, un petit mulet et un bracelet d'or ; j'ai pris le mulet pour moi, j'ai laissé le bracelet à la petite. Qu'est-ce qu'il est devenu ?

— Ça ne te regarde pas. Continue.

— Je montai sur la bête et je gagnai Paris, où, sans chercher mon père, je ne tardai pas à le rencontrer. Il fut content de me revoir, et me dit que ma mère avait bien fait de mourir si son enfant était blanc. Je lui dis que l'enfant était mort aussi ; mais il voulut savoir la vérité et se fit conduire par moi à la maison Floche. Il y entra, regarda la petite et me dit en revenant :

» — Ce n'est pas ma fille ; qu'elle devienne ce qu'elle pourra.

» Il ne s'en est pas occupé depuis, et m'a empêché d'aller savoir de ses nouvelles.

— Cette partie de ton histoire me semble un peu louche, mon garçon, ou tu es bien lâche. Si tu croyais ton père capable de tuer ta sœur, pourquoi l'as-tu conduit auprès d'elle ? Ne pouvais-tu pas dire que tu ne saurais pas retrouver l'endroit ?

— Il ne m'aurait pas cru et m'aurait battu jusqu'à ce que je parle. Un gitano de mon âge qui ne se souviendrait pas d'un endroit où il a passé, ce n'est pas possible à croire !

— Alors, par crainte des coups, tu as risqué la vie de ta sœur ? Je vois que tu es né sans cœur et sans courage. C'est plus malheureux pour toi que tout le reste.

— Je ne vous dis pas le contraire, répondit l'enfant avec une naïveté dont je fus consterné.

— Enfin, repris-je, que s'est-il passé dans l'esprit de ton père en voyant cette enfant ? Tu ne me le dis pas. Tu oublies que je vous ai surpris tous deux, ce soir-là, vers minuit, guettant et rôdant autour de la maison Floche.

— Ah ! c'était vous ? dit le gitanillo en souriant. Je m'en doutais bien. Vous n'avez pas abandonné ma sœur ; vous aviez l'air de l'aimer.

— Je ne réponds pas, mon drôle, j'interroge. Que faisiez-vous là, si vous n'aviez pas de mauvaises intentions ?

— Ah ! voilà, monsieur. Mon père, après avoir dit que, sa femme étant morte, il ne lui en voulait plus et laisserait vivre l'enfant, se ravisa et dit : « Je vais la prendre et la porter au duc de Florès. Ou il me donnera de l'argent pour l'élever et me taire, ou je la tuerai sous ses yeux. »

— Où est-il, ce duc de Florès ?

— A Paris, monsieur... Mais, en vous voyant là, mon père s'est caché. Puis nous sommes revenus bien doucement dans la nuit. Nous vous avons vu veiller et faire la ronde avec un fusil. Nous avons eu peur, et nous ne sommes revenus là qu'au bout de huit jours, espérant que vous étiez parti. Vous étiez parti, en effet, et l'enfant aussi, et nous n'avons pas pu savoir où elle était.

— L'enfant est morte, lui dis-je, ne la cherche plus.

— Comment, elle est morte aussi, cette pauvre petite ? s'écria le gitanillo en jouant ou en laissant voir une certaine émotion. Eh bien, tant mieux, ajouta-t-il en reprenant ses airs cyniques ; elle ne risque plus rien.

Il y avait, dans son accent, quelque chose de fourbe qui ne m'échappa point. Il était évident que j'allais être observé, exploité ou rançonné, si je ne me tenais pas sur mes gardes. Je résistai donc au désir que j'avais éprouvé de sauver aussi cet enfant de l'opprobre et de la misère, s'il était possible, et l'abandonnant à son sort, je lui donnai quelque argent, en lui disant que je quittais Paris le lendemain et que j'allais vivre en province. Il ne m'éloignai pourtant pas sans lui demander son nom et sa demeure, si toutefois il en avait une. Il me dit qu'il s'appelait Rosario, et qu'il n'avait pas de domicile, se logeant à la nuit, tantôt dans un lieu, tantôt dans un autre. Il ne voulut rien me dire de clair sur l'industrie que cet homme pouvait exercer.

XIV

Pour me débarrasser du gitanillo, je me perdis dans les groupes de promeneurs, qui étaient nombreux, ce jour-là, dans le jardin. Je gagnai mon laboratoire ; mais, ayant eu à passer par l'extérieur, dans un autre corps de logis, je vis, à peu de distance, le gitanillo qui paraissait jouer avec d'autres polissons de son âge, et qui se retrouva encore là quand je revins à mon poste. Si bien qu'il fût dressé à l'espionnage, il avait douze ans, et sa figure trahissait ses desseins.

Quand j'eus à me retirer vers six heures, j'eus soin de ne pas sortir par les jardins ; mais, à la porte de la rue, je vis en observation une figure sombre et basanée qui ne pouvait être que celle du père de Rosario.

Je n'essayai pas de tromper sa vigilance ni de lutter de ruse avec lui. J'avais eu occasion d'observer les mœurs des bohémiens dans les fréquentes apparitions qu'ils font dans nos campagnes. Je savais ce que le premier venu de ces individus peut déployer de persévérance, de fourberie, je dirais presque de génie dans la science de tromper, pour dérober une poule ou seulement un œuf. A plus forte raison, mon espion devait-il déjouer toutes mes précautions, si réellement il avait un intérêt de vengeance ou de cupidité à retrouver Morena. Mon parti fut bientôt pris. J'appelai un fiacre et lui dis de m'attendre. Puis je rentrai, bien certain que mon bohémien passerait là autant d'heures qu'il me plairait d'en faire gagner au fiacre.

J'allai trouver un des agents de police qui veillent à la sûreté des richesses du cabinet, et je lui déclarai qu'un homme que j'avais de fortes raisons pour croire dangereux et malintentionné depuis longtemps, était en train de me guetter à la porte ; que c'était un de ces bohémiens qui font souvent le métier de voler les enfants, et que je croyais celui-là déterminé à me suivre pour opérer quelque chose en ce genre dans une maison où j'allais souvent.

Je connaissais les principaux agents dont l'office était de prêter main-forte aux gardiens. Tous me connaissaient, et celui-là particulièrement, parce que, dans une tentative de vol au cabinet de minéralogie, j'avais eu à échanger des renseignements avec lui. Il me savait donc incapable de l'induire en erreur pour ma satisfaction particulière, et il me répondit avec un ton de suprême paternité que ce genre de fonctionnaire aime à prendre dans de certains cas :

— Allez, mon petit, montez dans votre fiacre, je vous réponds qu'il ne vous suivra pas, et que nous saurons ce qu'il est et ce qu'il veut.

Au moment où je montais en voiture, c'est-à-dire moins de trois minutes après, quatre agents de police cernaient mon gitano, qui, avec l'instinct du gibier devant les chiens, avait senti leur approche et s'était éloigné. Mais il trouva le passage fermé par un de ces messieurs, qui lui mit la main au collet et lui fit décliner ses noms et qualités. Je les laissai aux prises avec lui, assuré que, dans le cas où il pourrait justifier de son droit à fouler le pavé de Paris, on l'occuperait assez longtemps pour l'empêcher de me suivre, et qu'en même temps on l'effrayerait assez pour l'empêcher de recommencer de sitôt. Le bohémien est excessivement poltron. De tous les bandits, c'est le moins redoutable : dès qu'il se voit observé, comme certains animaux de proie ou de rapine, il revient rarement aux endroits où il a été chassé.

Le lendemain, j'appris du même agent de police que mon homme s'appelait ou se faisait appeler Antonio, qu'il était bohémien de race ou de profession, qu'il ne pouvait justifier d'aucun moyen d'existence, et qu'on l'avait arrêté provisoirement. On était sur la trace de ses méfaits, parce qu'il avait un enfant qui se faisait appeler Dariole, et dont on observait toutes les démarches.

Au bout de quelques jours, les renseignements furent plus complets. Antonio exerçait assez fructueusement le métier de voleur *à la tire*, auquel il voulait dresser son fils. Celui-ci, paresseux, vagabond, menteur, insolent, était cependant, soit par frayeur, soit par un fonds de probité naturelle, un fort mauvais élève que son père rouait de coups pour sa résistance ou sa gaucherie. Comment on avait su tous ces détails, je l'ai oublié; mais ils étaient certains, et l'agent de police, qui, après tout, rentré dans sa famille, était, à ses heures, un homme aussi doux et aussi moral que bien d'autres, s'apitoyait sur le sort de ce petit malheureux dont il hésitait à s'emparer.

Tirer un enfant du bourbier du crime et du vice, pour essayer, à tout risque, d'en faire un honnête homme, c'est là un devoir qui m'a toujours paru d'une pratique irrésistible, quand les moyens de m'en acquitter ne m'ont pas été absolument interdits par ma position. Je priai donc l'agent de police d'arrêter *Dariole*, de manière à l'effrayer beaucoup, puis de me l'amener et de consentir devant lui, sur mes instances, à me le laisser gouverner. Comme on ne pouvait constater encore aucun fait ouvertement coupable de sa part, il n'appartenait qu'*en herbe* aux tribunaux. C'était l'expression de mon interlocuteur.

Autant les agents subalternes de la police sont haïs quand ils fonctionnent dans l'ordre des passions politiques, autant ils étonnent parfois par leur bon sens et leur équité dans les choses qui sont du véritable ressort de leur institution civile. Le jour où les discordes humaines ne confondront plus forcément ces deux attributions si diverses, la police devra être et sera une mission toute paternelle dans ses plus justes sévérités, et on se fera un honneur de lui appartenir.

L'homme qui m'aida à essayer la conversion du frère de Morena s'y prit avec autant d'habileté que de charité; et bientôt, débarrassé, grâce à lui, d'Antonio, qui fut mis jusqu'à nouvel ordre hors d'état de nuire, je pus confier l'éducation physique et morale de Rosario, dit Dariole, à de braves gens que je connaissais et que j'aidai de mon mieux à le corriger. Ce n'est pas la donner m'y trompé facilement; comme je n'ai jamais perdu de vue ce garçon, j'aurai beaucoup à parler de lui dans la suite de ces mémoires.

Avant de faire part à mes amies de la rue de Courcelles des faits que je viens de rapporter, je voulus continuer mes recherches sur la naissance de Morena, et tout ce qui était en moi pour assurer la possession aussi légitime que possible de cette enfant tant aimée, à ma chère Anicée.

Je pris des informations grâce auxquelles je sus bientôt qu'il existait, en effet, un duc de Florès, jeune, beau, riche et libéral, habitant Paris depuis peu avec sa jeune femme, qui était même fort à la mode, et qu'on disait en même temps fort coquette dans le monde et fort jalouse de son mari. Je trouvai son domicile, je vis une belle voiture à ses armes dans la cour; je tirai de ma poche le bracelet de la bohémienne, je m'assurai bien que c'était le même écusson, les mêmes emblèmes, la même couronne.

Je me demandai alors comment je procéderais. Je pensai que je devais chercher à connaître quelque chose qui pût inspirer de la confiance, et j'allais me retirer avec cette résolution, lorsqu'en montant la tête, je vis devant moi le duc en personne, qui regardait d'un air étonné l'objet que je tenais dans mes mains. Sa figure me plut, la mienne fit apparemment le même effet sur lui; car, en nous toisant mutuellement, nous échangeâmes un sourire de bienveillance instinctive.

Je crus devoir profiter de ce moment de vague sympathie qui ne reviendrait peut-être plus, et je n'hésitai pas à lui adresser la parole.

— Monsieur, lui dis-je, vous êtes sans doute un peu surpris de voir entre mes mains un objet qui a appartenu soit à vous, soit à quelqu'un de votre famille. Pourrai-je, à ce sujet, vous entretenir en particulier quelques instants?

— Certes, monsieur, répondit-il avec la même franchise, et je vous avoue que cet objet m'intrigue un peu. Mais je suis absolument forcé de sortir; voulez-vous m'obliger de monter avec moi dans ma voiture jusqu'à la porte Maillot, où j'ai donné rendez-vous à la duchesse? Comme, là, nous montons à cheval, je vous ferai reconduire où vous voudrez.

— Ce sera inutile, répondis-je, j'ai précisément affaire de ce côté.

Il me fit passer le premier avec beaucoup de courtoisie, et, quand nous fûmes assis côte à côte, il me demanda avec une familiarité polie qui j'étais.

— Stéphen Rivesanges, lui répondis-je; un nom complètement obscur, mais porté par un honnête garçon, attaché pour le moment au cabinet d'histoire naturelle.

— Un jeune savant! c'est fort bien. Vous êtes plus que moi, qui suis un ignorant. Mais je suis aussi un honnête garçon. Voyons, montrez-moi ce collier dont vous avez si bien étudié le blason dans ma cour.

Il regarda le bracelet, sourit encore, eut un imperceptible mouvement d'embarras, puis me le rendit en disant :

— C'est bien ça! C'est le collier de ma pauvre chienne, qui est morte, par parenthèse. On vous l'a vendu?

— Non, monsieur.

— Vous l'avez trouvé?

— Pas davantage.

— Alors, dit-il en souriant encore, on vous l'a donné?

— Encore moins, répondis-je.

— Ah çà! vous ne l'avez pourtant pas volé? Vous n'avez pas du tout la mine d'un voleur. Expliquez-vous donc. D'où vous vient le collier de ma chienne?

— Je l'ai pris au bras d'une morte.

— Morte!... dit-il avec une légère émotion. Déjà! Pauvre femme!... Ah çà! est-ce que vous l'avez connue? Oui, je le vois,... *Hombre!* j'espère que son mari ne l'a pas tuée?

En disant ces mots, le jeune duc parut sérieusement affecté.

— Monsieur le duc, lui dis-je, j'allais vous faire plusieurs questions qui deviennent inutiles. Je vois qu'on ne m'a pas trompé, et je sais ce que je voulais savoir. À présent, vous saurez ce que je sais; car je vais vous le dire. Son mari ne l'a pas tuée. Il l'avait abandonnée en Espagne. Elle est morte dans la forêt de Fontainebleau, en essayant d'aller le rejoindre. Ce collier, dont elle s'était fait un ornement, je l'ai pris pour le donner à sa fille, si vous voulez bien le permettre.

— A sa fille? Elle n'avait pas d'enfant! s'écria le duc. Elle élevait un petit garçon qui était le fils de son mari et non le sien.

— Êtes-vous bien sûr de ce que vous dites là, monsieur le duc?

— Très-sûr. Cette tribu de gitanos a campé longtemps sur mes terres; la belle Pilar n'avait que vingt ans lorsqu'elle est morte, puisque vous dites qu'elle est morte. Voyons, racontez-moi donc.

— Avant tout, je dois persister à vous demander à qui je dois remettre ce gage. Est-ce l'héritage dûment acquis à la fille dont Pilar est devenue mère, une heure avant de mourir?

— Ah! c'est donc certain, elle a eu une fille? à quelle époque?

— Le 20 août 1832. Une fille dont la peau n'est pas plus brune que la vôtre, monsieur le duc.

— Alors, monsieur, dit le duc avec une grande franchise, c'est ma fille! Je ne peux pas, je ne veux pas le nier. Je lui ferai un sort, c'est mon devoir.

— Personne, repris-je, n'a le droit de refuser les dons d'un père pour sa fille; mais je dois vous dire que la vôtre n'a besoin de rien quant à présent; qu'elle a été recueillie avec bonté, avec tendresse; qu'elle est nourrie et élevée avec soin et même avec luxe.

Je racontai toute la vérité au duc. Elle lui fit une grande impression, et il me serra la main avec beaucoup de vivacité; il m'embrassa presque en apprenant que j'étais le parrain de sa fille. A son tour, il me raconta l'histoire de la bohémienne.

— Elle était belle, jeune et sage. On la recherchait dans les châteaux d'alentour. Il n'était pas une fête, une noce où on n'eût le mandat pour figurer les danses mystérieusement voluptueuses de sa tribu, et pour tirer l'horoscope des jeunes époux. Les dames la comblaient de présents et se paraient d'atours et de bijoux. On ne l'appelait que la belle Pilar. Tous les jeunes gens en étaient amoureux, tous les hommes lui faisaient la cour; mais elle était méfiante et farouche avec les chrétiens d'Espagne, comme le sont beaucoup de gitanas, en dépit de la liberté de leur langage et de la lasciveté de leurs poses mimiques.

» Elle était mariée, selon les rites de sa tribu, à Antonio, dit Algol. Aucun lien civil n'existait entre eux. Ainsi, dit le duc, rassurez-vous sur les prétentions que cet homme pourrait vouloir élever. Ni dans le fait, ni selon les lois de votre pays et du mien, il ne peut revendiquer la paternité de ma fille.

» Pilar, continua-t-il, avait aimé ce gitano dès l'âge de douze ans, qui est l'âge nubile pour les filles de cette race. Mais, lorsqu'elle vint camper chez nous avec lui, elle redoutait extrêmement sa jalousie, et ne lui était fidèle que par crainte de sa vengeance.

» Je fus cependant aimé d'elle. C'est dans mon château, peu de temps après mon mariage, qu'elle laissa voir à tous sa préférence, je devrais dire sa fantaisie, son engouement pour moi. Comme elle n'avait écouté aucun Espagnol et qu'elle partageait l'horreur secrète qu'ont encore beaucoup de gitanas pour quiconque est de leur race, ce fut pour moi une sorte de triomphe pour mon amour-propre, dont je commençai par rire, bien que je fusse très-envié des jeunes gens de mon entourage.

» Peu à peu, malgré l'amour très-réel que j'avais pour la duchesse, j'eus le malheur, la déraison, je commis la faute de succomber à l'enivrement que la belle Pilar produisait par la grâce sensuelle de ses danses, par le charme étrange de ses chansons, par l'ardeur de sa bizarre passion pour moi.

» La duchesse eut des soupçons. Je fus forcé de refuser à Pilar de l'enlever à son mari. Il la quitta en la dépouillant de ses hardes et de ses bijoux. Je voulus au moins l'indemniser de cette perte, tout en la félicitant de recouvrer une liberté dont je ne voulais plus profiter. Son désespoir fut extrême, presque tragique, et j'eus beaucoup de peine à l'empêcher de troubler mon ménage. Il y avait de la grandeur chez cette pauvre femme, car je ne pus rien lui faire accepter; elle qui dépouillait avec avidité les autres fils de famille, en les leurrant de vaines promesses, ne voulut rien recevoir de celui à qui elle avait jeté et livré son cœur.

» Un soir, en revenant de la chasse, je la rencontrai, pâle, échevelée, errant sur la bruyère, couverte de guenilles, amaigrie, presque laide. C'était l'ouvrage de deux mois de désespoir et de découragement. Elle me demanda un souvenir; je savais qu'elle repousserait ma bourse avec colère. Je n'avais sur moi aucun bijou. Elle avisa le collier de ma chienne et le lui demanda. Comme il était en or massif et de quelque prix, je fus content de le lui donner ; mais par je ne sais quelle jalousie ou quelle superstition inexplicable, car tout est mystère chez les gitanos, elle tua ma chienne en lui détachant son collier. L'animal fit un hurlement de détresse. Il me fut impossible de voir si ce fut l'effet d'un poison violent ou d'une strangulation rapide; mais il bondit comme pour mordre la bohémienne, essaya de venir se réfugier vers moi, et tomba mort à mes pieds.

» Pilar s'éloigna en silence et disparut. Je sus bientôt qu'elle avait quitté le pays avec le jeune Rosario. Je n'est pas, je vous le répéto, le frère de sa fille, car ce qui l'empêchait de se croire infidèle à Algol, c'était la pensée de n'avoir jamais eu d'enfant de lui. Rosario était un beau garçon, assez doux, mais nuisible pour un gitano, mais lâche, mutin et menteur avec Pilar, qu'il aimait pourtant; car elle lui tenait lieu de mère, et vous savez que, chez les bohémiens, l'adoption équivaut à la maternité.

» Maintenant que je vous ai dit toute la vérité, comme un honnête homme la doit à un honnête homme, voyez et appréciez ma situation. J'ai, je vous l'avoue, le préjugé de mon pays, et, tout en subissant le prestige de l'amour et de la beauté de Pilar, je n'ai pu vaincre le dégoût moral que sa race inspire à la mienne. Fussé-je libre, je vous jure bien que jamais je ne donnerais mon nom à la fille d'une gitana, me ressemblât-elle trait pour trait, eût-elle toutes les grâces, toutes les vertus de la mère adoptive dont vous me cachez le nom.

» Écoutez-moi encore, monsieur. Si j'étais libre, ou si j'avais subi les entraînements de l'amour avant mon mariage, je ne rougirais pas d'avouer que j'ai eu un enfant de la belle Pilar. Mais, ici, je suis trop coupable pour n'être pas mon honteux, et c'est à vous qui m'avez témoigné tant de loyauté et de sympathie, à vous qui m'inspirez tant de confiance, à vous enfin qui avez recueilli et adopté cette enfant, que je livre un secret d'où dépend le repos et l'honneur de mon ménage. Vous avez l'intention de garder ce secret, n'est-il pas vrai?

— J'en ai la ferme volonté, lui répondis-je, et, s'il en est besoin, je vous en donne ma parole d'honneur.

— Il suffit, je suis tranquille, dit le duc. Gardez ce bracelet pour Morenita; mais effacez-en les armes, je vous le demande.

— Vous pouvez y compter ; mais nous, monsieur, nous les parents adoptifs de cette enfant, nous qui allons lui donner une âme, une conscience, des talents, des vertus, s'il est possible... et, qui sait, peut-être un nom, une fortune, pouvons-nous compter que, si, par suite de je ne sais quelle catastrophe imprévue, nous venions à disparaître sans l'avoir établie, vous lui accorderiez une protection efficace et vraiment paternelle?

— Ostensiblement, jamais; indirectement, toujours, et, dès à présent, je demande à lui constituer une rente.

— Cela ne me regarde pas, monsieur ; j'en parlerai à sa mère. C'est ainsi que s'intitule celle qui s'en est chargée, et je viendrai, si vous le permettez, vous faire part de ses intentions, en vous la nommant si elle y consent.

— Pas chez moi, dit le duc, qui paraissait inquiet à mesure que nous approchions de la porte Maillot, où l'attendait sa femme. Écrivez-moi à l'adresse que voici, et j'irai vous trouver chez vous. Il me donna en même temps l'adresse de son banquier.

— Je vois, monsieur le duc, lui dis-je, que ma présence auprès de vous peut surprendre, et que je dépasse le but de ma course. Veuillez me faire descendre ici.

Nous nous séparâmes après nous être serré la main avec cordialité, presque avec affection.

## XV

Je fus joyeux de porter ces bonnes nouvelles à madame de Saule. Sa fille adoptive lui était légitimement acquise, non-seulement par les droits de la charité, mais encore par la volonté de son père. Ce père occupait un rang dans le monde, non-seulement par la naissance et la fortune, avantages que nous n'avions point enviés pour notre enfant, mais encore par son caractère, qui était des plus honorables. La mère de Morenita n'était point à nos yeux une vile créature. Sa race ne nous répugnait point. La France est le pays où, sous ce rapport, on est le plus équitable et le plus dégagé de préjugés barbares; où juifs, nègres, bohémiens, sont des hommes différents de nous en fait, mais égaux en droits; où, enfin, l'on a la justice et la raison de comprendre que l'abaissement et la corruption des races longtemps opprimées sont l'ouvrage fatal de la persécution, de la honte et du malheur.

Cette belle Pilar était par elle-même, d'après le récit du duc, une nature aimante et spontanée, à la fois capable d'une grande retenue dans ses mœurs et d'une grande affection dans sa vie. Elle intéressait beaucoup Anicée, qui ne se lassait pas d'interroger mes souvenirs de la soirée du 20 août.

Nous étions fort satisfaits surtout de savoir que notre pupille n'appartenait en rien au misérable bohémien qui avait menacé ses jours, ni même au gitanillo dont, malgré mon adoption, l'avenir était si douteux.

Néanmoins madame Marange et sa fille voulurent contribuer aux frais de l'éducation de ce dernier ; mais il fut convenu qu'on ne mettrait jamais ces deux enfants en rapport. J'effaçai moi-même avec soin les armoiries du bracelet, et, Anicée m'ayant autorisé à confier son nom au duc, le secret réciproque fut gardé avec une scrupuleuse fidélité.

Personne n'ignorait pourtant, dans le monde où s'étendaient les relations de mes deux amies, qu'elles avaient recueilli et adopté un enfant. Mais, inquiets jusqu'à ce jour des projets d'enlèvement que j'avais surpris à la maison Floche, nous avions inventé une fable à laquelle le maire d'Ayon et les vieux Floche s'étaient prêtés avec intelligence. Le jour où j'avais emmené Morenita au château de Saule, on se rappelle que j'avais pris mes précautions pour n'être pas suivi et pour entrer au château, où, pendant plusieurs jours, des domestiques fidèles nous avaient aidés à cacher sa présence. Ainsi, selon nous, l'enfant de la bohémienne avait été restituée à ses parents, qui l'avaient réclamée, et celui que, vers le même temps, on avait recueilli au château de Saule était celui d'une mystérieuse amie qui l'avait envoyé de loin, et dont ou saurait le nom plus tard. Hubert Clet et Edmond Roque étaient naturellement dans la confidence.

Ce plan adopté à la hâte n'avait pas été merveilleusement conçu ; mais nous n'avions pas eu le loisir de mieux faire, et je ne sais quel concours de circonstances fortuites le fit réussir mieux que nous ne l'espérions d'abord.

Certaines gens n'avaient pas manqué de dire que cette enfant appartenait à madame de Saule. Cette calomnie était tombée d'elle-même devant sa candeur et le charme d'une vertu qui se faisait trop aimer pour qu'on éprouvât le besoin de la révoquer en doute. Ensuite, nous imaginâmes de dire, en voyant l'enfant persister à être fort brune, qu'elle était fille d'une Indienne et d'un Anglais; et, lorsque le duc de Florès nous eut ôté l'espoir de lui donner un nom, nous résolûmes de lui en donner un quelconque auquel les oreilles s'habitueraient. C'est une loi applicable à tous les humains, que les mots tranchent toutes les questions insolubles à l'esprit et satisfont la curiosité d'autant plus qu'ils n'expliquent rien. Morenita fut, dès ce jour, débaptisée pour le public et s'appela, par l'ordre de ses parents, disions-nous, Anaïs Hartwell. Nous lui gardâmes son petit nom comme un sobriquet de l'intimité. Son existence, son baptême, son inscription au registre de la mairie d'Avon, n'avaient pas assez marqué l'endroit pour qu'on s'en souvînt quand l'enfant aurait grandi. D'ailleurs, une circonstance arriva qui nous éloigna de ce voisinage, et c'est ici que, laissant de côté l'histoire de nos enfants adoptifs, je rentre dans celle de mon amour.

Vers la fin de l'hiver que je viens de raconter, je reçus une lettre du curé de mon village qui m'engageait à venir recevoir les derniers adieux de mon père. Il mourait d'une maladie du foie dont il avait négligé l'invasion et qui s'était développée avec une rapidité effrayante. Il s'affligeait de ne pas recevoir de mes nouvelles. Il m'accusa de le bouder. Il ignorait qu'on eût intercepté nos relations avec une lâche et criminelle persistance.

J'assistai à ses derniers moments, qui furent très-douloureux et empoisonnés par l'aversion et la terreur subites que sa maîtresse lui inspira. Il crut, à tort sans doute, qu'elle avait voulu hâter sa mort pour le dépouiller plus vite; inévitable châtiment qu'entraînent souvent de telles unions. Il était saisi du remords de m'avoir méconnu et négligé, et de s'être laissé entraîner à profaner le foyer de sa chaste épouse pour le livrer à la cupidité d'une marâtre impure. Je le consolai de mon mieux par ma tendresse, et le bon curé s'efforça de rassurer sa conscience purifiée par le repentir. Il mourut de même qu'il avait vécu déjà, emportant ce qu'elle avait pu accaparer d'argent et de nippes. Je ne voulus pas souiller d'une lutte d'intérêts grossiers la maison où mes parents avaient cessé de vivre. Je laissai la pillarde en repos; je conduisis mon père au cimetière, sans préoccupations indignes de la solennité de ma douleur. Une seule consolation pouvait me la faire accepter, c'était d'avoir subi l'injustice sans me plaindre, et de n'avoir pas eu même un sentiment d'aigreur à me reprocher envers l'auteur de mes jours.

Le malheur qui frappait mon âme changeait ma situation matérielle. Je me trouvais, malgré les dilapidations de la Michonne, possesseur d'un fonds de terre qui m'assurait un revenu bien supérieur à mes besoins, et qui, vendu ou mieux exploité, pouvait me rapporter dix mille francs de rente.

Anicée avait épousé M. de Saule, moins riche que moi de patrimoine. Je savais que la question d'argent n'occupait pas sa mère plus qu'elle. Mais j'étais satisfait de pouvoir me dire que désormais je ne tiendrais mon bien-être et ma liberté que de moi-même.

Cette aisance me permettait aussi de me débarrasser de l'emploi *gagne-pain* qui absorbait la meilleure partie de mon temps dans les occupations matérielles. J'aime le travail manuel; mais dix heures par jour, c'est trop pour l'intelligence.

Je devenais donc libre de m'instruire plus vite, de prendre plus tôt un état, si madame Marange persistait à le désirer, et de ne pas sacrifier à l'étude les heures bénies que je pouvais consacrer à l'amie de mon cœur.

Il y avait alors une terre de quelque importance en vente dans mon pays, une terre où les miennes se trouvaient presque enclavées. A mon retour, j'appris que madame Marange était rentrée dans une somme assez considérable dont, jusque-là, des débiteurs de son mari lui avaient servi l'intérêt. Elle désirait placer cette somme en terres, et, comme elle me consultait sur toutes choses, je lui indiquai naturellement celle de Briole, qui lui présentait de fort bonnes conditions.

Elle feignit de vouloir l'acheter et l'acheta en effet. Son but, en paraissant très-soucieuse de cette affaire, était de voir mon pays, mes relations, de s'informer de ma famille, et de pouvoir dire à ceux qui en douteraient que j'avais une existence et un nom honorables, quoique l'un fût obscur et l'autre médiocre. Elle pensait aussi que, si elle devait consentir à mon bonheur, comme un tel mariage donnerait lieu à beaucoup de critiques, il serait bon d'avoir au loin un asile contre les propos, où nous nous laisserions oublier quelques années, pour revenir en possession d'un bonheur domestique et d'une dignité d'attitude dont rien n'aurait troublé la paisible conquête. Elle redoutait pour sa fille et pour moi, beaucoup plus que pour elle-même, l'effet des premiers *hauts cris* qu'on ne manquerait pas de pousser.

Au lieu d'aller à Saule, nous partîmes donc pour le Berry, elle, Anicée et moi. Morenita, ne courant plus aucun danger, fut laissée à Saule pour une quinzaine, sous la garde des bons serviteurs, dont on était sûr comme de soi-même.

Que mon émotion fut douce et profonde, quand, de la hauteur de ***, j'embrassai les horizons violets de ma vallée natale ! j'étais monté sur le siège de la voiture, et Anicée y était à mes côtés, voulant jouir de ce beau point de vue que je lui avais annoncé en traversant les maigres steppes qui y conduisent. Nous étions ravis tous deux, elle de se voir dans mon pays, moi de l'y avoir amenée, et, dans notre admiration pour ce vaste paysage embrasé des reflets du soleil couchant, à chaque détail observé, à chaque perspective ouverte, nous nous disions notre amour dans chaque jouissance de nos regards, dans chaque parole de notre attention descriptive. Je ne suis pourtant pas certain que nous ayons rien vu en réalité. Nous étions emportés comme dans un rêve de bonheur champêtre, où tout était nous-mêmes.

Je conduisis mes deux amies dans la chambre que ma mère avait habitée, et que, dans mon précédent voyage, j'avais fait rafraîchir et remeubler avec soin, comme du temps où, petit enfant, je l'habitais avec elle. La joie de voir Anicée dans cette chambre, et peut-être reposer à la même place où j'avais dormi sur le sein de ma mère, me rendit délicieux un passé qui, jusque-là, m'avait déchiré l'âme. L'horreur des regrets s'effaça entièrement pour donner place à toutes les tendresses, à toutes les dévotions du souvenir. Mon cœur se fondit en douces larmes, et je tombai involontairement à genoux. Anicée me comprit et fut heureuse. Sa mère, attendrie et vaincue, prit mes mains dans les siennes, en nous disant :

— Oui, je le vois et je le sais : il est des affections si belles et si pures, qu'elles doivent tout vaincre ! Dieu soit avec nous, quoi qu'il arrive !

On s'étonna, on s'émerveilla beaucoup dans mon village de l'arrivée de ces belles dames. Malgré la simplicité de leur toilette et de leurs manières, on sentait instinctivement la distinction de ces êtres supérieurs.

Quand on les vit entrer en pourparler avec les hommes d'affaires et visiter la propriété de Briole, on ne fit plus de commentaires fantastiques sur leur présence chez moi ; car, sur l'article des intérêts matériels, les campagnards deviennent sérieux. On désira que l'acquisition fût faite par ces bonnes personnes qui ne paraissaient pas vouloir *humilier le monde*, et qui plaisaient déjà à toute la *paroisse*.

Notre séjour s'y prolongea d'un mois, et madame Marange se décida à acheter Briole. C'était une terre de cinq cent mille francs qu'elle payait comptant, ce qui fit grand bruit dans le pays. Alors personne n'osa plus penser ce qu'on avait été fort tenté de publier au commencement, à savoir que la jeune femme était ma maîtresse. Quelques-uns me firent l'honneur de me dire que, sans doute, elle deviendrait ma femme. De plus positifs m'apprirent que j'étais tout bonnement son homme d'affaires, et me conseillèrent de prendre les biens en régie plutôt qu'en ferme, parce qu'il y avait moins de risques à courir.

Les formalités nécessaires à cette acquisition et les arrangements du domicile devaient bien durer encore un an ou dix-huit mois. En revenant à Saule, mon cœur débordait. Madame Marange venait de me dire :

— Je suis forcée de convenir que ces six semaines de tête-à-tête avec vous (car, ma fille et moi, nous ne comptons que pour une) ont passé comme un jour. Je ne sais à quoi cela tient. Est-ce l'air de votre pays qui rend heureux ? est-ce votre société qui ne ressemble à aucune autre ? Il est certain que je n'ai pas eu un moment d'ennui, ni même d'inquiétude. Ah ! Stéphen, vous êtes un roué, avec votre air candide. Vous travaillez habilement à me séduire, et vous ferez si bien, que j'arriverai à croire aussi qu'on ne peut pas se passer de vous quand on vous a connu quelques jours.

C'était me dire que, par mes soins et la sincérité de mon amour, j'avais levé tous ses doutes. Mais Anicée n'ajoutait pas un mot à cet encouragement, et, bien que sûr d'elle, je tremblais presque convulsivement en prenant ses mains avec celles de sa mère dans les miennes. Elle ne m'avait jamais dit ce que je n'avais pas demandé à savoir, ce que je savais bien au fond ; car, aucun langage n'était plus réservé que le sien, aucune physionomie n'était plus naïve, aucune conduite plus loyale. Mais comment allait-elle franchir cet abîme de crainte pudique qui nous séparait encore ? De quelle voix enivrante ou timide allait-elle dire ce oui tant désiré ?

Elle parut se recueillir. Nous étions entrés dans la forêt de Fontainebleau. La voiture roulait sur le sable, qui amortissait le bruit des chevaux et des roues. Nous étions aux plus beaux jours de l'été. La lune projetait sur le chemin blanc et moelleux les ombres allongées des arbres. Un air frais et suave, que doublait la rapidité tranquille de notre course, faisait entrer jusque dans l'âme un bien-être délicieux.

Anicée, qui était au fond de la voiture auprès de madame Marange, glissa comme à genoux sur le coussin où reposaient les pieds de sa mère, et, ainsi courbée devant elle, — on eût presque dit devant moi aussi, — elle dit avec une émotion vive, mais assurée dans son expression :

— Ma mère, j'aime Stéphen de toutes les puissances de mon âme, vous le savez bien. Stéphen, j'aime ma mère plus que moi-même, vous n'en doutez pas. Décidez ensemble de ma vie. De quelque façon que je vous appartienne à tous deux, comme fille, épouse ou sœur, je serai heureuse. Mais, si je dois me séparer de vous, ma mère sait bien que je ne m'en consolerai jamais.

— Ne nous séparons jamais ! m'écriai-je. Sachez, Anicée, que mon âme et la vôtre ne comptent que pour une devant votre mère, comme elle le disait tout à l'heure en parlant d'elle et de vous, et ne croyez pas qu'il me fût plus facile de me séparer d'elle que cela ne l'est pour vous-même. Est-ce qu'elle n'est pas ma mère par le choix de mon cœur? est-ce qu'elle ne ressemble pas d'âme et de visage à celle que j'ai perdue? est-ce qu'elle ne s'appelle pas Julie? est-ce que, avant de vous regarder pour la première fois, je ne l'avais pas vue, elle, comme une apparition de mon bonheur passé, comme une vision de mon bonheur futur? Voilà ce que je désire, moi : nous ne nous séparerons pas, parce que nous ne le pouvons pas. Quel serment ferions-nous qui ne fût puéril à nos yeux?

— Eh bien, oui, mes enfants, je le sais, je vous crois, dit madame Marange en m'embrassant au front et en serrant sa fille contre son cœur, et je suis comme vous deux. Voilà donc un trio inséparable; mais comment faire accepter cette union sans scandale? Je ne suis comme vous de la calomnie; mais nous devons le bon exemple, et les relations les plus pures sont d'un exemple dangereux pour les faibles!

— Stéphen, dit Anicée avec sa résolution naïve, vous voilà donc forcé de m'épouser? Je ne vous demande pas pardon d'avoir dix ans de plus que vous, puisque je ne vous ai jamais reproché d'avoir dix ans de moins que moi. Je ne rougis pas non plus de vous être très-inférieure par l'esprit; je sais que je suis bonne et que je vous aime assez pour chérir votre supériorité. Ce qui m'afflige pour vous, c'est la critique de vos amis; c'est du soupçon des malveillants et de la calomnie des ennemis. Ils diront que vous épousez une vieille femme parce qu'elle est riche, comme ils diront de moi que j'épouse un enfant parce que je suis folle. Voyons, cela m'est égal, à moi; mais votre position est plus difficile, et l'accusation qui pèsera sur vous sera plus grave. Il faut bien aimer une femme pour se laisser méconnaître à cause d'elle. M'aimez-vous à ce point-là?

— O Anicée! m'écriai-je, dites-moi si vous en doutez!

— Non! répondit-elle.

Et, se tournant vers moi, toujours agenouillée, elle appuya son front sur mon épaule et baisa mon vêtement avec une passion si vraie et en même temps avec une chasteté qui semblait si respectueuse, que je faillis m'évanouir.

Deux ans devaient cependant s'écouler encore avant qu'il me fût permis de presser cet ange contre mon cœur. Toute candide qu'elle était, elle n'avait point l'embarrassante ignorance qui trouble les sens par sa gaucherie. Le respect était facile auprès d'elle; elle l'imposait par cette droiture même et ce complet abandon de l'âme qui n'excite point les passions, parce qu'il vous communique la certitude. Le *non* des coquettes donne la fièvre; le *oui* d'Anicée donnait la santé morale, la sérénité, la force.

Madame Marange ne faisait plus d'objections sur l'avenir; mais j'avais compris qu'elle souffrirait toujours de mon obscurité. Un peu de gloire pouvait seule me faire pardonner ma jeunesse aux yeux du monde : je résolus de faire la chose qui m'était le plus antipathique, c'est-à-dire d'escompter mon mérite à venir en me faisant connaître avant l'époque de maturité où j'en serais vraiment digne, puisque la célébrité, cette torture du talent, est considérée par le vulgaire comme sa récompense.

Que pouvais-je faire pour arriver d'emblée à ce but? Je surmontai mon dégoût, j'arrêtai ma pensée sur un moyen prompt. Je publiai un mémoire philosophico-scientifique dans une revue, sous le nom de Louis Stéphen. Je fis exécuter au Conservatoire un fragment d'oratorio avec chœurs, sous le nom de Jean Guérin. J'écrivis, pour une revue littéraire, un petit roman sous le nom de Paul Rivesanges. De ces trois choses, pensais-je, une réussira peut-être. Si toutes trois échouent, mon avenir n'en sera pas compromis, puisque j'ai du temps pour faire oublier ma chute, et que je puis me cacher, sans mentir, sous les trois pseudonymes que je me suis composés avec mes véritables noms et prénoms.

Si j'avais su ce qu'il faut de pas et de démarches, de protections et d'entregent pour se faire imprimer ou entendre dans des conditions favorables, j'aurais, certes, renoncé à ma folle entreprise. Heureusement, je n'en savais rien, et j'y allai avec une modeste confiance qui fut prise pour la conscience de ma force, jointe à une bonhomie qui plut. La société est ainsi faite, que le hasard dispose souvent des existences particulières au rebours du légitime, du logique et du vraisemblable.

J'allais livrer à la publicité les échantillons choisis, mais véritablement naïfs, de ce que Roque avait appelé mes études incidentes, et non-seulement je devais trouver, ce jour-là, toutes les portes ouvertes devant moi, mais encore, dans chaque lieu, des gens disposés à me sauter au cou.

Mon fragment musical fut applaudi avec transport; deux morceaux eurent les honneurs du *bis*. Les journaux, notez que je ne connaissais pas un seul journaliste, déclarèrent que Louis Stéphen était un jeune compositeur destiné à remplacer tous les maîtres morts, à effacer tous les maîtres vivants. J'étais tombé sur une veine de bienveillance de ces messieurs pour le seul être parfaitement inconnu dont ils n'eussent pas de mal à dire.

Ma nouvelle littéraire et mon mémoire scientifique eurent un succès égal dans les deux classes de public auxquelles ils s'adressaient. J'étais le premier écrivain de l'époque, au dire de bien des gens qui ne s'y connaissaient pas, et de plusieurs écrivains qui en voulaient à leurs confrères.

Ma gloire dura environ six semaines. Durant six semaines, on s'entretint dans le monde, tantôt d'une de mes œuvres, tantôt de l'autre. Un feuilleton qui avait pour titre *les Jeunes Gloires*, décréta que l'avenir appartenait à un nouveau littérateur, à un nouveau compositeur de musique, à un nouveau savant, qui avaient fait simultanément leur apparition dans le monde. Un parallèle ingénieux établissait que, si Louis Stéphen n'avait pas la grâce de Jean Guérin, en revanche, il avait la profondeur qui manquait peut-être à ce dernier, mais que ni l'un ni l'autre n'avait le brillant, le passionné de Paul Rivesanges, et qu'il existait entre ces trois génies, sortis d'écoles toutes différentes, une diversité merveilleuse qui leur permettait de grandir sans se gêner mutuellement.

Un instant, je crus que Clet, avec qui je m'étais lié de nouveau, et qui avait, par d'excellents procédés, réparé tous les torts envers moi et envers mes amis, était l'auteur de cette plaisanterie. Mais Clet, qui ne me connaissait que sous le nom de Stéphen Rivesanges (car j'avais pris l'habitude de ne porter que le nom de ma mère), et qui n'avait pas fait attention à l'habile arrangement de mes pseudonymes, ne se doutait pas que je fusse le résumé du trio en faveur. Je vis, dès les premiers mots, qu'il était de bonne foi, et je ne voulus pas le détromper.

J'étais resté seul un mois à Paris pour lancer ma triple publication, à l'insu d'Anicée et de sa mère. Pendant vingt-quatre heures, après leur retour, elles ne se doutèrent de rien. Mais, un soir, en rentrant de leur journée de visites, je les vis fort intriguées, la fille inquiète, la mère radieuse, en me demandant comment il se faisait que trois succès se trouvassent signés chacun de deux de mes noms. Je me pris à rire et j'avouai tout. Madame Marange m'embrassa avec enthousiasme. Anicée me dit avec un peu de tristesse et de crainte :

— Vous voilà donc célèbre! c'est pour cela que nous avons été un mois sans vous voir!

— Chère bien-aimée, lui dis-je en m'asseyant à ses genoux, c'était une fantaisie de bonheur aimable dont, il fallait bien la contenter. A présent, elle n'en aura peut-être plus de ce genre. Elle voit de que c'est que la célébrité et ce que prouve le succès. De véritables savants, de grands philosophes, des maîtres respectables, des artistes consommés se voient refuser ou contester toute leur vie. J'arrive, moi, enfant, avec quelques élucubrations nées d'un moment d'enthousiasme, de conviction ou d'attendrissement. Tout mon mérite, c'est d'avoir eu assez de lucidité dans ces heures-là pour m'exprimer sous une forme claire ou facile, qui plaît aux ignorants; je ne suis ni savant, ni maestro, ni poète : les aristarques les couronnent pour faire pièce aux vrais maîtres. Le public les croit sur parole, et me voilà passé grand homme comme on est reçu bachelier, avocat ou médecin, pour avoir répondu à propos à des questions sur lesquelles on est ferré de frais. Savez-vous que, si ce n'était pas si bouffon, ce serait fort triste!

— A la bonne heure, dit Anicée, vous n'êtes point enivré, et je vous retrouve le même.

— Moi, Stéphen, dit madame Marange, je comprends la leçon que vous me donnez. Nous avons voulu lire vos publications dans notre voiture; nous avons acheté les numéros de ces revues; et, quant à votre fragment de *Ruth et Noëmi*, une de nos amies nous en a indiqué les principaux motifs sur le piano. Nous avons reconnu votre âme et votre esprit; mais je conviens que, dans quelques paroles que vous nous dites au coin du feu, de même que dans quelques phrases que vous nous improvisez sur le piano, il y a encore plus que dans ces échantillons livrés à l'examen de tous. Oui, vous avez raison : vous avez l'instinct, le germe, le sentiment du beau et du vrai, mais vous ne serez vous-même que dans quelques années, et cette gloire escomptée est une faveur pure qui vous rendrait ridicule si vous la preniez au sérieux.

— Pire que ridicule! repondis-je; elle me jetterait dans la honte du *fiasco*, à mon prochain essai.

— Je ne le crois pas, reprit Anicée; vous ne ferez jamais rien de faux ni de vulgaire. Mais la nécessité de soutenir vos succès vous créerait une foule de préoccupations misérables qui vous empêcheraient de vous compléter. Puisque c'est votre avis, laissons dormir cette gloire. Si vous y tenez, vous serez toujours à temps de la ressaisir.

— Vous avez mis le doigt sur la plaie, lui dis-je, frappé de son bon jugement. Les hommes d'un talent médiocre commencent, comme moi, par d'heureux succès; mais ils se laissent enivrer, et, livrant leur âme et leur temps au besoin de briller, ils oublient de vivre et avortent. Voyons, bonne mère, ajoutai-je en m'adressant à madame Marange, est-ce là ce que vous voulez de moi?

— Dieu m'en préserve! répondit-elle; mais je ne vous en remercie pas moins d'avoir eu vos succès : ils aplanissent bien des obstacles, à ce qu'il me semble. En gardant votre incognito, vous me donnez des armes pour repousser des dédaigneuses observations du monde sur votre jeunesse et votre *inconsistance*. A la première critique sur notre engouement pour vous, j'insinuerai que vous avez fait preuve de grande supériorité sur tous les prétendants à la main de ma fille, et, au besoin, je lâche le grand mot : je déclare, comme en confidence, à tout le monde, que ce petit garçon s'appelle Jean, Louis, Stéphen, Guérin, Rivesanges.

— Oui, si, dans ce temps-là, répondis-je, les feuilletons qui m'ont fait trois noms dans une semaine ne sont pas complétement oubliés, vous pourrez dire que votre gendre est un jeune homme bien doué, et qui a *beaucoup de facilité*.

Nous passâmes la soirée à rire en lisant ces fameux articles, et le bon chevalier de Valestroit, qui voulut apprendre de nous la vérité de cette histoire, s'en amusa aussi, bien qu'il nous trouvât singuliers de ne pas vouloir en tirer meilleur parti.

Madame Marange était complétement convertie au sentiment d'Anicée, que le vrai mérite grandit dans l'obscurité, et que c'est à ceux qui savent l'apprécier de le faire mûrir en le rendant heureux. Rien ne semblait plus s'opposer à notre union, lorsqu'un obstacle que nous n'avions pas prévu (ce sont toujours les seuls réels dont on ne s'avise pas) vint apporter de nouvelles entraves à mon bonheur.

Julien, le frère d'Anicée, était un brave, bon et beau garçon, que j'aimais de tout mon cœur et qui me le rendait. Mais il avait peu d'intelligence, beaucoup de paresse, aucune instruction, et, par conséquent, le goût du monde, le besoin des choses frivoles et de l'habitude des relations superficielles. Un jour, il lui arriva, lui qui avait vu sans méfiance et sans hostilité mon admission dans l'intimité de sa famille, de recueillir...

Ici, les manuscrits de Stéphen sont interrompus par des années de souvenirs omis ou supprimés. Nous allons être forcé de franchir cette distance et de substituer diverses narrations à la sienne, divers fragments à ses mémoires, en attendant que nous en retrouvions la suite.

# DEUXIÈME PARTIE

## MORENITA

### I

JOURNAL D'UNE JEUNE FILLE. — FRAGMENTS

29 août 1846. — Briole.

J'ai aujourd'hui quatorze ans. Je ne suis ni grande ni forte; je ne sais pourquoi ceux qui me voient pour la première fois prétendent que j'en ai dix-huit ou vingt, et que ma bonne mère cache mon âge. Qui sait? c'est peut-être vrai ! J'ai une destinée si bizarre, moi, et ma naissance est si mystérieuse!

La grand'maman Marange dit à ceux qui s'étonnent de mes manières, que je suis d'une intelligence fort précoce. Ou cela est certain, ou l'on me dissimule mon âge; car, lorsque je suis en compagnie des jeunes filles de quatorze à seize ans, elles me paraissent idiotes, et j'aimerais autant revenir à mes poupées, au temps qu'en causant avec elles, je faisais les questions et les réponses, que de faire la conversation avec de pareils mannequins.

Il y a longtemps que j'ai envie d'écrire, un jour par jour, ce qui m'intéresse. J'ai voulu attendre mon anniversaire, et je commence. Aurai-je la patience de continuer? Je ferai là-dessus ce qu'il me plaira. Peut-être ne s'ennuie-t-on jamais de ce qu'on est toujours libre de planter là.

A mon réveil, j'ai trouvé sur le pied de mon lit trois gros bouquets. Tous les ans, on invente une manière différente de me souhaiter ma fête. Cette fois-ci, j'avais à deviner. J'ai tout de suite compris que les roses mousseuses blanches venaient de maman, les pensées de grand'mère, et que l'héliotrope avait été cueilli de la part de mon parrain. Comme ils sont malins tous trois! Ce sont les fleurs que chacun examine ou respire avec prédilection.

Puis, sur la table de ma chambre, il y avait une jolie robe toute brodée par maman, un beau coffre à ouvrage choisi par bonne maman, un portrait de toutes deux crayonné par mon parrain. Comme il dessine et comme il voit bien, lui! Elles ressemblent que c'est incroyable! Oui, c'est bien là la grand'mère avec ses yeux pénétrants et son petit air doux qui est quelquefois si sévère. C'est bien *mamita* [1], avec ses beaux cheveux à minces filets argentés, ses traits admirables, son sourire si tendre, sa jolie taille souple... Comme elle est encore belle et jolie, mamita! et comme mon parrain l'admire et la comprend, puisqu'il l'a reproduite ainsi de mémoire !

Avec son cadeau, il y avait une lettre d'envoi que j'attache ici avec une épingle. Il me semble que mon journal sera complet, si j'y ajoute les lettres qui m'intéressent.

«Manille, le 3 mai 1846.

» Ma bien-aimée filleule, cette lettre arrivera, j'espère, à temps pour que mamita te la remette le jour de ton anniversaire, avec la copie d'un dessin que j'ai fait à bord du navire qui m'a amené ici, et qui, s'il ressemble, comme je me l'imagine, à tes deux anges gardiens, est le plus doux souvenir que je puisse t'envoyer. Cet envoi, chère enfant, est le dernier que j'aurai à t'adresser, et, si Dieu le permet, j'arriverai peu de temps après cette lettre. Jusque-là, continue d'être la joie et le bonheur de tes deux mères, à les chérir, à leur épargner l'ombre d'un chagrin, à leur parler de moi, et à prier pour le bonheur de celui qui t'aime et te bénit!

» STÉPHEN. »

(1) En espagnol, petite maman.

Il va donc enfin revenir, mon cher parrain, mon bon Stéphen ! Quand je pense qu'il y a deux ans que nous ne l'avons vu ! Deux ans ! c'est deux siècles, à mon âge ! C'est tout au plus si je me souviens de sa figure, et pourtant je pense à lui bien souvent, tous les jours. Je l'aimais tant, lui, et il était si bon pour moi ! Pas meilleur que mamita cependant, c'est impossible ; moins tendre même, moins indulgent, quelquefois un peu grondeur. Mais je ne sais pas ce qu'il y avait en lui de si persuasif, de si imposant parfois, de si attrayant toujours. C'était peut-être sa grande supériorité sur tout ce qui m'entoure, dont je ne me rendais pas bien compte alors, que je subissais par instinct. Et puis il est plus jeune que mamita, et ce qui est jeune plaît toujours mieux aux enfants.

Pourtant, il me paraissait un homme mûr, et, à présent, quand je demande son âge et qu'on me dit qu'il n'a que trente-quatre ans, je suis tout étonnée. Je me rappelle cependant qu'il avait les yeux un peu creusés, le teint pâle et quelques cheveux blancs. Voilà tout ce que je peux me représenter de sa figure. C'est singulier comme on regarde peu et mal à douze ans, comme on se fait des idées vagues et fausses ! je trouvais mamita vieille dans ce temps-là, et bonne maman décrépite. Aujourd'hui, celle-ci me paraît encore belle, et mamita si charmante, que j'en serais jalouse si je ne l'adorais pas.

Le fait est qu'elle a dû être cent fois plus jolie que je ne le serai jamais ; elle est blanche comme la neige, et, moi, il me semble que je suis noire comme un corbeau. On dit que cela me sied ; je n'en suis pas sûre. On me voit ici avec des yeux abusés par la tendresse. Je voudrais bien aller dans le monde, ne fût-ce qu'une fois... ne fût-ce que pour me voir là, en toilette de bal, devant une grande glace, afin de me juger et de me connaître ; mais on dit qu'on ne se voit jamais tel qu'on est ! Eh bien, je verrais dans les regards des autres si je plais à tout le monde autant qu'à ma famille.

Quand je demande à mamita si je suis jolie, elle me répond :

— A mes yeux, tu es parfaite, parce que je t'aime.

C'est bien bon, cette réponse-là, mais ce n'est pas une réponse. Grand'mère alors hausse un peu les épaules, et me dit :

— Eh bien, si nous te trouvons à notre gré, que t'importe le reste ?

Ah ! pardon, bonne maman ; je ne vous le dis pas, mais cela m'importe beaucoup à présent, et je ne suis plus d'âge à me payer de ces raisons-là. Je vois bien qu'une fille laide paraît toujours maussade, qu'on la plaint si elle en souffre, qu'on s'en moque si elle ne s'en doute pas.

Je vois bien que la première chose qu'on apprécie, en regardant mamita, c'est sa beauté, qui plaît aux yeux et qui fait qu'on l'aime tout de suite. Oui, oui, vous voyez bien que la beauté est la première richesse, la première puissance d'une femme, la seule durable, quoi qu'on en dise, puisque, avec ses quarante-quatre ans, mamita écrase encore bien des jeunes personnes, et que grand'mère, avec sa soixantaine, a encore un amoureux, ce singulier M. Roque, qui la demande tous les ans en mariage devant tout le monde. Il ne faut pas m'en donner à garder, bonne maman : vous avez encore un petit brin de vanité au fond des yeux, quand on vous dit que vos mains sont des chefs-d'œuvre de la nature.

Moi, j'ai une bien petite main, si petite, que je défie toutes celles de France et de Navarre de mettre mon gant. Mais, mon Dieu, qu'elle est jolie et jaunâtre ! Ils disent que je suis de race indienne par ma mère... Et voilà mon parrain qui s'en va dans la mer des Indes pour une mission scientifique ! Qui sait s'il ne verra pas là ma vraie mère, s'il ne me la ramènera pas ! C'est peut-être une surprise qu'on me ménage ? Moi, je crois à ce qui me passe par la tête. Il y a des moments où je crois que mon parrain est mon père. Il y a des gens qui le croient aussi où qui en l'imaginent. Pourtant... ma mère est morte. Oui, mamita me l'a dit si sérieusement, encore aujourd'hui, que cela est certain... Mais mon père ? Non, ce n'est pas Stéphen, il n'est pas assez riche pour...

24 août.

Pour... Que voulais-je dire hier ? — Si c'est ainsi que j'écris mon journal, je n'aurai jamais le temps de me rendre compte de tout. Je vois, en relisant, ce que je n'ai pu continuer hier soir, grâce au sommeil qui m'a écrasée tout d'un coup, que je n'ai fait que babiller avec moi-même, comme font les serins en cage, et que je n'ai rien raconté au papier de l'emploi de ma journée.

N'importe. Celle d'aujourd'hui n'a rien amené de bien intéressant. Je vais reprendre celle de mon anniversaire ; ce n'est pas tous les jours fête.

J'étais à peine levée, que mes deux mamans sont venues m'embrasser et me dire qu'il fallait me dépêcher de m'habiller, parce qu'il y avait en bas quelque chose pour moi.

C'était le cadeau mystérieux de tous les ans, le cadeau de mon père ; car il existe, celui-là, il s'occupe de moi, il me comble, il me pare, il me gâte... Dirai-je qu'il m'aime ? Hélas ! je ne l'ai jamais vu, je ne saurai peut-être jamais son nom. S'il m'enrichit et me protège, d'où vient qu'il se cache si bien ?

J'étais un peu avide de voir ce nouveau cadeau. Je n'avais guère dormi de la nuit, à force d'y songer. Ah ! je le vois bien, je n'ai pas dix-huit ans !

Mamita m'a conduite sur le perron du jardin, et, là, j'ai vu arriver, en piaffant et en bondissant, à la main de notre vieux domestique André, le plus ravissant petit cheval arabe que j'aie jamais imaginé : noir comme la nuit, l'œil d'une gazelle en colère, des naseaux tout en feu, des jambes de lévrier, des pieds qui ne touchent pas la terre ; et avec cela doux comme un mouton, n'ayant peur de rien pourtant, solide comme un pont sur ses petits jarrets d'acier, enfin les dehors les plus brillants du monde, et pas un défaut de caractère, ni de conformation, à ce qu'on dit. J'ai entendu dire aux domestiques qu'un cheval comme cela a peut-être coûté vingt mille francs. Donc, mon père, ou celui qui le remplace auprès de moi, est immensément riche.

Ce bel animal était tout caparaçonné, tout sellé, tout bridé, avec des glands, des boucles, des tresses, des rubans, des fleurs, des perles. On lui avait fait, pour me le présenter, une toilette folle, comme pour offrir un jouet à un enfant. Oui, j'ai bien quatorze ans ! Si j'en avais davantage, on me donnerait plus sérieusement quelque chose de plus sérieux.

Alors ma bonne maman m'a fait le discours de tous les ans :

— Morenita, vous avez, de par le monde, un ami inconnu, un bon génie qui vous chérit et vous protège ; il sait tout ce que vous faites, tout ce que vous dites, tout ce que vous pensez.

Puis elle a ajouté :

— Il a donc su que vous mouriez d'envie de monter à cheval avec votre mamita, et que nous n'y avions pas encore consenti, parce que nous ne pouvions pas trouver tout de suite un cheval qui fût, en même temps, parfaitement sûr et d'une allure assez douce pour une petite personne comme vous. Alors ce bon génie a été dans les écuries de la reine des fées, et il a trouvé ce cheval, qui s'appelle Canope, et auquel il nous écrit que nous pouvons vous confier sans crainte, car il est aussi bon qu'il est joli.

J'ai demandé en grâce qu'on me laissât monter dessus. On y a consenti, en recommandant bien à André de me conduire au pas par la bride, le long de l'allée. Mes mamans me suivaient. J'ai eu d'abord peur de me voir perchée si haut sur quelque chose qui remue. Ce cheval, qui est tout petit, comme celle qui doit le monter, me paraissait grand comme un dromadaire. J'ai crié quand j'ai senti qu'il marchait. Mamita s'est moquée de moi.

— Voyez, a-t-elle dit, quelle belle écuyère nous avons là ! Elle grillait de monter des girafes, et elle a peur de se voir sur un chevreuil !

Cela m'a piquée d'honneur ; je me suis rassurée tout d'un coup, j'ai prié André de le faire marcher un peu plus vite, et nous avons été au tournant de l'allée avant les marcheuses. Alors, me trouvant hors de leur vue, j'ai dit à André de lâcher la bride ; il me l'a mise dans la main avec méfiance, m'a appris la manière de la tenir, et s'est remis à marcher à la tête du cheval, s'attendant à m'entendre lui crier de m'arrêter. Mais, moi, j'avais mon idée. Aussitôt que je me suis sentie en liberté, j'ai secoué la bride et frappé du talon au hasard.

Aussitôt Canope est parti au galop, et me voilà lancée. André s'est mis à courir. Maman, qui arrivait, s'est mise à crier. Moi qui me trouvais fort à l'aise et qui n'avais plus peur, j'ai redoublé, me divertissant à faire tirer la langue au vieux André, et en un clin d'œil j'étais au bout de la grande allée de marronniers. Là, j'ai eu peur, parce qu'il y avait un tournant, et que j'ai entendu dire à mamita qu'on pouvait tomber quand on ne savait pas sur quel pied le cheval galopait. J'aurais été embarrassée de le dire ; aussi j'ai préféré tirer sur la bride, et Canope s'est arrêté tout court ; si court, que, ne m'attendant pas à tant d'obéissance, j'ai failli passer par-dessus sa tête. De ce moment-là, j'ai compris tout de suite à qui j'avais affaire. C'est comme le bon piano de mamita, qui ne rend plus de sons si on l'attaque trop fort, et dont il faut se servir avec du moelleux dans les mains. Je ne savais trop comment m'y prendre ; mais je crois qu'il devine ce qu'on veut. C'est un vrai cheval d'enfant ; je suis venue vers mamita, m'amusant à passer du pas au galop et du galop au pas, tout cela si aisément, qu'il me semblait n'avoir fait autre chose de ma vie.

Mamita était pâle. Bonne maman m'a grondée. J'ai demandé si mon cheval ou moi avions fait quelque sottise et ce qu'on avait à me reprocher, puisque j'avais vaincu ma peur et que je revenais saine et sauve.

— Vous avez entendu que votre mère vous rappelait, a dit bonne maman, et vous n'avez point obéi.

J'ai dit que je n'avais pas entendu.

— Eh bien, a repris la grand'mère, votre cœur aurait dû entendre que le sien battait d'effroi et de souffrance.

J'ai embrassé mamita en lui demandant pardon. Elle a dit à André d'aller vite chercher son cheval, afin de m'accompagner, et m'a permis de lui faire le tour du parc avec lui. Je l'ai fait trois fois ; j'étais comme ivre, comme folle. Dieu ! quel plaisir de monter à cheval ! J'avais bien raison d'y rêver toutes les nuits. C'est le paradis des fées !

En revenant, André a dit à maman :

— Vraiment, madame, je crois que nous n'aurons rien à lui enseigner. Elle trouve d'elle-même tout ce qu'il faut faire, et n'a peur de rien.

Comme j'étais fière de savoir déjà mener mon cheval ! J'aurais voulu que mon père me vît ! et mon parrain surtout, qui disait autrefois que je ne serais jamais brave, parce que j'étais trop nerveuse.

Ce matin, mamita a monté à cheval avec moi et André. J'ai été un peu jalouse d'elle, parce que, vraiment, elle est plus tranquille que moi, tandis que j'ai encore des moments de peur affreuse, quand Canope prend ses airs mutins. Mais il n'en est pas plus méchant pour cela et je m'y habituerai. Je me garde bien de dire que j'ai peur. Peut-être qu'elle est comme moi, mamita, et qu'elle ne s'en vante pas ; mais non, c'est une nature si calme ! Elle n'avait jamais monté à cheval de sa vie, il y a deux ans. Les médecins le lui ordonnent, sa mère l'en prie, et voilà qu'elle a du courage, de l'aplomb et de la grâce tout de suite, par ordonnance. Je voudrais bien voir si j'ai bonne tournure à cheval. J'ai peur d'avoir l'air d'un fagot. Il faut que je me perfectionne avant que mon parrain arrive. Je me souviens que j'étais furieuse quand il se moquait de moi.

22 août... midi.

J'ai bien mal appris ma leçon d'harmonie aujourd'hui, et le père Schwartz s'est impatienté. C'est un brave homme, mais il est trop vieux ; ce n'est pas ma faute s'il m'ennuie. J'aimais bien mieux les leçons de mon parrain ; je le craignais davantage, mais je le comprenais mieux. Il est pédant, ce vieux Allemand : le voilà qui prend de l'humeur parce que je monte à cheval, et qui dit que cela me tournera la tête !

Il est certain que cela me grise un peu et que je saute des fossés toute la nuit, en rêve. Ah ! que j'ai envie de sauter un fossé comme André ! mais mamita ne veut pas, et, si elle le voulait, je ne sais pas si j'oserais. Mon Dieu, que c'est joli, que c'est beau, le mouvement, le grand air ! Aller loin, bien loin !... Le parc m'ennuie ; mamita veut toujours rentrer, et voilà grand'mère qui trouve déjà qu'une heure par jour dans le manège du jardin, c'est beaucoup pour mon petit corps. Mais je me sens très-forte, moi ! Est-ce qu'elle se figure que j'ai soixante ans ?

Quatre heures.

La journée est mauvaise, décidément : mamita n'a pas voulu me laisser monter à cheval aujourd'hui. Elle prétend que cela me donne la fièvre et me rend irritable. Je crois, qu'en effet, j'ai été un peu mauvaise. Et puis la grand'mère veut venue, par là-dessus, dire que le manège, de deux jours l'un, c'était assez ; que le cheval devait être un exercice, un délassement, mais non une passion, une rage. Je comprends bien cela chez mamita ; mais, pour moi, c'est autre chose, et me voilà un peu furieuse. Maman est triste !... Allons, j'ai tort. Je vais l'embrasser, mais c'est bien ennuyeux de toujours céder. C'est bien la peine que mon père m'ait envoyé un si beau cheval pour que je ne m'en serve pas ! Je suis sûre que, s'il était là, il me donnerait raison. Que c'est triste, de ne pas être élevé par ses parents !

Cinq heures.

Maman m'a fait pleurer. Elle est si bonne, ma pauvre mamita ! si douce, si tendre, si vraie ! Eh ! mon Dieu ! je l'aime plus que tout au monde. Pourquoi ai-je tant de peine à lui obéir ?

II

LETTRE DE STÉPHEN A ANICÉE. — FRAGMENTS

Manille, le 8 mai 1846.

Oui, ma bien-aimée, c'est la dernière lettre. Je m'embarquerai le 28, et, s'il plaît aux cieux de bénir ma traversée, je serai à tes pieds vers la mi-septembre. O Anicée, c'est la première fois que je te quitte depuis dix ans d'un bonheur si complet, qu'il est divin, et je jure bien que c'est la dernière. Tu l'as voulu, cruelle amie, généreuse créature ! Je ne pouvais refuser cette mission sans manquer à mes devoirs, disais-tu. Après tant de travaux consciencieux et assidus, j'étais forcé de rendre à la science, ne fût-ce qu'une fois en ma vie, un service éclatant, de faire à l'humanité un grand sacrifice. Eh bien, je l'ai fait, j'ai immolé deux années de ma vie ! J'ai consenti à mourir tout vivant pendant deux années ! Je suis quitte, n'est-ce pas ? j'ai payé mon tribut, j'ai apporté ma pierre à l'édifice ; on ne me parlera jamais plus d'aller dans un lieu où tu ne pourras pas me suivre ! Non, tu ne sais pas ce que c'est que de vivre sans toi. Comment le saurais-tu ? Il est impossible que quelqu'un au monde soit semblable à toi, pour que tu te fasses une idée de ce que tu es pour moi. O mon amie, ma sainte, mon âme, mon avenir, ma vie, mon tout !... Je ne puis rien trouver qui soulage mon cœur en t'écrivant. Les mots sont nuls ; il n'en existe pas pour exprimer mon amour, ma passion... Oui, c'est une passion dévorante que cet amour si calme auprès de toi, si déchirant de loin ! Tu remplis l'âme qui te possède d'une joie si complète, qu'à tes côtés on savoure l'intini ; mais être séparé de toi par des continents, par des mers, par d'autres étoiles que celles qui ferment notre horizon, passer des jours, des mois, des années sans te voir, sans t'entendre, sans te presser sur mon cœur, c'est l'horreur de la tombe, moins le repos de la mort. Jamais, jamais je ne recommencerai cette épreuve. Je ne sais comment j'ai pu y résister. . . .

Que ta mère chérie te donne la force qui me manque ; que cet ange béni te verse une double tendresse ; qu'elle essuie tes larmes en secret ; qu'elle me conserve ces beaux yeux qui sont mon empirée, mon ciel sans limite, ma source sans fond. . . .

Folle, qui croit que je la trouverai vieillie ! C'est moi qui suis vieux maintenant. Loin de toi, j'ai cent ans. Je n'ai ni cœur, ni volonté, ni force, ni repos. Ah ! je n'étais pas né pour ce qu'on appelle les grandes choses, moi ! Je ne sais pourquoi j'ai aimé les sciences et les arts avant de te connaître. C'était le besoin de te rencontrer qui me faisait chercher mon idéal dans l'univers. Je t'ai trouvée, je n'ai plus cherché. Je n'ai plus travaillé que pour te mériter aux yeux du monde. Ce jour est-il enfin venu, mon Dieu ? Ah ! pourquoi n'a-t-on pas laissé ces deux pauvres cœurs s'adorer et se fondre ensemble dans l'oubli de tout ce qui n'était pas eux ! C'était donc un crime de notre part que de n'avoir besoin de rien et de personne ?. . . . .

Oui, certainement, les lettres de la Morenita sont charmantes, je dirais surprenantes pour son âge, si je n'avais assisté au rapide développement de cette étrange petite créature. Elle sait exprimer, avec une facilité rare, toutes ses jeunes lubies ; et ce qui ne l'a fait ressembler à aucune des petites merveilles qu'on rencontre de temps en temps dans les arts ou dans les sciences, c'est qu'elle n'a ni naïveté ni art, c'est-à-dire, dans l'expression, le naturel qu'à son âge on dédaigne et farde presque toujours.

Mais ce n'est pas une raison pour la croire supérieure à toi, mon Anicée. Prends garde à ce besoin que tu éprouves de t'effacer devant ce que tu aimes. Si la pauvre enfant s'en aperçoit jamais, la vanité la prendra. Comment veux-tu qu'on se croie plus que toi, et que la raison tienne contre une telle cause d'orgueil ? Morena avait des défauts qui ne lui permettront jamais d'aller jusqu'à la ceinture. Ah ! j'ai peur de trouver ma filleule horriblement gâtée, chère amie. Heureusement, la bonne maman est là. Mais je n'aime pas l'engouement aveugle de ce père qui la traite en princesse des *Mille et une Nuits*, et qui ne veut la voir qu'à travers le trou d'une serrure. Où donc l'a-t-il vue sans qu'elle s'en soit doutée ? Tu me conteras cela.

Mais je dis que, puisqu'il n'a pas d'enfants après quinze ans de mariage, et que sa femme n'est plus jalouse de lui, il ferait mieux de l'adopter sans l'éloigner de toi. Tu vois, je parle en vieux. C'est moi qui suis le raisonneur, le bonhomme Prévoyance. Je crains l'avenir pour cette enfant, qui s'habitue à croire qu'elle est fille d'un roi, et qui dédaignera tous les partis, pour arriver à découvrir que certains partis la dédaignent.

Je lui envoie, pour son anniversaire, un don tout de sentiment. J'ai grand'peur que, ce jour-là, enivrée par quelque nouvelle folie de ce cher duc, qui est un homme d'imagination plus que de jugement, elle ne méprise un peu mon cadeau de parrain, pour se regarder au miroir, revêtue de quelque robe de brocart, coiffée de quelque escarboucle tirée de l'écrin des fées.

Vous ne me parlez plus de Rosario ; donc, vous n'avez pas encore découvert ce qu'il est devenu. Je confesse que je ne m'en tourmente plus guère. Nous l'avons pourvu d'un état en ne refusant aucun développement à son éducation musicale. Il en a profité tant bien que mal. Ses défauts se corrigeront peut-être forcément dans le contact du monde brillant qu'il recherche, monde indulgent à l'ordinaire, mais hautain parfois, et qui, tout en applaudissant les *sequidillas* du gitano, lui pèsera lourd sur la tête, s'il ne sait esquiver la rencontre des humiliations. J'ai dans l'idée qu'il s'est dérobé aux études du Conservatoire et aux sermons de Roque, pour aller briller dans quelque petite cour d'Allemagne, ou dans quelque pays à *festival*, sous un nouveau nom de guerre. Il nous reviendra encore avec quelques dettes. Ce n'est rien, si l'honneur est sauf. Espérons-le. S'il a peu de sentiment de la vraie dignité morale, il a du moins peu de vices, et sa vanité immense le préserve des entraînements qui abaissent sans retour.

Laisse le père Schwartz ennuyer Morenita et lui prouver que l'imagination et la facilité ne suffisent pas. Dis à cet excellent ami que je lui rapporte de la musique indoue, chinoise, japonaise, plein mon cerveau ; car je me fie plus à ma mémoire et à mon sentiment pour lui traduire tout cela, qu'à une version écrite, où, malgré moi, j'altérerais l'étrangeté du texte.

Roque m'a écrit de Paris une lettre de vingt pages. Bon Roque ! il est parvenu à être un médecin de renom, lui qui méprisait tant la science des conjectures ! C'est égal, si tu es malade, j'aime mieux que tu consultes le vieux médecin du village. Il procédera par la routine de l'expérience, au lieu que Roque, par la route des idées pures, m'effrayerait beaucoup encore dans la pratique. Il faudra que je tâche de mettre encore beaucoup d'eau dans son vin. J'espère qu'il viendra passer trois jours avec nous pour mon retour.

Et notre ami Clet est donc enfin accouché d'un joli poëme, qui ne méritait pas tant de façons ? Je m'en doutais bien ; les montagnes accouchent toujours de la même manière. N'importe, je serai aise de le revoir. Je l'aime depuis que tu m'as fait un si grand mérite de mon premier duel. Dieu sait que mon mérite n'était pas grand, et que, pour ne pas être un blanc-bec, j'aurais, dans ce temps-là, cassé cent bras et reçu cent balles dans le corps, sans me plaindre et sans plaindre personne. Qui croirait cela, à me voir ? Mais il fallait bien prendre cette inscription-là ?

Quand je songe que, dans trois mois, je serai à tes pieds !... c'est à devenir fou ! Il me faudra séjourner une semaine à l'isthme de Suez. Je t'écrirai des bords de la mer Rouge.

. . . . . . . . . . . . . . . . . . . . . . . . . . . . . . . . . . . . . . . .

## III

JOURNAL DE MORENITA

16 septembre. — Briole.

Il est donc enfin revenu, mon cher parrain ! Mais il est vieux !... Comme j'ai été surprise de le voir avec un visage hâlé, amaigri, des cheveux blancs sur les deux tempes ! Cela m'a intimidée, et j'ai retrouvé plus de la peur que de la tendresse que j'avais pour lui autrefois.

Il était arrivé à cinq heures du matin ; je ne le savais pas. Mamita, en entrant dans ma chambre, ne m'en a rien dit.

C'est une surprise qu'on me ménageait. Nous nous sommes mises à table ; en voyant un couvert de plus, je me suis doutée de quelque chose ; mais le père Schwartz a dit d'un ton si sérieux que M. Clet était arrivé et venait passer trois mois avec nous, que je n'ai pu m'empêcher de faire la moue. J'ai ce Clet en horreur ; il ne sais pas pourquoi. Aussi quelle joie quand mon parrain est entré ! J'ai été si émue, que je n'osais pas l'embrasser. Il en a été étonné ; et puis, après les premières tendresses, il s'est mis à m'examiner. J'étais bien mal à l'aise, et ses remarques n'étaient pas trop obligeantes.

— Tu n'as guère grandi, et je crois que tu es plus brune qu'à mon départ. Quelle petite sauterelle !

Ah ! je vois bien que, décidément, je suis laide ; mais il aurait pu se dispenser de me le faire entendre si clairement. Alors il faudra que je m'arrange pour avoir beaucoup d'esprit ; autrement, personne ne prendra garde à moi. . . . . .

20 septembre.

Depuis quatre jours, j'ai pris mes leçons avec assiduité, j'ai étudié mon piano avec ardeur. Il a été content de mon jeu ; mais il a trouvé que je ne lisais pas la musique assez vite, et a dit qu'il ne me ferait travailler que quand Schwartz serait très-content de moi. Il me trouve instruite et avancée pour mon âge ; mais il fait entendre que, si j'en restais là, je ne serais qu'une petite sotte. Allons, je vois bien qu'il faut que je me donne beaucoup de peine pour lui plaire, à ce bourru de parrain ! Eh bien, on s'en donnera.

Comme il aime mes deux mamans ! Je crois qu'il préfère mamita. Oui, c'est une adoration qu'il a pour elle. Ce sont des soins, des attentions... et, quand il croit que je ne le vois pas, il la regarde comme l'aigle épris de la beauté du soleil. Que je suis peu de chose, moi, entre ces deux êtres si parfaits et qui se comprennent si bien ! Pourquoi ne sont-ils pas mariés ensemble ? C'est singulier, cela ! car tous ceux qui les abordent sans les connaître leur parlent comme s'ils étaient mari et femme et n'hésitent pas à me croire leur fille.

Leur fille ! Ah ! je voudrais l'être ! mamita ne m'aimerait peut-être pas mieux, mais mon parrain ne serait pas si clairvoyant sur mes défauts, et, s'il s'imaginait que je lui ressemble, il me trouverait belle. Je ne sais pas pourquoi j'ai tant d'amour-propre avec lui ! Quand grand'mère ne réprimande, cela m'impatiente, voilà tout ; quand c'est mamita, cela m'afflige ; quand c'est lui... cela me vexe et m'humilie.

Qu'est-ce que ça me fait, après tout, de ne pas être pour lui, comme pour mamita, une petite merveille ? Il n'est ni mon père ni mon futur mari, et voilà les deux seuls hommes à qui je sois forcée de plaire !

22 septembre.

M. Roque et M. Clet sont arrivés ce matin. Quelle drôle de figure que M. Roque, avec ses lunettes d'or qui tombent sur son nez à chaque mouvement qu'il fait ! Comme il est brusque, gauche, anguleux, grand, maigre, avec des habits trop larges, et des pieds si longs, des souliers si baroques ! Je ne peux pas le regarder sans rire. Heureusement, il ne s'en aperçoit pas. Je crois que plus il est savant et spirituel, plus je le trouve ridicule. Mon parrain est cependant plus savant que lui, à ce qu'on assure, et, quant à de l'esprit, il en a cent fois davantage, je m'en aperçois bien. Pourtant jamais personne ne trouvera M. Rivesanges plaisant ni bizarre. Je voudrais bien l'entendre jouer du piano. Je ne m'y connaissais pas autrefois. Il me semble qu'à présent cela me ferait grand plaisir. Il ne veut pas me faire plaisir apparemment ; car il m'a refusé net hier, et puis il a ajouté en se tournant vers mamita :

— A moins, pourtant, que vous ne l'exigiez !

— Non, lui a-t-elle répondu, pas encore. Il faut, pour cela vous plaise, que vous vous sentiez en train de rêver, et c'est trop tôt.

— Oui, oui, a-t-il repris : la rêverie, c'est le bonheur qu'on savoure, et je ne suis pas encore assez remis de la joie de me trouver ici.

J'ai écrit ces phrases pour ne pas les oublier. Je ne les comprends guère ; mais elles me font rêver aussi, moi. C'est donc un bien grand bonheur que l'amitié, puisque voilà un homme si heureux de la société de mamita !

Ah ! je suis trop seule, moi ! Je ne connais pas toutes ces

douceurs de sentiment dont on parle autour de moi. Mamita est heureuse de ne jamais quitter sa mère ; M. Roque est heureux de revoir mon parrain. Schwartz est heureux de voir les autres si heureux. Il n'y a que moi qui me sente triste souvent et ennuyée au fond du cœur. Je les aime certainement autant qu'on peut aimer, ces bons parents adoptifs ; mais cela ne fait pas que je ne désire et ne rêve rien hors d'ici. Quoi? Je ne sais pas! quelque amitié qui me fasse trouver que je suis heureuse comme les autres, ou quelque distraction qui me fasse oublier que je ne le suis pas.

M. Clet, que je continue à détester cordialement, et qui, je crois, me le rend bien, a beaucoup parlé du monde, et des fêtes et des spectacles de Paris, toutes ces belles choses que j'entrevois à peine, du fond de notre chartreuse de la rue de Courcelles, et que mes mamans déclarent si puériles et si maussades! Quelle étrange idée ont les gens graves de vouloir dégoûter les autres de ce qui leur déplaît ! Mon parrain est de leur avis. Eh bien, pourquoi est-il un homme de si grand mérite? Pour qui s'est-il donné la peine de savoir tant de choses ? Est-ce que ce serait pour mamita toute seule, comme il a l'air de le lui dire avec ses yeux, quand il reçoit son éloge ? Elle doit être bien fière au fond de son cœur, si cela est ainsi !

Oui, oui, je comprends qu'avec une admiration si constante et si flatteuse auprès d'elle, elle ne désire pas celle des autres et fuie le monde pour se renfermer dans l'amitié. — Mais, moi, personne ne m'admire, et je trouve cela fort triste. Mon parrain a eu l'air de me dire aujourd'hui que j'étais vaine. Non, puisque je n'ai pas sujet de l'être. J'aurais besoin d'être tout pour quelqu'un ; je serais tout pour mamita, si elle n'avait pas sa mère, son frère, et mon parrain, qu'elle aime certainement encore plus que moi !

25 septembre.

J'ai essayé aujourd'hui de faire une étude d'après nature de la figure de mon parrain, pendant qu'il lisait. J'étais forcée de le regarder, et, comme il ne me regardait pas, jamais je ne l'ai si bien vu. Je ne sais plus s'il est vieux, comme je me l'étais imaginé à son arrivée ; je crois que c'est parce que je m'étais fait de lui une tout autre idée que je l'ai trouvé ainsi. Aujourd'hui, il m'a semblé jeune, ou tout au moins si beau, qu'il n'a pas besoin de jeunesse. Non, je me trompe encore, il n'est pas beau. Il a une physionomie si expressive, si distinguée, si agréable, qu'il n'a pas plus besoin de beauté que de fraîcheur. Il a beaucoup gagné, d'ailleurs, depuis le peu de jours qu'il est ici. Son teint s'est éclairci, reposé : son regard a pris une expression plus douce. Un peu plus de toilette aussi a rajeuni sa tournure. Oui, il a tout à fait l'air d'un jeune homme quand il rit: et quelles dents de perles! Ses yeux sont alors comme ceux d'un enfant; mais, s'il devient sévère, s'il blâme mes idées, s'il raille mes fantaisies, il est vieux, bien vieux ! Il me fait peur ; mais je ne sais pourquoi je l'aime encore plus après qu'il m'a grondée.

26 septembre.

Puisqu'il le veut, je monterai à cheval moins souvent et prendrai mon plaisir avec plus de tranquillité. C'est vrai que je suis une nature immodérée! Comme il a deviné cela tout de suite! et mamita qui ne s'en doutait pas! Vraiment, je crois que, s'il ne me chérit pas comme elle, du moins il fait plus d'attention à moi. Il faut donc que je sois calme et patiente. Allons, j'en aurai l'air, dussé-je en mourir !

27 septembre

Il a enfin joué et improvisé ce soir. Oh! quel talent, quelle âme, quel charme! Voilà la seule de ses grandes facultés que je sois un peu capable de comprendre, moi! Pour le reste, j'admire sur parole. Mais la musique, c'est une chose que je sens, que je possède dans mon cœur, comme lui, quoi qu'il en dise, et quoique je ne la possède pas encore dans ma tête, comme Schwartz. Non, non, je ne l'ai pas seulement au bout des doigts, comme ils le prétendent, cet art divin! Mon cher Stéphen l'a fait passer aujourd'hui dans tout mon être. J'étais émue, brisée, j'avais envie de pleurer, je tremblais. Il n'a pas daigné voir cela, lui, mais mamita s'en est bien aperçue. Elle m'a embrassée en disant :

— Eh bien, tu vois qu'il vaut mieux posséder un don comme celui-là, qui fait tant de bien aux autres, que d'être habile à sauter les fossés pour leur faire peur?

Elle a bien raison, mamita ! Et puis elle sait que tout me sera possible si mon parrain s'en mêle un peu, et elle attire toujours son attention sur moi ; mais ce n'est pas facile : on dirait qu'il ne veut m'en accorder qu'à ses moments perdus.

28 septembre.

Il m'a fait beaucoup de peine aujourd'hui. Il est venu à quatre heures, comme tous les jours, et je me suis trouvée seule au salon lorsqu'il est entré. J'étudiais mon piano, je me suis levée bien vite pour ne pas l'ennuyer. Il m'a dit de continuer et a pris le journal. Je l'ai supplié de ne pas m'entendre.

— Oh ! parbleu ! sois tranquille, a-t-il répondu, je ne t'entends pas !

J'ai trouvé cela bien cruel, je le lui ai dit avec des larmes dans les yeux. Il m'a regardée alors d'un air si étonné, si froid, si sévère, que j'ai failli m'évanouir.

— Vous ne m'aimez pas du tout, me suis-je écriée.

— Allons, a-t-il répondu, je vois bien que tu es folle.

Et il a repris son chapeau, il est sorti sans me donner la moindre assurance d'affection. Oh! il est étrange, mon parrain! il a les caprices d'un homme qui sent tout le monde au-dessous de lui. C'est un orgueilleux!... ou bien je lui déplais particulièrement. Il me trouve laide. C'est donc que je le suis. Si j'en étais sûre, je me tuerais!

IV

JOURNAL DE STÉPHEN. — FRAGMENTS

29 septembre.

Pour la première fois, aujourd'hui, j'ai goûté l'indicible charme de mes anciennes rêveries. Loin d'elle, cela m'était impossible. Je tournais à la tristesse, à la douleur, presque au désespoir. Et puis ces climats brûlants, ces aspects splendides de l'Inde ne sont pas faits pour ce genre de contemplation. La nature tropicale est trop vigoureuse pour l'homme ; elle l'énerve de chaleur ou elle l'accable de magnificences. Ces brises, chargées d'âcres parfums, ne caressent pas, elles enivrent ; ce ciel étincelant ne souffre pas le regard de l'homme. Tant de vigueur semble faite pour les êtres où la matière domine l'intelligence. L'éléphant et le tigre sont les rois de ces contrées. L'Indien est faible comme un roseau.

Depuis mon retour, je n'avais pas eu une matinée de loisir. Tant de travaux à mettre en ordre! tant d'idées à repasser au crible de la réflexion! tant d'aperçus à soumettre à l'examen de la conscience ! Oui, je suis sincère, j'aime la vérité, je suis son serviteur, je serais son chevalier au besoin. Produire de brillants travaux, tout le monde le peut, avec quelque savoir et de l'imagination. Mais donner à la science une forme attrayante, lui ouvrir un nouvel horizon sur un point quelconque, sans hasarder de téméraires assertions, voir plus loin que la méthode aride, sans voir faux pour se singulariser, c'est plus qu'un travail à faire, c'est un devoir à remplir. Ce devoir accompli fera enfin de moi, à trente-quatre ans, un homme qu'on jugera peut-être digne d'avouer son bonheur intime. Il y a longtemps que j'eusse pu extorquer ce droit. Le bruit et le succès sont si souvent le prix de l'audace et du sophisme ! mais ce n'est pas ainsi que je voulais mériter ma récompense.

Me voilà donc enfin dans ma chère vallée, sous mon ciel pâle, dans une atmosphère appropriée à mon organisation physique et morale !

Je puis enfin me posséder, moi, et oublier ce monde de l'infini, où je m'épouvante d'être si petit, pour me sentir renaître et pour retrouver mon individualité, ma jeunesse, ma puissance relative dans le monde de mes affections et de mes goûts! Arrière le journal du savant criblé de mots grecs, latins et arabes! Ne fût-ce que pour quelques jours, je veux reprendre le journal de l'écolier amoureux.

Il fait, depuis avant-hier, une chaleur exceptionnelle dans la saison de notre climat. On se croirait aux premiers jours d'août. Après avoir fermé et scellé mes derniers cahiers, je me suis senti un besoin d'enfant de courir seul dans la campagne, sans volonté, sans but, comme autrefois. Ce n'était pas encore l'heure d'aller rejoindre ma bien-aimée. J'avais un tiers de journée à dépenser en songeant à elle sans douleur, sans inquiétude, sans impatience.

J'ai pris la rive gauche de ma petite rivière et je l'ai suivie en herborisant. Il n'y a pas ici un pauvre brin d'herbe que je ne regarde avec plaisir comme un vieux ami. Au lieu de ces noms barbares que la science leur donne, je pourrais les baptiser tous de quelque mot charmant qui serait un souvenir de ma vie intime.

Au bout d'une heure de marche, je suis revenu sur mes pas, ne voulant pas perdre de vue ce cher manoir de Briole dont j'ai été bien assez longtemps séparé par des horizons sans nombre. J'étais content de me voir assez près pour me dire que, si je voulais, d'un trait de course, en quelques minutes, je serais là. Mais j'avais la rivière à traverser et plus d'une heure de marche sans passerelle. Pour n'avoir pas cet obstacle qui gênait déjà la liberté de mon rêve, j'ai fait un paquet de mes habits et j'ai traversé à la nage le ruisseau, calme et profond à cet endroit-là. L'eau était encore si agréable, que j'y suis resté dix minutes ; après quoi, à demi rhabillé sur l'autre rive, étendu sur le sable tiède que perçaient de vigoureuses touffes de brôme, j'ai goûté un indescriptible bien-être, et j'ai dépensé là, complètement inerte, complétement heureux, les deux heures qui me restaient.

O douceur infinie de l'air natal ! placidité des eaux paresseuses, complaisant silence du vent dans les arbres, débonnaire majesté des bœufs couchés sur l'herbe courte et brûlée des prairies, jeux naïfs des canetons que la poule veut ramener au rivage, pays simple et bon, prose charmante de la poésie rustique !

Je n'étais pas loin du moulin. J'entendais le cri plaintif et doux de la roue vermoulue qui semble se plaindre du travail et pleurer avec l'eau qui l'entraîne. Les jeux des enfants et le chant des coqs envoyaient, de temps en temps une fusée de gaieté dans l'air somnolent. Une fraîcheur molle pénétrait dans tous mes pores. L'arome des plantes aquatiques planait sur moi sans chercher à m'écraser. Rien de violent, rien de sublime dans cette nature paisible. Là où j'étais couché, je n'avais rien à admirer : l'horizon était fermé pour moi, d'un côté par les buissons épais de la rive gauche, au bout d'un travers de ruisseau qui n'a pas vingt pieds de large ; de l'autre, par le terrain qui se relevait en talus inégal à deux mètres au-dessus de ma tête. Par une échancrure, j'apercevais seulement la cime de quelques arbres et un pan de toit, dont les ardoises se confondaient avec la végétation bleuâtre des saules. C'était Briole, mon nid, mon asile, mon Éden, là tout près, pour ainsi dire sous ma main.

Que pouvais-je désirer ? Une forêt vierge ? des précipices ? une végétation hérissée qui déchire les regards ? les vents maritimes qui abrutissent ? les cimes qui donnent le vertige ? les cataractes qui ébranlent les nerfs ? Non, non ! Je ne regrettais rien de tout cela, je ne voulais rien de mieux, rien de plus que cet horizon de pauvres herbes, ce ruisseau sablonneux, ce gloussement de la poule, cette apathie des bœufs qui venaient tremper leurs genoux cagueux dans la vase, à mes côtés, et qui, en se dérangeant fort peu pour moi, ne me dérangeaient pourtant nullement.

De quoi l'homme pensant a-t-il besoin pour être heureux ? De spectacles, d'émotions, de surprises, de découvertes, de conquêtes ? Non, il a besoin d'être aimé d'abord, et puis de quelques instants de repos absolu après son travail.

Ce repos de l'âme et du corps n'est pas l'oubli de la vie. Ce n'est pas la végétation de la plante ni la digestion de l'animal ; c'est quelque chose qui participe de ces mornes extases de la matière, mais qui n'empêche pas le principe divin de se sentir en possession de lui-même. L'amour rassasié chez les végétaux et chez les bêtes semble ne plus exister quand sa phase est épuisée. Chez l'homme, il s'éternise dans sa pensée, et cette pensée n'admet pas que la mort même puisse l'anéantir, tant elle est puissante et profondément liée à son principe vital. Le souvenir du bonheur et son attente sont vivants jusque dans le sommeil.

Pendant deux heures de cette complète inaction, je n'eus pas une seconde d'ennui, et il me semble pourtant qu'elles ont duré deux siècles. Je ne sais si je pensais, je ne songeais pas à penser ; j'ai pourtant très-bien vu et entendu toutes choses autour de moi. Les myriades d'ablettes argentées qui s'ébattaient au soleil dans les petits lacs creusés sur le sable de la rive par le pied des bœufs ; la gourmandise capricieuse du chevreau qui est venu goûter à toutes les plantes et qui a fini par s'accommoder d'une écorce à ronger ; le sillage muet de la loutre le long des roseaux ; la chasse ardente de la fauvette qui a guetté et poursuivi la même mouche pendant un quart d'heure entier, au milieu de mille autres qu'elle dédaignait ; le niveau de la rivière qui a baissé, à mesure que s'ouvraient les déversoirs des moulins, et qui a laissé les mousses inondées de ses marges bâiller au soleil ; l'ombre des arbres qui était à mes pieds et qui, passant sur moi, a fui derrière ma tête... Où est le plaisir de contempler ou seulement de remarquer tout cela ? Ce n'est ni un plaisir de savant, ni même un plaisir de poëte. Tous deux sont difficiles à satisfaire. Il faut à l'un du beau, à l'autre du rare. Ma jouissance s'accommodait de ce qu'il y avait de moins insolite, de plus vulgaire dans le premier milieu venu, un coin d'herbe et de sable au revers d'un fossé, un réseau de ronces pour cadre et quelques ardoises pour lointain.

Anicée !... tu es dans tout, tu es tout pour moi. Au delà de ces lignes bleues qui encadrent le ciel autour de ta demeure, il n'y a rien dans l'univers dont je me soucie sans toi, comme il n'y a rien que je ne puisse supporter à cause de toi. Là où tu vis ma vie se renferme, là où tu passes elle s'attache à tes pas... Trésor sans prix, inépuisable source d'orgueil intérieur et de pieuse reconnaissance que la possession d'une âme sans tache, d'une clarté sans ombre, d'une tendresse sans défaillance ! Les soleils mêmes ont des obscurcissements, et, dans les abîmes de l'empyrée, on voit l'éternelle lumière subir, au sein des astres, de mystérieuses intermittences. L'amour et la douceur de cette femme n'en ont pas. Elle sera toujours jeune, puisqu'elle pourra mourir courbée sous le poids de l'âge sans avoir commis une faute, sans avoir connu une mauvaise pensée. Trouvez-moi donc une vierge de quinze ans qui puisse me garantir qu'elle fournira encore deux fois cette carrière, sans pécher une seule fois contre le ciel et contre moi, pas même dans le secret de son imagination ! Couronne ton front de cheveux blancs, ma sainte compagne ; moi, j'y ajouterai la couronne du lis et du jasmin des madones.

A trois heures, je suis rentré chez moi pour m'habiller. Malgré la liberté de la campagne et de l'absence d'étiquette qu'a toujours pratiquée ma bonne mère, je ne veux jamais me présenter devant elle ou devant sa fille sans être d'une propreté scrupuleuse. L'abandon des soins de la personne est un manque de respect envers les femmes, et je veux respecter ces deux femmes-là jusque dans les plus humbles détails de la vie, et à tous les instants de ma vie.

Je ne regrette pas de ne point habiter officiellement le château. Tout y est élégant, commode, agréable à voir et ingénieusement adapté aux aises de cette vie tranquille. J'ai moi-même arrangé ce séjour avec un soin jaloux d'y voir ma bien-aimée ne manquer et ne souffrir de rien. Comme l'oisillon tisse et ouate son nid, nous autres, pauvres humains, nous bâtissons nos demeures avec amour pour cette courte saison qui s'appelle la vie. Plusieurs y mettent de l'orgueil. L'orgueil de la maison que j'ai préparée, c'est celle qui devait l'habiter.

Mais la possession des choses n'est pas ce que s'imagine le vulgaire. Toujours illusoire et précaire, elle est une jouissance à laquelle l'homme raisonnable ne peut attacher qu'un prix relatif. Il ne peut aimer sa maison et son jardin qu'en transformant, dans sa pensée, ces objets matériels en témoins de son bonheur passé ou présent. Si de tels objets deviennent chers, c'est parce que, de l'état de choses, ils passent à l'état de souvenirs.

J'aime donc Briole comme on aime un être abstrait. C'est l'auréole de suavité que respire mon amie, c'est la mienne par conséquent. Je possède cette chose ainsi idéalisée. Mais que je sois seul, que celle dont la présence l'éclaire me soit ravie, que ferais-je de ce sanctuaire vide ? Une relique qui, après moi, serait inévitablement profanée. Ah ! il faudrait pouvoir anéantir tout ce qui a appartenu à un être adoré, comme on brûle ses habits plutôt que de les voir toucher par des mains étrangères !

Je trouve notre vie si bien arrangée, que je souhaite n'y rien changer. Les unions qu'on appelle disproportionnées sous le rapport de la fortune seraient purifiées, sanctifiées même, si l'amour et la religion, et non les intérêts matériels, en formaient le seul lien.

Que le sentier est doux qui, de mon verger, conduit au jardin d'Anicée ! En prenant à travers les prés, je n'ai pas pour dix minutes de trajet. Au bout de la prairie, où le plateau s'abaisse assez brusquement, mes pas avaient creusé, avant le grand voyage dont j'arrive, une sorte d'escalier sur la coulée rapide. J'ai trouvé à mon retour la rainure comblée et mon doux chemin de gazon prolongé en pente moelleuse jusque sous les premiers chênes de la réserve.

... J'ai fait en cet endroit une rencontre singulièrement amenée. Je passais vite, prenant plaisir à frôler les feuilles sèches qui commencent à joncher la terre, lorsque je me suis vu comme enveloppé d'une pluie bleu et parfumée. C'était une pluie de violettes effeuillées qui tombait d'en haut sur ma tête. J'ai regardé au-dessus de moi ; j'ai vu à vingt pieds au moins, sur une longue branche qui forme comme un pont au-dessus du sentier, quelque chose qui d'abord m'a paru inexplicable. C'était un pan d'étoffe flottante, et puis un bras humain qui se croyait caché dans les feuilles et qui s'enlaçait à la branche pour retenir un corps, un être, que la branche même supportait et m'empêchait de voir. Du point où j'étais placé, j'ai reconnu pourtant bientôt ce petit bras mince, assez rond, très-joli quoique très-brun, un vrai bras d'almée, souple, faible et fort gracieux. Quand la main qui secouait le tablier plein de violettes eut fini son aspersion, elle se hâta d'embrasser aussi la branche, et le feuillage, un instant écarté, redevint immobile. La personne était redevenue invisible.

Je ne crus pas devoir remarquer cet hommage de ma filleule. L'adolescence de certaines organisations est bizarre. L'imagination est malade d'une inquiétude qui s'ignore elle-même et se porte au hasard sur le premier objet venu. Anicée ne comprend pas cette vague et pénible agitation qu'elle n'a jamais ressentie. Je ne veux pas la lui faire deviner. Elle s'en effrayerait plus que de raison. Un fait naturel, si connu, si passager, l'engouement d'une fillette pour son tuteur, ne doit ni étonner ni tourmenter sérieusement. Le mieux est de n'y pas faire attention. Cette fantaisie de l'âme sera vite remplacée par une autre.

Je feignis d'être distrait; je baissai la tête, je passai outre. A quelque distance, je me glissai dans les buissons et j'observai Morenita, pour voir comment elle s'y prendrait pour descendre de si haut, prêt à lui porter secours au besoin.

Elle a été d'une agilité, d'une souplesse et d'une témérité extraordinaires dès son enfance; elle grimpait comme un écureuil et nageait comme une mouette. Nous ne pensions pas devoir contrarier ses instincts ni gêner son développement physique. Avant mon voyage, Anicée se laissait encore persuader de voir dans cette enfant un phénomène à étudier avec indulgence et tendresse, plus qu'un être à chérir passionnément. J'ai toujours senti couver en elle quelque chose de violent et de sauvage dont l'éducation adoucira la forme, mais qu'elle ne vaincra jamais entièrement. Je vois bien qu'en mon absence, cette femme qui aime, comme la Providence, un peu en aveugle, a redoublé d'illusions en même temps que de sollicitude pour son bizarre trésor. Elle s'imagine acclimater la plante exotique dans son atmosphère de pudeur et d'aménité. Dieu le veuille! mais je doute d'un tel miracle. La plante projettera ses épines acérées le jour où s'épanouira la floraison.

Si Anicée voyait maintenant sa prétendue miss Hartwell courir ainsi dans les arbres comme un chat sauvage, elle en serait effrayée. Devant elle, l'enfant, dont le premier mouvement est impétueux, mais dont la réflexion est bonne, se contient assez. Mais voici déjà plusieurs fois que je la vois s'exercer en cachette à des choses excentriques dont le péril enivre sa curiosité ardente.

Elle resta quelque temps couchée sur sa branche, avec une grâce étudiée ou naturelle qui eût alarmé certainement la verve descriptive de Clet. Clet passe ses soirées à lui faire des vers spirituels où il la compare à tous les lutins, à tous les djinns de la poésie romantique orientalisée. Morenita, qui a beaucoup de goût en littérature, et qui trouve le style échevelé de Clet plus grotesque que flatteur, se fâche de ses dithyrambes. Clet la trouve sotte de n'en être pas charmée. Ils se querellent, et véritablement, en dépit de nous-mêmes, il nous oblige à reconnaître qu'il n'est pas de force contre cette langue de quatorze ans qui énumère ses travers avec une volubilité inouïe.

Je n'ai pas l'imagination opiacée de Clet, mais j'ai été ému du spectacle de cette liane vivante qui s'était enroulée autour de la branche; j'y ai vu une filleule charmante et qui allumera des passions, cela n'est que trop certain; mais, malgré moi, en la comparant à une liane, je songeais aussi aux serpents de l'Inde, qui n'ont pas plus de malice dans le caractère que les autres animaux, mais qui ont du venin dans le sang, et que le passant n'aime guère à rencontrer.

Elle était incroyablement jolie pourtant dans sa pose adroite et nonchalante. Sa petite tête un peu conique, inondée de magnifiques cheveux noirs, s'était penchée comme pour dormir ou pour pleurer. Le rameau de chêne est fort et assez large pour lui faire un lit, mais il est si long et si feuillu à l'extrémité, que le moindre vent l'ébranle, et cette enfant ainsi bercée, insouciante du danger et comme accablée d'une mystérieuse tristesse, me rappelait complètement, pour la première fois, le type dont nous nous réjouissions de la voir s'écarter : c'était la vraie gitana, la créature paresseuse, hardie, fantasque, insoumise, inquiète, dangereuse aux autres, dangereuse à elle-même.

Elle se décida enfin à descendre; elle s'y prit si adroitement, que je n'eus aucun sentiment d'inquiétude pour elle. Elle disparut plusieurs fois dans le feuillage et reparut toujours debout, s'accrochant aux branches voisines et descendant, sans broncher, vers le tronc énorme du chêne, qui, brisé jadis par la foudre, présente une plate-forme moussue assez voisine du sol. Morenita franchit cette distance en se laissant glisser comme une couleuvre sur la bruyère. Elle se releva, rattacha ses cheveux dénoués, débarrassa ses vêtements de la mousse qui s'y était attachée, et partit comme une flèche dans la direction du château.

Je m'épluchai à mon tour; je ne voulais pas qu'un seul pétale de ses violettes restât dans mes cheveux ni sur mes habits. Je la laissai prendre de l'avance et rentrai sans la rencontrer.

A dîner, elle m'a boudé. Je n'y ai pas pris garde. Le soir, elle a passé à une gaieté nerveuse assez bruyante. Elle a été plus taquine avec Clet; elle l'eût blessé tout à fait si je ne fusse intervenu. Je l'ai un peu grondée. Elle m'a regardé avec des yeux ardents de colère; puis, tout à coup, c'était une tendresse extatique. Anicée m'a presque grondé à son tour de ma sévérité. J'ai tourné le tout en plaisanterie. Morenita nous a dit bonsoir. Comme de coutume, elle est venue me présenter son front. Il était humide et brûlant. Je me suis essuyé les lèvres en me plaignant de cette transpiration des enfants qui résiste à la fraîcheur du soir. Elle a été blessée et humiliée au dernier point. Il y avait presque de la haine dans le reproche de ses yeux noirs et hautains. Allons, j'espère que c'est le dernier accès de cette fièvre de croissance, et que le galop de Canope la consolera demain.

Pauvres enfants! tardifs ou précoces, faibles ou forts, il vous faut accomplir tous les développements de votre première existence à travers des souffrances particulières. Ces souffrances changent avec l'être qui se transforme; mais, de phase en phase, de fièvre en fièvre, ou de langueur en langueur, la vie n'est qu'un travail ascendant jusqu'à l'heure de maturité où commence le travail inverse de la dissolution de l'être.

Faisons l'âme forte, puisque le corps est si faible, et la vie pleine de sainteté, puisqu'elle est semée de tant de périls!

Anicée, tu es l'arche sainte qui a toujours vogué en paix sur les flots troublés !

V

LETTRE DE LA DUCHESSE DE FLORÈS
A MADAME DE SAULE

Paris, le 15 novembre 1846.

C'est une amie inconnue qui vous écrit, une âme qui comprend la vôtre, qui l'admire et qui la cherche. Oui, madame, j'ai toujours désiré vivement de vous rencontrer dans le monde; mais vous n'y allez pas. Pour vous trouver, il faut pénétrer dans les sanctuaires de l'intimité. Étrangère, voyageuse, un peu errante, je n'ai pu saisir l'occasion de former une de ces relations qui me missent à même d'arriver jusqu'à vous. Il faut pourtant qu'il vienne, ce moment tant désiré! Mon bonheur domestique en dépend. Cet aveu fait, je sais que vous ne me refuserez pas.

Vous êtes un être calme comme la perfection. Aucun souci poignant ne peut vous atteindre. Tout le monde n'a pas mérité comme vous du ciel le don de ne plus souffrir. Moi, Espagnole et passionnée, j'ai beaucoup souffert, je souffre encore; mais je suis peut-être excusable : tout mon crime est d'avoir trop aimé mon mari. Ah! madame, vous le connaissez, lui, je le sais. Vous avez daigné sans doute le recevoir quelquefois. Vous avez donc pu deviner, sinon comprendre, la violence de mon affection pour lui.

Ma jalousie l'a rendu malheureux pendant longtemps. Elle s'est calmée, elle s'est même dissipée. Devant une conduite louable comme la sienne, j'ai dû prendre confiance, me repentir de mes soupçons, et pardonner dans mon cœur à l'unique faute de sa vie.

Cette faute, vous la connaissez, vous, la tendre et généreuse mère adoptive de Morenita. J'ai passé ces années-à tâcher d'en surprendre le secret; mais, pendant ces années-là, je me nourrissais du vain espoir d'être mère; tout le châtiment que j'eusse voulu infliger à l'infidélité de mon mari, c'eût été de lui donner un fils héritier de son nom, ou une fille plus belle que l'enfant de la gitana. Dieu m'a refusé ce bonheur. J'ai trente ans ; il y a quinze ans que je suis mariée, je ne puis conserver aucune illusion. Le duc doit subir le malheur d'avoir une épouse stérile.

Devant cette infortune, mon orgueil de femme est tombé. J'ai pleuré amèrement. Je me suis repentie d'avoir agité et troublé la vie de mon noble duc par les orages de la jalousie, moi qui ne pouvais lui donner ces joies paternelles qu'une misérable bohémienne a pu lui faire connaître !

J'ai su alors une chose qui m'a consternée d'abord, et dont j'ai enfin pris bravement mon parti. Le duc aime cette enfant avec passion. Attaché à ses pas comme un amant à ceux de sa maîtresse, n'osant la voir ouvertement chez vous, dans la crainte d'ébruiter son secret, il cherche toutes les occasions de la rencontrer, ne fût-ce que pour la voir passer en voiture ou l'apercevoir de loin, au concert, aux Bouffes, dans les promenades. Il s'ingénie à la surprendre agréablement, à lui envoyer des cadeaux mystérieux ; enfin, il est comme malade du besoin d'embrasser et de bénir son enfant. Pauvre duc, pauvre ami !

Mais cela a duré assez longtemps pour l'expiation de sa faute envers moi, trop longtemps pour la satisfaction de mon injuste dépit. Je rougis d'avoir résisté si longtemps à la voix de mon cœur. Je viens à vous, madame, pour que vous m'aidiez à réparer mon tort et à rendre le bonheur à celui qui, par son dévouement et son respect pour moi, est redevenu digne à mes yeux de tout mon dévouement, de tout mon respect.

Veuillez, madame, me recevoir demain dans la matinée ; nous avons à causer ensemble sans témoins. J'ai besoin de vos conseils, j'ose dire de votre sympathie. J'y ai droit par mes chagrins, je le mérite par les sentiments de tendre vénération que je professerai toujours pour vous.

DOLORÈS, duchesse DE FLORÈS.

*P.-S.* Je n'ai pas besoin de dire à la femme la plus généreuse et la plus délicate qu'il existe, que ma lettre et notre entrevue doivent être ignorées de tous, et du duc particulièrement.

NARRATION DE L'ÉCRIVAIN QUI A RECUEILLI LES DOCUMENTS DE CETTE HISTOIRE

Madame de Saule consulta Stéphen sur la lettre qu'on vient de lire et la questionna sur le caractère de la duchesse. Stéphen avait été invité plusieurs fois par le duc de Florès à des réunions choisies. Il connaissait l'entourage des deux époux ; il avait vu plusieurs fois la belle Dolorès, qui l'avait reçu et traité avec une distinction particulière.

Voici le portrait qu'il fit de cette femme à Anicée. C'était une beauté espagnole accomplie, et l'hyperbolique Hubert Clet n'exagérait rien en la comparant à une sirène. Elle avait des séductions irrésistibles, une grâce enchanteresse, rehaussée par une élégance luxueuse d'un goût exquis. Elle ne paraissait pas faite pour s'éclipser toutes les autres femmes ; aussi aimait-elle à paraître partout. Sa coquetterie était effrénée, et longtemps elle avait eu un cortège d'esclaves qui auraient vendu leur âme pour un de ses sourires. Mais on se lasse pourtant, à la longue, d'une vaine poursuite. Outre que les fréquents voyages de la duchesse en Espagne, en Angleterre, en Italie, en Orient même (car elle avait l'humeur voyageuse), avaient souvent rompu ses relations et changé son entourage, il était enfin de notoriété publique que cette agaçante beauté était d'une vertu invincible ou d'une fidélité de cœur à son mari qui rendait sa fidélité conjugale inébranlable.

— Savez-vous, dit Anicée en souriant, que ce portrait ressemble un peu à celui de la belle Pilar, et que le duc paraît destiné à inspirer les passions les plus rares, celles qui subjuguent la coquetterie même ?

— Il y a plus d'analogie qu'on ne pense, répondit Stéphen, entre les vieux et les nouveaux chrétiens d'Espagne. Chez les Méridionaux, quand le cœur et les sens s'attachent exclusivement à un être de leur choix, l'imagination ne reste pas moins accessible à la fantaisie de plaire à tous, et c'est une fantaisie ardente soutenue, qui leur semble un dédommagement légitime de la vertu. La gitana alimente sa coquetterie par la cupidité, l'Espagnole par la vanité. Il faut bien qu'il y ait une cause à cette antique jalousie classique des Espagnols pour leurs femmes. Celle-là me semble assez fondée.

— Et le duc, est-il jaloux ? demanda madame Marange.

— Il l'a été, répondit Stéphen, et il faut que ces deux époux aient l'un pour l'autre un fonds d'affection bien sincère et bien solide, pour qu'il ait résisté aux tempêtes de leur intérieur. Tout cela s'est calmé avec le temps. La duchesse s'est lassée de confier ses chagrins domestiques à une vingtaine d'amis, qui se sont lassés à leur tour d'essuyer, sans profit, ses belles larmes. J'ai vu des scènes moitié dramatiques, moitié comiques, où notre ami Clet, enrégimenté parmi les soupirants, se croyait toujours à la veille de devenir le consolateur de cette lionne rugissante, laquelle, en dépit de l'opium du poëte blasé, l'émouvait fortement par ses pleurs, ses évanouissements, sa noire crinière éparse sur ses blanches épaules, et toute cette mise en scène de la passion espagnole, qui pose toujours un peu, lors même qu'elle n'est pas jouée. Il y avait aussi, à se faire admirer, plaindre et désirer, une sorte de vengeance morale chez la duchesse ; mais tout l'effet a été produit, les aspirants en ont été pour leurs frais, et, depuis que les époux semblent fixés définitivement à Paris, leur intérieur, en continuant de resplendir dans un cadre assez brillant, est devenu plus voilé, plus calme, par conséquent plus digne et plus heureux, je le présume.

Cette conversation avait lieu dans le petit salon de la rue de Courcelles, tandis que Morenita courait dans le jardin.

— Ainsi, pour nous résumer, reprit Anicée, c'est une coquette à demi corrigée, une jalouse à demi réconciliée. Sa lettre vous paraît-elle sincère, et n'y voyez-vous pas un piège ? On plaide quelquefois le faux pour savoir le vrai. Le secret qu'elle me demande m'inquiète un peu. Si ses intentions sont généreuses, pourquoi les cache-t-elle à son mari ?

— Vous êtes trop généreuse vous-même, répondit Stéphen, pour trahir une femme qui se confie à vous ; mais votre scrupule est fort fondé, et c'est à moi de déjouer les embûches, s'il y a lieu. Laissez-moi faire ; accordez l'entrevue pour demain, je vous dirai ce soir quelle attitude vous y devez garder.

Anicée écrivit deux mots à la duchesse pour lui donner le rendez-vous qu'elle demandait. Stéphen alla trouver le duc à la Bourse, où il jouait un peu de temps en temps, où il flânait presque tous les jours. C'était un homme un peu désœuvré, d'une imagination vive que ne soutenait pas une éducation assez sérieuse, et qui, parfois, ne savait que faire de son intelligence active et de sa volonté ardente.

Il n'était guère plus âgé que Stéphen et pouvait passer pour un des hommes les plus beaux, les plus élégants et les plus aimables de l'aristocratie espagnole et parisienne.

Stéphen, qui avait toujours conservé un certain ascendant sur lui, exigea sa parole d'honneur qu'il ne parlerait jamais à sa femme de la lettre qu'il lui montrait, et lui promit, en retour, que madame de Saule, dans son entrevue avec la duchesse, ne parlerait et n'agirait que conformément aux intentions du père de Morena.

Le duc parut vivement touché de la lettre de sa femme.

— Fiez-vous à elle, s'écria-t-il ; elle est fière et vindicative ; mais, quand elle a pardonné, elle est loyale et généreuse ! Je suis ravi de l'idée d'un rapprochement possible entre ma fille et moi ; et ma reconnaissance pour la duchesse est profonde. Je garderai pourtant le secret de votre délicate indiscrétion, je le dois ; mais j'attendrai avec impatience la surprise que ma femme me ménage, et je m'y laisserai prendre avec une joie extrême.

— A la bonne heure ! dit Stéphen. Mais vous parlez d'un rapprochement possible. Il faut que je sache comment vous l'entendez.

— Comment puis-je vous le dire ? reprit le duc. Ce sera comme ma femme l'entendra ; car vous conviendrez qu'elle a chez elle des droits imprescriptibles.

— Attendez ! dit Stéphen. La duchesse peut vouloir vous réunir à votre fille en la prenant sur ce pied dans sa maison. Si telle est votre volonté, madame de Saule n'a rien à objecter. Elle subira avec courage la profonde douleur de se voir arracher l'enfant qu'elle a recueillie et élevée avec tant d'amour, ainsi que la crainte assez fondée de voir achever l'éducation de cette enfant dans des conditions trop brillantes pour être aussi salutaires.

— Non ! s'écria vivement le duc, jamais je ne payerai par l'égoïsme et l'ingratitude le dévouement d'une si noble femme. Mettez à ses pieds mon cœur et ma volonté. Je ne lui reprendrais ma fille que le jour où elle me dirait : « J'en suis lasse, je ne m'en charge plus. »

— Je n'attendais pas moins de vous, dit Stéphen. A présent, voici l'autre éventualité. La duchesse peut vouloir, par bonne intention, s'arroger certains droits d'adoption maternelle sur cette jeune fille, l'emmener dans le monde, la séparer momentanément de sa véritable mère adoptive, enfin contrarier beaucoup, à son insu, les idées que celle-ci s'est faites de l'avenir moral de son enfant. Un conflit de sollicitudes diversement entendues peut s'élever entre ces deux protectrices; à laquelle des deux, vous qui, seul, avez l'autorité naturelle et légitime devant Dieu, donnerez-vous raison, si l'on vient à invoquer votre décision?

— A madame de Saule, n'en doutez pas, répondit le duc avec un peu d'entraînement; à celle qui...

Il s'arrêta, craignant d'établir entre ces deux femmes un parallèle trop désavantageux pour la sienne. Il se reprit :

— A celle, dit-il, qui a, par quatorze années de soins assidus et de dévouement sublime, acquis, devant Dieu et devant les hommes, une autorité plus légitime et plus sacrée que la mienne. Êtes-vous content, et croyez-vous que madame de Saule serait plus tranquille si j'allais moi-même, dès ce soir, la confirmer dans ses droits? Ma femme a si longtemps surveillé toutes mes démarches, que je n'ai jamais osé aller la remercier, de vive voix, cet ange de vertu et de bonté. Je craignais aussi, en voyant de près ma fille, en lui parlant, de ne pouvoir contenir mon émotion. Mais, puisque aujourd'hui...

— Attendez à demain, dit Stéphen; si la duchesse se fait un noble et doux plaisir de pousser elle-même votre fille dans vos bras, nous ne devons pas l'en priver d'avance. Je reviendrai demain vous dire le résultat de l'entrevue, et nous aviserons. Jusque-là, madame de Saule agira, avec la duchesse, selon la conscience de son affection pour Morenita, et conformément à l'autorité que vous lui transmettez par ma bouche.

On voit, par ce qui précède, que jamais le duc n'avait parlé à madame de Saule ni à Morenita. Il les avait guettées au rencontrées assez souvent pour bien connaître les traits de l'une et de l'autre. Un double enthousiasme s'était allumé en lui, l'orgueil paternel et une admiration pour Anicée dont il lui eût été difficile à lui-même de définir la nature.

Au fait, c'était un couple idéal, en même temps qu'un contraste charmant, que ces deux êtres si divers : Anicée, avec son incontestable beauté, image de la sérénité de son âme; Morena avec sa physionomie expressive et sa vivacité nerveuse. D'un côté, le charme profond et doucement pénétrant; de l'autre, la séduction impétueuse et saisissante. Morena se trompait en se croyant laide. Sa petite personne, dont elle s'inquiétait si fort, était un chef-d'œuvre de la nature. Stéphen, observateur savant, voyait, avec ses yeux de parrain et de philosophe, certains indices révélateurs de facultés morales incomplètes dans certaines grâces que l'artiste seul eût adorées. Mais l'homme est généralement plus poète que sage, il aime mieux ce qui l'étonne et l'inquiète que ce qui le rassure et le charme. Personne, si ce n'est Stéphen ou Roque, ne pouvait voir Morenita sans subir une sorte de fascination, ou tout au moins une curiosité maladive d'étudier l'étrangeté de cette grâce, de cet esprit, de cette destinée.

Faible de muscles, robuste de santé et de volonté, remarquablement petite, mais taillée comme les figures des camées antiques, dans des proportions si élégantes, qu'elle paraissait grande quand on la voyait isolée; blanche aux lumières à force de finesse et de transparence dans la peau, bien qu'elle fût d'un ton olivâtre en réalité; nonchalante et contemplative, mais tout aussitôt capable d'une attention soutenue et d'une assimilation rapide; colère et craintive, tendre par accès, glaciale dans la bouderie, inconstante et tenace, selon que sa fantaisie devenait passion ou sa passion fantaisie; elle était un problème pour quiconque s'engouait de ce qu'elle avait d'attrayant, sans vouloir faire la part de la fatalité de l'organisation, ce ver mystérieux qui ronge les plus belles fleurs.

Le duc était saintement et naïvement épris de sa fille. Il chérissait en elle non-seulement le fruit de ses entrailles, mais encore le souvenir de ce type qui l'avait enivré et entraîné jadis, en dépit de son amour pour sa femme et de la religion du serment conjugal, qui n'était point une chimère à ses yeux; il se sentait dominé d'avance par cette enfant expansive et téméraire.

La duchesse alla rue de Courcelles à l'heure indiquée. Elle exprima tout d'abord à madame de Saule le désir d'emmener Morenita et de ne plus s'en séparer. L'étonnement que le refus formel d'Anicée lui causa étonna Anicée à son tour. Celle-ci s'aperçut que la duchesse ne comprenait rien à l'affection maternelle, et regardait l'adoption d'un enfant comme une charge plus méritoire qu'agréable.

Elle se rabattit alors sur la proposition d'emmener Morena chez elle pour quelques jours. Anicée s'y refusa également.

— Cela est impossible, lui dit-elle avec la fermeté qu'elle savait mettre dans la douceur, à moins que Morena ne soit officiellement adoptée par son père. Jusqu'ici, telle n'a pas été l'intention du duc. Or, tant qu'elle ne sera pas mariée, elle ne doit pas mettre les pieds sans moi dans une maison où on peut la croire étrangère.

— Vous êtes bien rigide, répliqua la duchesse avec un peu de dépit. Je pensais pouvoir me préoccuper aussi, et avec quelque succès peut-être, de l'établissement de cette jeune personne. Dans la retraite où vous l'enfermez, elle trouvera difficilement le moyen de s'éclairer sur son choix. Est-ce que vous ne croyez pas le temps venu de la produire un peu dans le monde, et, dans ce cas, la première maison où elle doit paraître n'est-elle pas la mienne?

— Oui, madame, répondit Anicée; mais le moment n'est pas venu, selon moi. Ma fille n'a que quatorze ans.

— Eh bien! je me suis mariée à quinze! dit la duchesse presque irritée.

— Et moi à seize, reprit doucement Anicée, et, croyez-moi, madame, c'était beaucoup trop tôt pour toutes deux.

— Enfin, madame, concluons, dit la duchesse, qui ne s'attendait pas à faire si peu d'effet sur madame de Saule. De toutes façons, même pour un jour, même pour une heure, même avec vous, vous me la refusez?

— Non, madame; si M. le duc exige que je vous la présente chez lui, je n'ai pas le droit de m'y refuser.

— Fort bien! s'écria la duchesse tout à fait piquée; vous ferez le sacrifice de déroger à vos habitudes de retraite pour complaire à l'époux infidèle; vous ne ferez rien pour l'épouse généreuse qui pardonne, et, dans l'intérêt même de l'enfant, vous ne la confierez pas à sa protection?

Anicée réussit, par sa raison pleine d'égards et de douceur, à calmer cette âme irritable et à lui faire comprendre qu'il ne fallait pas placer le duc dans l'alternative d'avouer sa faute aux yeux du monde, ou de ne pas recevoir sa fille avec la distinction particulière qu'elle méritait de lui.

La duchesse subit, en dépit d'elle-même, l'ascendant de cette femme plus forte qu'elle de sa conscience, et consentit à se laisser guider par elle dans l'acte de générosité conjugale dont elle voulait se faire un mérite auprès de son mari.

Il lui fallut d'abord renoncer ou paraître renoncer à avoir ce mérite aux yeux du monde. Anicée exigea que tout se passât, jusqu'à la manifestation des volontés paternelles, dans le secret de l'intimité.

La duchesse céda et partit en remerciant madame de Saule de son bon conseil.

## VI

Deux jours après cette entrevue de ses deux protectrices, Morenita reprenait son journal.

### JOURNAL DE MORENITA

Paris, 19 novembre 1846.

Je ne voulais plus rien écrire. Cela m'avait fait trop de mal! Il me semblait qu'en me racontant mes peines, je les augmentais et leur donnais une réalité qu'elles n'auraient pas eue sans cela. Aujourd'hui que mon esprit est dans une disposition plus riante, je veux enregistrer le souvenir de cette soirée.

Que signifie-t-elle? Je n'en sais trop rien. Mais il y a encore du mystère là-dessous. M¹ Glet dit qu'il n'y a d'agréable dans la vie que l'inconnu. Bonne maman appelle cela un paradoxe. A-t-elle raison? Les cachotteries qui m'environnent ont leurs moments de charme; mais je sens souvent aussi les épines de la curiosité inassouvie m'atteindre au milieu de toutes ces guirlandes de roses où l'on enferme mon petit horizon.

Nous venions de dîner, et mon parrain prenait son café au coin du feu. J'avais entendu mamita défendre sa porte, excepté pour deux personnes qu'elle n'avait ni nommées, ni décrites à ses gens, mais qui devaient demander M. Stéphen tout court. Elle avait dit cela, me croyant bien loin et entendue de moi. Et je croyais, moi, que c'était quelque rendez-vous d'affaires; je m'attendais à m'ennuyer.

On a demandé mon parrain; il est sorti du salon et y a ramené aussitôt une belle, jolie, charmante femme, parée comme pour une demi-soirée, mais avec quel goût et quelle recherche ! Elle avait une robe de soie blanche à grandes fleurs flambées, des fuchsias de corail montés en or, des dentelles magnifiques et une profusion de bracelets, tous plus beaux les uns que les autres. C'est bien joli, d'avoir une quantité de bijoux différents. Mamita m'a donné tous les siens. Elle dit que ce sont des objets d'art agréables à regarder, incommodes à porter, mais que, si cela m'amuse, il n'y a pas de raison pour m'en priver. Mais elle n'est pas immensément riche, ma bonne mamita ; elle n'a jamais été coquette, et elle fait tant de bien, que son écrin n'était pas très-éclatant. Mon parrain me blâme d'aimer follement la parure, depuis que nous sommes revenus ici. Que veut-il donc que j'aime ? Il n'a qu'à m'aimer un peu plus, lui ; il verra si je me soucie des chiffons et des affiquets dont j'essaye de m'amuser.

La belle dame, après les politesses un peu *sans façon* qu'elle a adressées à mes deux mamans, s'est mise à me regarder avec tant de curiosité, que, moi qui ne suis pas timide, j'ai failli en être décontenancée. Cela commençait même à devenir impertinent, lorsqu'elle est venue à moi et m'a demandé avec beaucoup de grâce la permission de m'embrasser. J'ai été fort surprise ; j'hésitais, je regardais mamita. Celle-ci m'a dit :

— Madame a connu des personnes de la famille et s'intéresse à toi réellement. Remercie-la de la bonté qu'elle te témoigne.

La belle dame m'a tendu sa belle main ; j'ai encore jeté un coup d'œil furtif sur mamita, mais elle ne m'a pas fait signe de la baiser. Je me sens bien d'être un peu fière ; et, ne me souciant pas de faire plus de frais qu'il n'en faut, j'ai présenté mon front, qu'on a baisé avec assez de franchise, à ce qu'il me semble.

Alors nous avons été bonnes amies. Cette dame a l'aplomb et le ton familier des personnes du grand monde. Nous n'en voyons pas beaucoup ; mais celles qui viennent chez nous de temps en temps ont toutes un air de famille. Pourtant celle-ci est Espagnole. Sa physionomie et son accent lui donnent une certaine originalité.

Comme elle me paraissait un peu indiscrète dans sa manière de m'interroger sur mes goûts et mes plaisirs, j'ai pris mon ouvrage pour rompre la conversation ; mais elle paraissait décidée à me faire la cour. Elle a rapproché sa chaise de la mienne, et, regardant mon crochet, elle m'a demandé si je savais faire un certain point que je ne connaissais pas. Elle a pris ma soie et une moule pour me l'enseigner, louant avec exagération l'adresse avec laquelle j'apprenais à le faire. Pendant qu'elle démontrait, je m'avisai de regarder ses bracelets. Elle me les passa tous dans les bras, disant que je me verrais mieux. Je me suis laissé faire, comptant les lui rendre, et pensant qu'elle me prenait pour un joujou. Comme cette dame est assez potelée, j'avais de ses bracelets jusqu'au coude.

Nous étions dans cette espèce de camaraderie improvisée, quand on a demandé mon parrain pour la seconde fois. Il est sorti et est rentré avec un beau et jeune homme qu'on a appelé plusieurs fois, par mégarde, je pense, monsieur le duc. Son premier mouvement a été de saluer mamita et bonne maman, auxquelles il a baisé la main. Puis, apercevant sa femme qu'apparemment il ne s'attendait pas à trouver là, il a fait une exclamation de surprise et a paru embarrassé. Je ne suis pourtant pas sûre que tout cela ne soit pas une comédie. Est-ce pour moi qu'elle a été jouée ? Je ne comprends pas pourquoi.

La duchesse, après lui avoir tendu la main, qu'il a reçue presque à genoux, ce qui m'a encore étonnée passablement, me l'a présenté comme son mari, en ajoutant que, lui aussi, avait connu mes parents et prenait à moi un grand intérêt. Puis, comme le duc me saluait et me regardait d'un air attendri, elle m'a poussée vers lui en me disant de l'embrasser. J'ai rougi beaucoup. Je n'ai pas l'habitude d'embrasser les hommes, et mon parrain m'a bien fait sentir que je n'étais plus assez petite fille pour prendre cette familiarité, même avec lui.

Le duc, qui paraissait plus troublé que moi, a pris mes deux mains dans les siennes et les a portées à ses lèvres en me disant :

— Ma chère miss Hartwell, j'ai l'âge qu'aurait votre père et j'ai été son ami. J'ai peut-être le droit de vous donner la bénédiction qu'il vous donnerait en vous voyant si charmante et si intéressante. Mais je veux vous inspirer de la confiance avant de vous demander un peu d'amitié. Les présentations solennelles sont toujours gênantes à votre âge : permettez-moi de causer avec vous, et faites-moi taire si je vous importune.

Je me suis sentie tout à coup si à l'aise et si complètement gagnée, que j'ai regretté de ne pas l'avoir embrassé. Il ne m'aurait pas repoussée comme fait mon parrain, lui !

Mamita nous a aidés à nous mettre en rapport plus vite, en lui disant, avec une modestie maternelle, que je comprenais l'espagnol. Quand sa femme et lui ont vu que je parlais leur langue tout aussi bien qu'eux, et comme si c'était la mienne propre, ils ont fait des cris d'admiration et ont béni mamita sur tous les tons pour l'excellente éducation qu'elle m'a donnée. J'ai un peu souri de cet orgueil national et leur ai recommandé de ne pas dire trop de mal de mamita devant elle, en espagnol, vu qu'elle le comprenait tout aussi bien que moi. Mamita s'est obstinée à leur répondre en français, prétendant qu'elle ne voulait pas leur fatiguer l'oreille par une prononciation défectueuse, et qu'elle ne connaissait un peu la langue que pour m'avoir entendue prendre mes leçons avec mon parrain.

Dans le fait, je crois que mamita faisait là un acte de respect envers sa mère, qui n'entend pas cette langue, et, profitant de l'exemple, voulant paraître aussi une bonne fille bien élevée, j'ai reparlé français tout le reste de la soirée. Vraiment, je me suis senti beaucoup d'amour-propre devant ce duc, qui me plaît à la folie. J'ai très-bien joué du piano et très-joliment chanté en espagnol devant lui. Pour un peu, j'aurais dansé le boléro, que j'ai appris toute seule, en secret, devant la psyché de ma chambre, après l'avoir vu danser à Fanny Elssler. Je sais bien que je le danse, sinon mieux qu'elle, du moins plus dans le vrai caractère.

Le duc était enchanté de moi, et sa femme aussi. Il n'y a pas d'éloges qu'ils n'aient faits de moi à mamita, à tel point qu'elle les a priés de ne pas me gâter.

— Elle a trop de bon sens pour être vaine, leur a-t-elle dit. Dites-lui surtout de continuer à être modeste ; cela vaudra encore mieux que tous ses petits talents et toutes ses gentillesses.

Elle disait cela pour moi, cette bonne mère ; mais, au fond, elle était très-fière de mon succès devant ces étrangers, je le voyais bien. Quand ils ont pris congé, comme ils ne parlaient pas de revenir, j'ai cédé à un élan qui m'est venu de dire au duc :

— Eh bien, est-ce que nous ne nous reverrons pas ?

— Vous le voyez, a-t-il dit à mamita en me pressant un peu sur son cœur, nous sommes déjà si bons amis, que nous avons de la peine à nous quitter, et que me voici tout à fait triste et malheureux si vous ne permettez à la duchesse et à moi de revenir.

Mamita a dit qu'elle comptait bien qu'ils reviendraient souvent. J'ai voulu alors remettre tous les bracelets à la duchesse ; mais elle m'a priée de les garder, et, comme mamita objectait que j'étais trop jeune pour tant de luxe, elle a dit qu'elle reviendrait les chercher et qu'elle désirait qu'ils me fissent penser à elle en attendant. Je vois bien qu'elle veut me donner tout cela. C'est insensé ! il y en a pour une somme folle ; j'ai été étourdie d'un pareil cadeau. Mamita a dit, quand nous avons été seules avec mon parrain, que, si on insistait, je n'aurais pas bonne grâce à refuser ; alors je me suis vue à la tête de tant de bracelets, que, pendant un moment, je les ai examinés les uns après les autres, comme une enfant que je suis.

Hélas ! mon parrain est bien cruel pour moi ! tantôt il me reproche de faire la demoiselle, et tantôt de n'être qu'une morveuse. Que veut-il donc que je sois ? On m'a aidée et poussée à faire des progrès qui, je le vois bien, dépassent la portée de mon âge en bien des choses, et, si je m'abandonne à mes idées, il me faut taire ou me rembarre ; si je redeviens enfant pour m'amuser à des hochets, il me prend en pitié !

Il ne m'a pourtant pas chapitrée ce soir ; mais, mamita ayant essayé de savoir si ces personnes m'étaient également sympathiques, comme j'hésitais un peu avant de répondre, il a dit, lui, d'un ton moqueur :

— Bah ! croyez-vous qu'elle puisse songer, ce soir, à autre chose que ses bracelets ?

J'ai eu alors du dépit, et, n'hésitant plus à me prononcer, j'ai dit que tous les bracelets du monde ne m'empêcheraient pas de juger que la duchesse était une bonne femme un peu commère, et le duc un homme presque aussi parfait que mon parrain, mais beaucoup plus indulgent pour moi.

Cette réponse a paru étonner mamita, qui a, certes, une grande affection et même de l'estime pour mon parrain. Elle a failli me contredire ; puis elle s'est arrêtée, et, sans prendre note de mon reproche, elle a fait l'éloge du duc. J'ai demandé son nom ; mamita a paru hésiter ; mon parrain s'est hâté de dire :

— Jusqu'à nouvel ordre, il n'a pas de nom ici. Des raisons de famille l'obligent à y venir incognito.

Il a fallu me payer de cette réponse. Mon parrain, qui demeure un peu loin d'ici, nous a souhaité le bonsoir, et, moi, me sentant le cœur très-gros de son air toujours froid et dur avec moi, j'ai été me coucher. Mais, loin d'avoir envie de dormir, voilà que je griffonne encore dans mon lit à une heure du matin.

Mon Dieu ! à quoi cela me sert-il ? Cela ne me soulage pas. Si je lui écrivais, à lui, ce serait différent ; mais il se moquerait de moi, et pourtant il me semble que je saurais lui faire par écrit des reproches mieux tournés que je ne peux les dire.

Allons, allons ! qu'ai-je besoin de penser toujours à lui ? C'est un homme bizarre ; personne ne le croit ; mais, moi, je le sais. Je sais que sa bienveillance, son grand esprit, sa tolérance, son savoir-vivre, ne l'empêchent pas d'avoir des manies, des grippes, et que je suis l'objet d'une des mieux conditionnées. Pourquoi moi, hélas ! moi qu'il aimait tant quand j'étais petite ! moi qu'il faisait sauter sur ses genoux avec tant d'amour ! moi qu'il a pris ensuite tant de soin à instruire et à qui il parlait toujours comme un père à sa fille ! moi à qui il écrivait, durant son grand voyage, des lettres si bonnes ? Il m'a revue, et, dès le premier jour, j'ai senti que je ne lui plaisais plus ; qu'il me regardait avec curiosité, avec ironie, avec aversion !... Oui, c'est de la haine qu'il a pour moi maintenant !

Comment ai-je pu mériter cela, moi qui fais tous mes efforts pour corriger en moi ce qu'il blâme, moi qui renonce si courageusement à tous les amusements qui lui déplaisent ? Avant-hier encore, j'avais envie d'aller à l'Opéra. Nous n'y allons pas trois fois pas an. Mamita y consentait. C'était pour entendre *Guillaume Tell !* Il a dit qu'il valait mieux, à mon âge, entendre de la musique au Conservatoire, et surtout apprendre à lire soi-même, que de se brûler les yeux et de se blaser les oreilles au théâtre. J'avais envie de pleurer, j'aime tant le spectacle ! L'effort que je fais pour cacher le plaisir que j'y goûte me donne chaque fois la fièvre. Eh bien, je me suis soumise sans raisonner, j'ai renfoncé mes larmes, et il ne m'en a pas su le moindre gré. Ah ! je suis bien malheureuse !

Deux heures du matin.

Je pleure et je m'agite sans pouvoir dormir. J'aime autant me mettre à écrire que de me battre comme cela avec mes idées noires. Qu'est-ce que j'ai donc, mon Dieu ? et pourquoi suis-je si sensible à l'indifférence d'un homme qui, après tout, n'est pas mon père et n'est peut-être pas seulement mon tuteur ? Mon ami, mon protecteur véritable, c'est probablement le duc qui est venu hier au soir et qui paraît si bon. Il paraît aussi plus jeune, et il est certainement plus beau que M. Stéphen. J'ai fait tout mon possible pour lui plaire, et j'y ai réussi. Sa femme lui a dit en espagnol, avant qu'elle sût que j'entendais cette langue, qu'elle me trouvait jolie, *jolie comme un démon* ; il a répondu :

— Non ! jolie comme vous, *jolie comme un ange*.

Je suis donc jolie, enfin ? Pourquoi mon parrain me trouve-t-il laide ? Il n'est pas comme mamita, qui m'admire en moi ! Décidément, je ne veux plus l'aimer. Je veux penser à mon cher duc. Qui sait — une idée folle ! — si ce n'est pas lui qui est mon père ? Non, c'est impossible ; sa femme n'est pas ma mère, je le sais bien, et, d'ailleurs, ma mère est morte. Mais il pourrait avoir été marié deux fois... Alors pourquoi me cacherait-il que je suis sa fille ? Ah ! peut-être que cette belle dame qu'il a épousée en secondes noces n'a pas voulu qu'il m'élevât dans sa maison. Elle a sans doute d'autres enfants, et elle est jalouse de moi. A présent, elle se sera repentie de sa cruauté et elle vient pour me consoler, en attendant qu'elle me permette de rentrer dans la maison paternelle ! Oui, voilà enfin une supposition assez vraisemblable, après toutes celles que j'ai déjà faites et qui se sont trouvées absurdes. Il est certain que mon père est vivant, parce que mamita, qui ne sait pas, qui ne peut pas mentir, ne m'a jamais dit avec insistance ni avec assurance qu'il fût mort.

Et tous ces cadeaux que je reçois chaque année pour mes étrennes et le jour de ma naissance ? C'est sans doute la duchesse qui me les envoyait pour me dédommager de m'avoir privée des caresses de mon père.

La rêverie, le sommeil ou les larmes avaient interrompu le journal de Morenita ; elle ne le reprit pas les jours suivants. Elle fut assez sérieusement indisposée.

Cette jeune fille éprouvait pour Stéphen une passion naissante dont le début s'annonçait avec la violence qu'elle portait dans tous ses engouements. Mais, malgré la précocité de son développement physique, élevée par madame de Saule, elle avait encore toute l'ignorance de son âge, et donnait encore le nom de tendresse filiale à ce sentiment qui l'agitait.

Stéphen vit le danger, non pas de se laisser séduire un seul instant par tant de beauté, d'innocence, de jeunesse et de flamme, mais celui de laisser croître dans ce pauvre cœur un mal incurable. D'abord il ne crut pas ce mal aussi sérieux qu'il l'était ; mais il vit des progrès si rapides, qu'il en fut effrayé, et pensa sérieusement au moyen de le conjurer.

Les affectations de froideur et d'éloignement amenant une sorte de désespoir chez sa pauvre filleule, il essaya d'un autre système, celui de la douceur et de la bonté. Mais, dès le premier jour, il dut y renoncer entièrement : l'effet était pire. Morenita arrivait à une joie délirante ; elle lui baisait les mains avec ardeur, et, dès qu'il voulait lui persuader de contenir son émotion, elle l'accablait de reproches d'une véhémence incompréhensible. L'orage de la passion bouleversait cette jeune tête. Elle semblait commencer à comprendre ce qu'elle éprouvait et avoir déjà perdu la force d'en rougir et d'y résister.

Stéphen se résolut, ou plutôt fut entraîné fatalement à lui faire un aveu terrible pour elle, hasardé pour lui et pour Anicée ; car c'était la révélation d'un secret que Morenita n'aurait peut-être pas la prudence de garder et d'où dépendait encore le repos de la famille.

— Mon enfant, lui dit-il un soir qu'elle était presque folle et le menaçait de mourir de chagrin s'il ne promettait de l'aimer comme elle l'aimait, *plus que tout le monde*, ce que vous me demandez là est tout à fait impossible. Il est une personne que j'aime et que j'aimerai toujours plus que vous, parce que je l'ai aimée avant vous.

— Je sais qui, s'écria l'enfant avec des yeux ardents de colère, c'est mamita ! Vous allez me dire qu'elle le mérite mieux que moi, je ne dis pas le contraire ; mais vous n'en êtes pas moins injuste de me la préférer, car elle n'a pas besoin que vous l'aimiez tant ; elle vous aime avec piété, et, moi, je vous aime avec rage !

— Qu'en savez-vous, Morenita ? reprit Stéphen stupéfait de ce mélange d'audace et d'innocence, de ces paroles insensées avec une ignorance si complète de leur portée. Savez-vous que, pour aimer parfaitement, il faut être trois fois éprouvé, trois fois mis devant Dieu, et que cela n'est pas donné aux enfants terribles comme vous, qui veulent tout dominer, tout accaparer, tout briser autour d'eux ? Et que m'importe que vous m'aimiez avec rage, comme vous dites, à moi qui suis aimé avec religion ?

— Eh bien, non ! s'écria Morenita, pleine de l'amer triomphe d'une vengeance de femme déjà bien sentie, vous n'êtes pas aimé avec religion ; et, comme mamita est la vertu même, elle ne vous aime pas du tout.

— Qu'est-ce que cela signifie ? demanda Stéphen l'examinant avec surprise et méfiance.

— Cela signifie, répondit Morenita, que, si maman vous aimait comme vous dites, elle vous aurait épousé. Eh bien, quoique je sois une petite fille, je sais qu'on ne doit pas trop aimer un homme dont on ne veut pas, ou dont on ne peut pas faire son mari.

— Alors, ne m'aimez pas trop, Morenita, dit Stéphen avec un sourire de pitié ; car je ne peux ni ne veux être le vôtre. Puisque vous savez tant de choses et faites de si beaux raisonnements, vous auriez dû vous dire cela avant de m'aimer *à la rage*.

— Est-ce donc que vous êtes le mari de mamita ? s'écria la petite fille frappée de terreur.

Et, se levant, elle ajouta avec une énergie mêlée d'une grandeur extraordinaire :

— Si je le croyais, je demanderais pardon à Dieu de tout ce que j'ai osé dire et penser.

— Eh bien, je suis le mari de mamita, répondit Stéphen gagné par la solennité que prenait cet entretien, un entretien terrible, bizarre, et qui, certes, ne pouvait pas se renouveler.

— Le monde l'ignore, ajouta-t-il ; mais nos amis, nos serviteurs le savent.

Il allait lui expliquer par quelles circonstances étranges et cruelles il avait été forcé de tenir son mariage secret jusqu'à ce jour ; mais Morenita ne l'entendait plus : elle était tombée sur un fauteuil, elle était évanouie.

Stéphen, qui avait réussi à cacher à sa femme la cause des bizarreries de leur fille adoptive, et qui avait choisi pour cette conversation avec elle un jour où Anicée était sortie avec sa mère, secourut l'enfant sans vouloir appeler les domestiques. Elle n'eut pas une larme, pas une plainte, pas une réflexion, et se renferma dans un morne silence. Il essaya alors de lui raconter succinctement sa vie, et comment Julien, le frère d'Anicée, avait failli périr dans un duel qui avait été la cause involontaire et fatale. Le jeune homme n'avait pu entendre dire que sa sœur allait faire, à trente ans, une folie et une mésalliance inouïe ; lui qui ne croyait pas à l'amour d'Anicée et de Stéphen, et qui n'y eût rien compris, il avait soufflé un de ceux qui se livraient à ces commentaires et qui répandaient dans son monde de sanglantes critiques sur l'absurde passion de sa sœur, sur l'hypocrite ambition de Stéphen, sur la tolérance philosophique de la mère. Il s'était battu, il avait été grièvement blessé. On l'avait sauvé à grand'peine ; mais cette catastrophe avait rendu impossible un mariage officiel qui, chaque jour, eût exposé Julien à des périls semblables ; car il persistait à *estimer* Stéphen et à croire sa sœur *innocente* de la fantaisie qu'on lui attribuait.

Devant de tels obstacles, il avait fallu tromper ce monde injuste et méchant, ce frère généreux mais obstiné dans ses préjugés. Stéphen et Anicée s'étaient mariés en pays étranger, sous les yeux de madame Marange et du chevalier de Valestroit, lequel était mort peu de temps après. Roque, Clet, Schwartz et les vieux domestiques avaient gardé fidèlement le secret de cette union. Julien s'était marié aussi. Il habitait le midi de la France. Il témoignait toujours la plus vive affection à sa sœur, la plus haute estime à Stéphen, et commençait à leur écrire que, toute réflexion faite, il regrettait qu'ils ne fussent pas unis. Le monde aussi commençait à dire la même chose. C'est que Stéphen avait conquis l'admiration de tous par des travaux d'un mérite reconnu, par une attitude constamment digne, par une conduite toujours noble et généreuse. Il allait publier la relation de son voyage scientifique. Si un succès sérieux couronnait l'œuvre de sa vie, il espérait pouvoir bientôt déclarer son mariage, apporter à sa femme autant d'honneur qu'il lui eût attiré de blâme et d'ironie en agissant prématurément.

Mais, quelque liberté que cette déclaration dût apporter dans leurs relations officielles, Stéphen, satisfait d'être légitimement et indissolublement uni à la seule femme qu'il eût jamais aimée, fier de pouvoir enfin lui donner le nom que sa mère avait porté, était décidé cependant à ne pas faire régulariser son mariage par les lois civiles de la France. N'ayant pas d'enfants, cette régularisation ne pouvait servir qu'à lui assurer la jouissance des biens de sa femme, et c'est à quoi il ne voulait jamais descendre. Anicée elle-même eût rougi de l'y faire songer. Stéphen était par lui-même riche au delà de ses besoins, qui étaient restés fort simples. Il aimait à habiter, en Berry, la maison de sa mère, et, à Paris, un modeste appartement où il pouvait recevoir ses amis sans être forcé de les éblouir d'un luxe qui n'eût pas été sien. D'ailleurs, il avait pris une si douce habitude de se regarder comme l'amant de sa femme, ils étaient si sûrs l'un de l'autre, la séparation de chaque jour rendait la réunion de chaque lendemain si douce, le mystère redore d'une si douce chasteté les relations trop souvent indiscrètes du mariage, il écarte si absolument les commentaires grossiers par lesquels beaucoup de gens se plaisent à en avilir la sainteté, que les heureux époux ne se sentaient nullement pressés de modifier le tranquille et solide arrangement de leur vie.

## VII

De tout ce que nous venons de dire au lecteur, Stéphen ne dit à Morenita que ce qu'elle devait savoir et pouvait comprendre : la différence des fortunes entre Anicée et lui, les préventions impitoyables du monde, la résistance déjà presque vaincue de Julien, les efforts que Stéphen avait dû faire pour mériter, par le talent, la science et la conduite, l'honneur d'appartenir à une femme comme Anicée, le désir qu'il avait de prolonger encore le temps de son épreuve, afin d'être complétement digne de se déclarer son protecteur et son protégé. Morenita écouta cette explication d'un air calme.

— C'est bien, dit-elle quand Stéphen eut tout dit. Vous ne me méprisez pas assez, j'espère, pour craindre que je trahisse jamais le secret de ma mère. Veuillez oublier ma folie ; moi, je jure qu'elle est passée. J'ai fait un rêve, j'ai été malade, voilà tout ; je sens que je mourrais si quelqu'un me le rappelait. J'ose croire que personne au monde ne me causera cette humiliation.

Morenita parut très-satisfaite et presque consolée d'apprendre que mamita n'avait pas eu le moindre soupçon de son égarement, et que madame Marange n'avait jamais semblé s'en apercevoir. Elle s'en était aperçue cependant, cette femme pénétrante et sage ; mais, n'ayant pas le moindre doute sur la prudence de son gendre, elle s'était tue, comptant bien qu'il trouverait le remède.

Stéphen, voyant sa filleule calmée et en apparence très-raisonnable, lui témoigna de l'amitié et s'efforça, avec un enjouement tout paternel, de lui persuader qu'elle s'était absolument trompée sur le sentiment qu'elle éprouvait pour lui. Il feignait de n'avoir jamais cru qu'à un mouvement filial exprimé avec l'exaltation d'une tête vive. Mais Morenita l'interrompit, et, prenant tout à coup l'attitude d'une femme fière et forte :

— Taisez-vous, lui dit-elle ; vous ne me connaissez pas, vous ne me comprendrez jamais, ni les uns ni les autres. Ce que je suis, Dieu seul le sait, et l'avenir me le révélera à moi-même !

Elle se leva et sortit. Stéphen fut un peu inquiet de son air froid et sombre ; il alla dire à la vieille bonne qui l'avait élevée qu'elle paraissait souffrante, et l'engagea à la surveiller.

Morenita se voyant observée, fit un effort héroïque pour cacher sa souffrance et feignit de s'endormir avec calme. Mais, au milieu de la nuit, elle eut un violent accès de fièvre, et Anicée aussi éveillée en sursaut par ses cris.

Morenita fut malade pendant quelques jours. Roque, qui voyait partout des cas de la maladie qu'il était en train d'étudier particulièrement, prononça le mot de *méningite* et voulut traiter la petite fille comme pour une fièvre cérébrale. Heureusement, Stéphen, qui ne vit là qu'une irritation nerveuse, s'opposa aux saignées et conseilla des calmants. Au bout de la semaine, la malade était guérie.

Le duc et la duchesse vinrent la voir pendant et après sa courte maladie. La sollicitude qu'ils lui témoignèrent parut soulager et consoler beaucoup Morenita, dont l'accablement moral était extrême, et qui parut enfin reprendre la volonté de vivre. Cette enfant, au milieu de ses souffrances, avait montré à Stéphen une sorte de courage sombre et soutenu. Pas un mot de sa bouche, pas une expression de son visage n'avait trahi le secret de son âme, même dans quelques moments de délire que lui avait donnés la fièvre. Elle avait pris une résolution inébranlable.

Un jour, Morenita reçut une lettre ainsi conçue, qui se trouva dans un envoi de fleurs de la duchesse :

« Si vous voulez savoir tous les secrets qui vous concernent, et que jamais ni le duc, ni sa femme, ni votre mamita, ni son mari ne vous révéleront, donnez un rendez-vous à la personne qui vous écrit ces lignes à l'insu de tous, et qui ira prendre votre réponse, cette nuit, dans la branche du sapin qui dépasse, en dehors, la crête du mur de votre jardin. Il n'y en a qu'une. »

Morenita, chose étrange à son âge et avec l'éducation qu'elle avait reçue, n'hésita pas un instant sur ce qu'elle voulait faire. La nature, si longtemps et si patiemment combattue en elle par les exemples et les leçons d'Anicée, reprenait tous ses droits sur cette organisation inquiète, téméraire et aventureuse. Rien ne peignait mieux la situation de ces deux femmes que le mot vulgaire du vieux Schwartz, lorsqu'il parlait d'elles avec Stéphen :

— C'est une poule, disait-il, qui a couvé un œuf de canard ; et ce canard sauvage, encore !

En effet, le moment approchait où la pauvre poule, éperdue sur la rive, allait voir la progéniture étrangère se lancer dans la première eau courante qui tenterait son insurmontable instinct.

Morenita prit le costume qu'on lui avait fait faire pour ses leçons de gymnastique, leçons qui, par parenthèse, n'avaient pas atteint leur but, qui était de la faire grandir. Elle attendit l'heure où son parrain était parti, et où tout le monde était endormi. Elle s'enveloppa de la pelisse fourrée, se glissa dans le jardin, gagna le mur, grimpa lestement dans le sapin jusqu'à la branche indiquée, et attendit résolûment l'aventure.

De l'autre côté de cette muraille, médiocrement élevée, s'étendait le jardin petit et touffu d'une maison voisine. L'appartement du rez-de-chaussée d'où ce jardin dépendait n'était pas loué. Morenita, sans faire semblant de rien, s'était assurée de ces détails dans la soirée.

Au bout d'une heure d'attente, elle entendit s'agiter les branches d'un autre massif d'arbres dont les cimes se confondaient avec celles du jardin d'Anicée. On posa contre le mur une échelle où l'on monta avec précaution. La nuit était tiède et voilée de nuages. L'ombrage épais du double massif que séparait le mur mitoyen rendait l'obscurité presque complète en cet endroit.

Morenita, tapie dans son arbre, tout près de la tige, sentit s'agiter la branche qu'elle surveillait. Il n'y avait pas un souffle

de vent ; elle reconnut qu'on interrogeait l'extrémité de cette branche pour y trouver la réponse qu'on lui avait demandée ; alors elle retira brusquement la branche vers elle, en disant :
— Écoutez !

Le premier mouvement de la personne qui venait ainsi fut de fuir. Mais, Morenita ayant répété de sa voix douce et enfantine : *Écoutez !* on se rassura, on se rapprocha, et une tête d'homme se montra au-dessus du mur.

— Écoutez ! dit Morenita pour la troisième fois, et ne bougez pas. Il n'y a pas de lettre, et c'est moi en personne qui suis là pour entendre ce que vous avez à me dire.

— Merci pour cette confiance, répondit en espagnol une voix d'homme, plus douce que celle de nos climats, et d'une fraîcheur harmonieuse, qui sembla être à Morenita l'écho renforcé de la sienne propre.

— Ne comptez pas trop là-dessus, reprit-elle ; je ne sais pas qui vous êtes, et, avant tout, je veux le savoir. Ce n'est pas que je vous craigne : la branche qui nous sert de conducteur ne pourrait pas vous porter, et je serais à la maison avant que vous eussiez franchi le mur. Je n'ai là qu'un coup de sonnette à donner pour réveiller tout le monde ; je crierais au voleur, et alors gare à vous !

— Je vois, Morenita, que je m'étais trompé, répondit la voix ; vous vous méfiez de moi. Un autre à ma place s'en affligerait ; moi, je m'en réjouis et vous en félicite. Voulez-vous savoir pourquoi ?

— Oui, quand vous aurez dit qui vous êtes.

— Un seul mot répondra aux deux questions : Morenita, je suis ton frère !

— Oh ! mon Dieu, est-ce vrai ? s'écria l'enfant crédule. Oh ! que je voudrais vous voir !

— C'est bien facile, répondit l'inconnu, qui était à cheval sur le mur ; je vais vous passer mon échelle, qui est fort légère. Nous irons dans l'appartement de notre frère, le portier, qui me connaît et qui a confiance en moi, m'a remis les clefs.

— Non, non, dit Morenita en se ravisant. Ce serait mal.

— Mal ! reprit le jeune homme. Un frère et une sœur ?

— Et qui me prouve que vous dîtes la vérité ? Voyons, êtes-vous noir comme moi ?

— Plus noir que vous.

— Alors vous êtes d'origine indienne ?

— Précisément.

— Il me semble que votre voix ressemble à la mienne et qu'elle m'est connue, comme si ce n'était pas la première fois que je l'entends.

— C'est pourtant la première fois que je vous parle, et comme vous ne pouvez pas vous souvenir du jour de votre naissance, c'est la première fois que vous me voyez.

— C'est-à-dire, observa Morenita en riant, que je ne vous vois pas du tout. Est-ce que vous me voyez, vous ?

— Pas distinctement. Mais je vous ai vue plusieurs fois à votre insu.

— Vous vous intéressez donc un peu à moi ?

— Je vous aime de toutes les puissances de mon âme, s'écria-t-il, parce que vous êtes belle comme la Vierge d'Égypte... et parce que tu es ma sœur ! ajouta-t-il avec une tendresse presque aussi passionnée que son exclamation.

Un charme inconnu pénétra dans l'âme incertaine de Morenita. Elle qui avait tant envie de se savoir belle, elle s'entendait louer par cette voix mystérieuse qui avait les accents de l'amour et dont elle ne pouvait se méfier, si c'était, en effet, celle d'un frère. Agitée, curieuse, elle s'écria :

— Je veux vous voir ! Je saurai bien si nous nous ressemblons, et si la voix du sang parle à mon cœur. Mais je ne sortirai pas du jardin de maman. Si elle s'éveillait, si elle ne me trouvait plus dans ma chambre et dans le jardin, elle en mourrait de peur et de chagrin. Voyons, il y a chez nous, tout près d'ici, un pavillon inhabité ; je vais chercher la clef et de quoi allumer les bougies. Attendez-moi.

Elle retourna à la maison, s'assura que tout y était tranquille, prit une petite lanterne sourde, les clefs du pavillon et s'y rendit, afin que la porte fût ouverte au moment où elle y introduirait son prétendu frère. Il y était déjà, car il paraissait connaître parfaitement les localités, et ils entrèrent ensemble. Morenita tremblait. L'inconnu paraissait fort à l'aise, et son premier soin fut d'allumer les bougies comme un homme très-avide de se montrer et très-sûr d'être admiré.

C'était, en effet, le plus charmant garçon de vingt-quatre ans qui existât peut-être au monde. Sans ressembler à Morenita, il avait avec elle des similitudes de race qui devaient la frapper. Comme elle, il était frêle et d'une petite stature qui, par l'élégance rare de ses proportions, était l'idée d'une organisation choisie et faisait un charme de ce qui eût semblé pauvre dans celle d'un Européen. Il était franchement bronzé, mais d'un ton si fin, si ambré, si uni, que sa peau semblait transparente. Tous ses traits étaient d'une perfection délicate. Une barbe fort mince qui ne devait jamais épaissir, mais dont la finesse et le noir d'ébène encadraient avec bonheur sa bouche mobile et ses dents éblouissantes ; une chevelure crépue mais semblait abondante par le mouvement naturel de sa masse légère, un regard dont la hardiesse paraissait brûlante, des pieds et des mains d'une petitesse et d'une beauté de forme incomparables, une voix suave comme la plus douce brise, une prononciation mélodieuse dans toutes les langues : tel était succinctement le gitanillo.

Morenita fut éblouie de cette beauté de type qui répondait si complètement à l'idéal dont le moule, si l'on peut dire ainsi, était dans son imagination. Elle crut se voir elle-même sous une forme nouvelle, et, jetant un cri de surprise :

— Oh ! oui, dit-elle, tu es mon frère, je le vois bien, et il y a en moi quelque chose qui me le dit.

— Eh bien, laisse-moi donc embrasser ma sœur ! s'écria le jeune homme en la pressant sur son cœur avec une effusion que Morenita crut chaste, et qui cependant l'effraya.

Elle rougit et détourna la tête ; le gitano ne put qu'effleurer les tresses noires de sa chevelure.

Se ravisant aussitôt, et craignant de se trahir, il reprit le calme attendri qui convenait à son rôle et raconta à Morenita tout ce qu'elle ignorait de sa propre histoire. Il ne lui cacha qu'une chose : c'est qu'il n'était pas son frère.

Ce récit bouleversa Morenita ; elle ne le comprit qu'à moitié. Elle était si simple, au milieu de la témérité de sa conduite, qu'elle ne savait pas qu'on pût être la fille d'un homme marié avec une autre femme et d'une femme mariée avec un autre homme. Ses questions enfantines ne point firent éclater de rire le gitanillo, dont la délicatesse de sentiments n'était pas excessive. Cette gaieté, à propos d'une chose qui lui semblait si sérieuse, étonna Morenita, la fâcha et la troubla intérieurement, sans qu'elle sût pourquoi.

Rosario, qui tenait à gagner sa confiance, et chez qui la ruse pouvait se prêter à tout, reprit des manières plus graves ; il essaya de lui dire qu'il y avait, en dehors des lois humaines, des mariages que Dieu ne maudissait pas toujours.

— Tenez, s'écria la pauvre enfant, humiliée instinctivement, si ces mariages-là sont criminels, ne me dîtes plus rien ! Ne me forcez pas à blâmer mon père et ma mère !

Puis, réfléchissant malgré elle, elle ajouta tristement :

— Oui, je le vois bien, se marier avec une personne, quand on l'est déjà avec une autre, c'est mal : on la trompe, on désobéit non-seulement aux lois faites par les hommes, mais encore à Dieu, par qui on a juré de n'avoir pas d'autre amitié. Voilà, du moins, ce qu'on m'a enseigné, et ce que je crois ; et, puisque mon père rougirait de moi au point de ne pas vouloir que je sache qui je suis, puisqu'il m'a cachée si longtemps à sa femme, et paraît décidé à me cacher au monde, c'est que ma naissance est une honte pour lui, et que je suis, moi, un être méprisable et méprisé !

— Non, ma sœur, répondit Rosario, les enfants sont innocents de la faute de leurs parents.

— Vous avouez donc que c'est une faute ? reprit-elle avec vivacité. Allons, je comprends tout maintenant ! Mon père a eu deux femmes, ma mère a eu deux maris. Ma pauvre mère en est morte de chagrin en me mettant au monde ; je ne puis que la plaindre et prier pour elle !

Ici, Morenita, gagnée par une émotion soudaine, fondit en larmes sans trop se rendre compte de ce qu'elle éprouvait et de ce qu'elle disait ; puis, elle se calma brusquement en ajoutant :

— Mais mon père est bien coupable, lui, puisqu'il l'a abandonnée à son malheur, à son repentir, à la pitié d'autrui. Pauvre femme ! être réniyoée, oubliée, méprisée même parce qu'elle n'était pas noble, parce qu'elle était pauvre ! Pourquoi l'avoir aimée, si elle n'était pas digne de lui ? Ah ! tenez, vous m'avez fait bien du mal ! vous m'avez fait maudire mon père !

Elle pleura encore beaucoup ; puis, passant à un sentiment contraire, elle s'effraya de ce qu'elle pensait et supplia Rosario d'oublier ce qu'elle venait de lui dire. Elle chercha des raisons pour excuser le duc de Florès, elle s'efforça d'en trouver pour le respecter et pour l'aimer encore. Mais ces révélations, trop fortes pour son âge et très-dangereuses pour un caractère comme le sien, jetèrent un si grand trouble dans son âme et une si grande confusion dans ses idées, que Rosario, qui n'avait rien su prévoir de tout cela, se repentit d'avoir été si vite.

Il faisait son possible pour la consoler, elle ne l'écoutait guère. Tout d'un coup, ses idées prirent un autre cours.

— Vous dîtes que nous sommes gitanos ? s'écria-t-elle. Qu'est-ce donc que cette race maudite ? J'en ai entendu parler quelquefois. Je crois que j'ai vu passer de ces gens qu'on appelle en France des bohémiens. Ils étaient laids, sales, misérables, affreux! Ah! oui, je me rappelle tout! Un soir, M. Roque (vous dites que vous le connaissez) a parlé longuement devant moi de cette tribu vagabonde : c'est bien là M. Roque ! Le savant qui ne se rappelle rien quand il disserte! A présent, je me souviens, moi, et je comprends pourquoi mamita voulait toujours changer la conversation, pourquoi sa mère toussait pour l'interrompre. Tout cela m'étonnait. Mon parrain n'était pas là; M. Clet prenait la défense des pauvres gitanos, et surtout des *charmantes filles de la bohème*, comme il disait. Et il me regardait; je prenais note de tout cela, et pourtant je ne comprenais pas. J'étais donc stupide? M. Roque disait que nous faisions pitié et dégoût dans toute l'Europe, mais qu'en Espagne surtout, on allait jusqu'à l'horreur et au mépris; ce qui n'empêchait pas que les belles gitanillas ne plussent aux hommes. Elles allumaient parfois des passions. Là-dessus, oui, je crois le voir encore, il s'est arrêté court; ses yeux se sont portés et fixés sur moi d'une manière si étrange, que je me suis mise à rire de sa figure, comme une enfant que je suis, une enfant qui ne comprend rien, qui ne devine rien. Il s'apercevait enfin que j'étais là, moi, et que j'étais une bohémienne !

En parlant ainsi avec feu, Morenita, exaltée et désespérée, cacha sa figure dans ses mains, et, oubliant ce jeune frère qu'elle avait été si curieuse de voir et si ravie de trouver charmant, elle se mit à penser à Stéphen, qu'elle aimait, à qui elle s'était sentie si violemment désireuse de plaire, et qui l'avait tirée du bourbier de la bohème, ramassée pour ainsi dire au coin de la borne et débarrassée de ses haillons pour la mettre dans son mouchoir, comme un pauvre animal perdu qu'on trouve sous ses pieds, et à qui l'on prend fantaisie de conserver l'existence. L'orgueil de Morenita se révoltait contre la découverte de ces faits trop réels, dont le gitanillo ne lui avait sauvé aucun détail. Elle se sentait humiliée jusqu'à la moelle de ses os, elle qui, dans ses rêves romanesques, avait été jusqu'à se croire appelée à hériter de quelque archipel fantastique découvert par Stéphen.

Elle ne pleurait plus, mais elle tordait ses mains avec désespoir et ne songeait plus à son frère, qui l'examinait avec stupeur. Il l'arracha enfin à cette sombre méditation en l'entourant de ses bras et en l'appelant sa sœur.

— Ta sœur? dit Morenita en le repoussant avec amertume. Toi, enfant de la nuit, noir comme elle, beau comme une étoile, j'en conviens, mais haï et redouté de ceux qui se disent les fils de la lumière! Eh bien, oui, nous sommes frères, il le faut bien! Nous portons tous les deux au front le sceau de notre abjection, et, si on ne nous eût élevés par charité, nous irions par les rues demander l'aumône ou errer avec les chiens perdus des carrefours! Ah! vraiment, je suis une belle miss Hartwell! c'était bien la peine de me donner tant de talents et de me façonner aux manières du grand monde! Voilà ce que je suis, moi, une bohémienne! Ah! maudits soient les insensés qui se sont fait un amusement de me traiter ainsi ! Il m'ont donné le goût de l'orgueil et les besoins de l'opulence. Que comptent-ils donc faire de moi? Mamita parle de me marier. Vraiment! avec qui, donc? Où trouvera-t-elle un homme de sa race, ayant quelque fierté, qui voudra se mésallier à ce point? A-t-elle fait pousser en serre chaude, dans quelque ménagerie, un gitano débarbouillé comme moi de sa fange natale, et tout prêt à produire dans le monde la rareté d'un couple de notre espèce, civilisé à l'européenne et travesti à la française?

Morenita éclata d'un rire amer, et, regardant le beau gitanillo, qui la contemplait d'un air indéfinissable, elle lui prit la main avec un mélange d'affection et de dépit, en lui disant :

— C'est grand dommage que tu sois mon frère; car, en vérité, je ne vois que nous deux qui, au milieu de cette race d'étrangers et de maîtres, eussions pu nous consoler l'un par l'autre de cet esclavage doré, de cet abaissement montré au doigt !


VIII


Morenita parlait en espagnol avec une sorte d'éloquence sauvage que nous renonçons à traduire. Grande diseuse de riens et amoureuse de puérilités folles, quand elle redevenait petite fille, elle trouvait, dans l'émotion de la colère ou du chagrin, une abondance étrange de sentiments exaltés et de paroles acerbes. Rosario eut un instant peur d'elle. Ce n'est pas qu'il ne fût de force à lui tenir tête dans l'occasion; mais il se sentait épris d'elle d'une façon tout à fait insolite chez lui si déjà usée et blasée, et il se demandait, lui qui avait eu tant de succès vulgaires et faciles, s'il triompherait jamais de cette âme mobile et violente dans laquelle il sentait enfin son égale.

— Morenita, lui dit-il en se mettant à genoux auprès d'elle et en prenant ses petites mains dans les siennes, vous êtes une enfant, une enfant gâtée, qui plus est. Vous reprochez à votre destinée, à vos parents, à ceux qui vous ont élevée, des choses pour lesquelles vous devriez bénir le hasard à toute heure. Je ne me plains de rien, moi qui n'ai pas été choyé et adoré comme vous du ciel et des hommes. Je suis plutôt reconnaissant envers votre parrain et ses amis, qui m'ont jeté le pain de la pitié et qui voulaient me condamner au travail mécanique, s'imaginant que cela était encore trop bon pour moi. Je n'ai jamais connu ni caresses ni tendres paroles. M. Stéphen était assez doux et ne refusait pas de me faire donner quelque connaissances élémentaires; le père Schwartz, que j'ai suivi quelque temps à Fontainebleau, était tantôt fort grognon, tantôt niaisement débonnaire : c'est selon le dîner qu'il avait fait. Si j'ai appris le langage et les manières d'un homme qui ne sera jamais déplacé dans aucun monde, c'est à moi seul que je le dois. J'ai lu, j'ai regardé, j'ai écouté tout ce qui m'était nécessaire pour l'avenir que j'ai rêvé. M. Roque est un pédant et M. Clet un sot, que je donnerais tous deux volontiers au diable, si je n'avais su profiter d'eux en étudiant leurs travers et en pénétrant, par cet examen, dans les travers de leur espèce. Par l'un, je connais les prétentions des gens capables; par l'autre, celles des gens frivoles. Depuis, en courant le monde, j'ai regardé à tous les étages de la société. Le vernis et le cadre changent selon les degrés; mais c'est toujours la même peinture. En somme, je prends les choses comme elles sont, et, me moquant un peu de tout, je ne me sens irrité contre personne. Vous pensez que nous sommes une race d'esclaves. Quant à moi qui n'ai pas un grand d'Espagne pour père, car le mien a vécu dans les rues et péri dans les prisons avec ce qu'il y a de pire au monde; moi qui suis comblé ni de douceurs ni de bijoux, et qui ne puis dire encore, comme vous, que mes chaînes sont dorées; moi qui suis un bohémien complet, destiné à me frayer mon chemin sans l'aide de personne, et peut-être malgré tout le monde, je me sens assez fort pour me faire libre et pour me moquer de ceux qui se diront ou se croiront mes maîtres. Voyons, Morenita, belle petite fée aux yeux ambitieux, réconciliez-vous avec l'étoile des bohémiens. Il n'y a pas de honte, allez, que soyons des enfants perdus et des produits d'aventure. Leur race de maîtres, comme vous l'appelez, a un trop-plein de besoins et de désirs que leur société ne peut pas contenter, et le mot de bohémiens s'applique maintenant par métaphore à une bonne partie des vieux chrétiens d'Europe. La France en fourmille, et les autres nations, qui toutes copient celle-là, accueillent fort bien tous les aventuriers d'esprit, de talent ou de *blague*, sans leur demander leur origine ou leur extrait de baptême. Nous deux, chère petite, nous intéressons par cela même que nous étions destinés au malheur avant de naître, et les idées philosophiques, qui sont de mode, nous feront même la part meilleure qu'aux bohémiens volontaires. Ainsi, plus de honte, plus de découragement, plus de jalousie. Vous êtes jolie comme le démon Astarté, et d'une beauté qui ne ressemble à celle d'aucune femme du monde. Il faut briller dans le monde et y régner. Vous avez trente mille fois plus de talent et d'esprit qu'il n'en faut pour cela; mais il faut sortir de l'ombre où l'on vous tient et chercher le soleil de la mode, le sceptre de l'engouement. Vous ne vous connaissez pas, vous vous prenez pour une pauvre petite fille élevée par charité, destinée à trembler et à rougir à toute heure, en attendant l'aumône d'un mariage de convenance qui vous assurera le pain à prix d'argent. Ôtez ces idées-là de votre esprit. Vous êtes un oiseau de liberté et de proie, qui rompra bientôt les fils dorés de sa cage et qui fera bien.

— Je ne comprends pas, dit Morenita, qui écoutait avec une surprise croissante. Que puis-je donc faire pour m'affranchir de cette vie de famille où je souffre, j'en conviens, d'un ennui et d'un chagrin profonds? Si je demande à en sortir, on dira que je suis ingrate, et une fois condamnée comme mauvais cœur, qui est-ce qui s'intéressera à moi?

— Il ne faut jamais sortir des prisons par les grandes portes, elles sont trop en vue; il y a toujours des portes de dégagement : prenez-en une qui s'ouvre en ce moment-ci ! La duchesse de Florès à la fantaisie de vous avoir avec elle. Votre mamita, qui a plus d'influence sur le duc que sa propre femme, fait résistance, parce qu'elle croit qu'on ne vous prendra pas assez au sérieux dans cette nouvelle famille, et qu'on vous y donnera des goûts frivoles. Ces goûts de luxe, de bruit et de triomphe qu'on appelle frivoles, ce sont les seuls goûts sérieux qu'une femme puisse avoir. Sans eux, elle passe sa vie à avoir quatorze ans, comme votre mère adoptive, qui est encore sous la tutelle de sa maman, et qui n'ose pas avouer qu'elle est mariée. La voilà vieille femme dans une situation ridicule, tandis que, belle encore et charmante, on le dit, elle pourrait briller dans le monde, avoir tous les triomphes de la jeunesse avec tous les profits de l'âge mûr.

— Oui, tout cela est vrai! s'écria Morenita, dont les secrets instincts de liberté, longtemps comprimés, répondaient à la doctrine du gitanillo jusqu'à un certain point. Mamita est esclave de tout et voudrait me river à sa vie d'esclavage et de captivité. Mais elle m'aime et m'a habituée à avoir besoin d'être aimée. La duchesse ne m'aimera pas. Elle fera de moi un jouet comme un petit chien, une négresse ou un perroquet. Et, quand elle se dégoûtera de moi, que deviendrai-je, si mamita, fâchée, ne veut pas me reprendre?

— Votre mamita vous reprendra toujours, ne fût-ce que pour conserver son rôle d'ange, qui est sans doute sa coquetterie à elle. Et, d'ailleurs, quel besoin avez-vous de ces tendresses de femme? Ne savez-vous pas qu'elles sont fort précaires, sinon tout à fait menteuses? Croyez-bien que vous êtes destinée à être haïe de toutes celles qui vous caressent aujourd'hui ; car vous leur mettrez bientôt votre petit pied sur la tête, et la duchesse sera votre ennemie ce jour-là. Que vous importe! Croyez-vous donc aussi que la mamita ne vous exécrerait pas, un de ces matins, si votre cher Stéphen s'avisait de reconnaître pour sa filleule est plus jeune que sa femme?

— Stéphen! s'écria Morenita en se levant.

Ce nom avait réveillé tous les orages de son âme. Elle se rassit sans rien dire, sentant déjà grandir en elle cette force qu'ont les êtres passionnés pour refouler et cacher leurs secrets. Mais le gitanillo avait senti vibrer la corde sensible. Il se hâta d'ajouter :

— Jamais votre parrain ne sera cet honneur, tant que vous pousserez sous ses yeux comme un petit animal domestique ; mais étendez vos ailes et planez, devenez une reine de la mode, et vous verrez s'il ne souviendra de vous avoir ramassée si bas, à moins que ce ne soit pour enrager de vous avoir laissée envoler si haut. Alors, ne comptez plus sur les papas et les mamans de la rue de Courcelles. Moquez-vous de la duchesse aussi. Vous aurez une cour, ce qui vaudra mieux qu'une famille, et des esclaves, ce que vous préférerez à des maîtres.

— Vous me tentez, dit Morenita ; mais vous m'abusez peut-être. Où est donc ma puissance pour conquérir ainsi une royauté?

— Regarde-toi, ma sœur, dit Rosario en la conduisant vers la glace.

— Oui, dit-elle naïvement. Depuis que je vous ai vu, vous qui me ressemblez ; je m'imagine que je dois être jolie, et, à présent que vous vous regardez dans la glace avec moi, en ayant l'air d'être enchanté de ma figure, je me trouve, par vos yeux et je me plais. Mais suis-je donc mieux que la duchesse et que toutes ces belles dames?

— Vous êtes *autre*, dit Rosario. Vous ne ressemblez à aucune ; vous êtes étrange ; c'est une nature supérieure à toutes, c'est être unique et légitime souveraine chez une race où règnent la lassitude et la fantaisie.

— Mais pour cela il me faudrait de l'esprit, de l'instruction et des talents! Mes parents adoptifs disent que j'aurai tout cela dans quelques années, mais que je n'ai rien et ne sais rien encore.

— Ah! je connais cette chanson-là! répliqua le gitanillo en riant. C'est toujours le même air et les mêmes paroles. Ils m'ont élevé au son de cette serinette. C'est bien eux, avec leur intelligence épaisse et leur croissance paresseuse! Ils ne savent pas que les gitanillos mûrissent plus vite. Et puis ces gens qui veulent tout approfondir et qui ne savent pas que la jeunesse n'a pas besoin d'autre chose que de n'être pas vieille! Ils sont tous plus ou moins Roque, ces philosophes! Ne crains rien, Morenita de mon âme, nous irons plus loin qu'eux sans leur donner tant de peine! Si tu viens à me seconder, nous aurons de l'éclat, de l'argent et la liberté!

— Que sais-tu donc? dit Morenita étonnée ; tu as un état, de l'honneur, un nom?

— En espérance! et l'espérance, chez moi, c'est la volonté. Je ne suis pas encore lancé à Paris, et n'y suis revenu que pour te voir, pour te quitter encore. L'enterrement somptueux que l'amour de ta mamita et de ton parrain prépare à ton étoile. Suis mon conseil, quitte-les, et compte qu'aussitôt sortie de cette maison, tu trouveras à tes côtés pour te diriger et te

protéger contre le despotisme hypocrite de tes nouveaux maîtres.

— Est-ce que tu parles de mon père, Rosario?

— Ton père est un grand enfant qui t'aime en égoïste, et qui te négligera de même quand il verra... Mais il est trop tôt pour t'éclairer sur certaines choses que tu ne comprendrais pas. On t'a tenue dans une si grande ignorance de la vie, que je dois attendre un peu que tu t'éclaires toi-même. Veux-tu faire et dire tout ce que je te dicterai? veux-tu croire aveuglément en moi, ton seul ami, ton seul véritable parent?

— Oui, je le veux, dit Morenita fascinée par la résolution de Rosario et par la promesse d'un incompréhensible avenir. Que faut-il faire?

— Il faut s'affranchir de tous ces liens factices de la reconnaissance par lesquels la protection nous enchaîne. Il ne faut plus aimer personne dans ce monde d'étrangers ; il faut m'aimer, moi.

— Eh bien, oui, je t'aimerai, mon frère! Mais ne me quitteras-tu pas? ne me trouverai-je jamais abandonnée sur les chemins, repoussée de toutes les portes comme l'a été notre pauvre mère?

— Notre mère n'avait pas de frère. Moi, je ne te quitterai plus dès que tu n'auras plus besoin que de moi. Jusque-là, il faut un peu te tromper, Morenita, tromper sans malice, et dans le but légitime de racheter la liberté qu'on t'a ravie. Il faut plaire à ton père et t'installer chez lui. Il faut flatter la duchesse et l'amener à te produire dans le monde. Il faut y plaire, y être remarquée, admirée, y faire beaucoup parler de toi.

— Comment cela?

— Il faut être coquette. C'est bien facile : tu n'auras qu'à regarder la duchesse ; mais garde-toi de faillir, garde-toi d'aimer, tu serais perdue!

— Oui, je le sens bien, dit Morenita, qui songeait à Stéphen, je serais perdue, je serais humiliée, sacrifiée, traitée comme une mendiante d'affection ; comparée, avec des rires de pitié ou de mépris, aux reines et aux saintes de leur monde. Non, non, je ne dois aimer aucun de ces hommes qui ne sont pas mes frères!

— À la bonne heure! dit Rosario. Il se fait tard ; adieu! Demain, je vais quitter Paris, j'irai t'attendre.

— Où donc?

— Dans un pays où tu viendras inévitablement me rejoindre au printemps.

— Et, jusque-là, je ne te verrai plus?

— Si fait, quelquefois en secret, si tu es discrète, prudente et résolue.

— Je le suis.

— Eh bien, à toi pour toujours! s'écria impétueusement le gitano en la pressant dans ses bras avec une énergie qui ne troubla plus Morenita.

Elle ne doutait plus, elle croyait sentir la voix du sang, elle subissait une influence qui plaisait à son imagination et dont les promesses la jetaient dans un monde nouveau de rêves et d'étonnements.

Quand elle se retrouva seule, elle fut quelque temps encore sous l'empire de cet enivrement, jusqu'à ce que, couchée dans son petit lit, sous son édredon couleur de rose, et bercée par le souffle paisible et régulier de la bonne qui dormait dans une chambre voisine, elle tâchât de résumer ses idées et de voir clair dans sa situation.

La pensée de quitter Anicée s'était présentée cent fois à son esprit depuis le jour où elle avait entendu dire à Stéphen qu'il n'aimait jamais aimé, qu'il n'aimerait jamais une autre femme que celle à laquelle il était uni pour la vie. Depuis ce jour, Morenita avait ressenti des accès de jalousie bien voisins de la haine. Elle les avait combattus ; mais il s'était fait en elle un détachement profond de la plus précieuse, de la meilleure affection de sa vie : du moins, elle le croyait ainsi, car les symptômes de l'aversion étaient en elle. Elle ne pouvait plus embrasser Anicée sans pâlir ou sans rougir. Elle sentait le feu de la colère monter à son front ou le froid du désespoir le couvrir d'une sueur glacée. Inhabile à se résumer, malgré les efforts de son intelligence, parce que l'inconséquence de sa nature l'arrêtait à chaque instant, il lui restait tout juste assez de religion dans l'âme pour qu'elle désirât fuir sa mère adoptive plutôt que d'arriver à la détester.

L'espèce de perversité de cœur du gitanillo l'effraya bien un peu ; mais il y avait dans le sien un écho affaibli de cette personnalité, sinon de cette ingratitude. Elle se rassura à ses propres yeux par la pensée de ce qu'elle souffrait, de ce qu'elle aurait à souffrir encore dans sa famille adoptive, torturée par une passion qu'elle ne savait pas combattre depuis le jour où elle l'avait manifestée.

Dans cet esprit impétueux et avide de bonheur, la crainte de la douleur morale n'était envisagée qu'avec épouvante.

— Non, je ne veux plus souffrir ! se dit-elle en tombant accablée de fatigue sur son oreiller. Je n'ai rien fait pour être malheureuse, moi ! Mon frère dit qu'avec de la volonté on est heureux, triomphant, libre. Je veux l'être, je le serai, dussé-je briser et fouler aux pieds tous ces liens sacrés pour les autres, qui n'existent pas pour les enfants du hasard et du désespoir !

JOURNAL DE STÉPHEN. — FRAGMENTS

Paris, 5 décembre 1846.

C'est un fait accompli. Morenita a suivi aujourd'hui la duchesse de Florès à son hôtel. L'étrange obstination de cette enfant à nous quitter reste un impénétrable mystère pour ma pauvre Anicée. Le peu de résistance que j'ai fait à cette résolution étonnait et affligeait presque mon bon ange. Sainte et digne femme ! si je lui disais la vérité, elle ne voudrait pas y croire ; elle croirait plutôt que je rêve. Ah ! combien peu elle devine cette nature indomptable et bizarre ! Jamais le hasard n'a rapproché des êtres plus différents, plus incapables de se comprendre l'un l'autre. Sans doute Morenita n'est pas dépourvue de cœur, car elle a souffert en quittant sa mère adoptive ; mais elle manque absolument de conscience, car elle n'a pas hésité à lui faire cet affront, à lui causer cette douleur.

Elle était si pressée de secouer la poussière de ses pieds en quittant le seuil de son asile, qu'elle n'a pas voulu attendre un prétexte quelconque. La brusquerie de sa détermination va révéler à tous le secret de sa naissance. Il est étrange que le duc, si jaloux jusqu'à ce jour de le cacher, en ait pris son parti avec tant d'abandon et de philosophie. A-t-il deviné la folle passion de sa fille, ou a-t-elle eu le courage de la lui révéler ? Est-ce un élan des entrailles amené par la détresse morale de ce pauvre être, ou bien une condescendance envers sa femme, dont l'engouement pour Morenita tient de l'extravagance ? Non, ce n'est rien de tout cela : c'est quelque chose qui me paraît absurde à croire, et que je suis forcé de constater. Morenita exerce une *influence magnétique* sur la plupart des êtres qui l'approchent. Elle attendrit, persuade et domine. Elle charme comme le basilic. Ma chère Anicée a subi ce prestige la première, et plus que tous les autres. Ma belle-mère n'y a résisté qu'à demi. Roque, à qui tout ce qui constitue la nature de cette enfant et de sa race entière est essentiellement antipathique, n'a jamais eu pour elle qu'indulgence et faiblesse. Clet, sans en rien dire et sans y céder, en est agité, je dirais amoureux, s'il pouvait l'être. Moi seul, je l'ai considérée avec autant de froideur et de clairvoyance que le vieux Schwartz. Oh ! je n'ai pas eu de mérite à la préserver d'elle-même en ce qui me concerne ; je ne sens pour elle que de la pitié dans le passé, dans le présent, dans l'avenir.

C'est son avenir surtout qui me semble déplorable : c'est celui d'une barque sans pilote et sans gouvernail. Un rouage essentiel, ou, pour mieux dire, le moteur principal manque à cette organisation charmante, anomalie fatale, richesse décevante et stérile.

Elle a sa force relative ; car elle a résisté à l'interrogatoire le plus ingénieux, le plus serré, le plus saisissant qu'ait jamais suggéré la tendresse d'une mère. Pauvre Anicée ! elle était stupéfaite de cette opiniâtreté. Jusqu'au dernier moment, elle a cru la vaincre. Quand la duchesse a monté dans sa voiture, Anicée était encore persuadée que Morenita allait se jeter dans son sein et refuser de la quitter.

Elle a été vaincue, ma pauvre sainte femme ! et, à présent, la voilà consternée.

L'angélique créature a eu la force de nous cacher son désespoir. Voyant dans mes yeux et dans ceux de sa mère combien nous étions inquiets et affectés pour elle, elle a eu le courage de rentrer dans la maison en souriant, en nous tenant la main et en nous disant :

— Que voulez-vous, voilà les enfants ! Une autre à ma place serait désolée ; mais de quoi puis-je souffrir entre vous deux ?

Elle a fait semblant de dîner ; jamais elle n'a été plus attentive pour nous, plus occupée de nous distraire et plus adorablement tendre en nous remettant sous les yeux à chaque instant tous les éléments de notre bonheur domestique. Elle était même gaie, et, tout en riant, elle ne sentait pas couler sur ses joues deux intarissables ruisseaux de larmes.

Je voudrais l'emmener en Berry ou la faire voyager ; car, pendant longtemps, tout dans son intérieur, ici ou là-bas, lui rappellera le souvenir de cette fatale enfant. Je l'y ai préparée par quelques mots jetés comme au hasard. Elle a compris, et, m'embrassant, elle m'a dit :

— Ne crains rien. Je ne suis pas née ingrate, moi ! Il n'appartient à personne de m'empêcher d'être heureuse par ton affection. Je ne rougis pas devant toi d'éprouver ce chagrin inattendu. Il y a peut-être plus de surprise que de douleur dans l'ébranlement qu'il me cause. Mais sache bien que c'était à cause de toi plus encore qu'à cause d'elle-même que je chérissais Morenita. C'était le premier lien entre nous, c'était comme une enfant à nous. Nous nous étions trompés. Ces enfants-là n'appartiennent jamais à personne. Je l'avais toujours senti sans l'avouer. J'étais beaucoup plus à Morenita qu'elle n'était à moi. Elle ne relevait que d'elle-même. Tiens, s'est-elle écriée en se jetant dans mon sein, laisse-moi pleurer sans t'inquiéter de moi ; contre ton cœur, les larmes ne peuvent pas être amères. Je ne te promets pas de l'oublier, tu ne l'exiges pas ; mais je te jure de m'habituer à cette séparation, et de ne sentir que davantage l'ineffable bonheur de t'appartenir. Restons ici, si tu le permets, pour veiller quelque temps sur cette pauvre petite qu'on va bien mal diriger peut-être, et qui pourra bien revenir nous demander protection contre les hasards de sa nouvelle destinée.

— Restons, ai-je dit à ma bien-aimée, le temps que tu jugeras nécessaire à cette épreuve ; mais considère ce reste de sollicitude comme un devoir que tu accomplis jusqu'au bout. Ne te flatte pas de voir l'enfant s'améliorer dans ce milieu si bien fait pour le côté dangereux de ses instincts, et surtout n'engage pas désormais contre ses volontés folles une lutte où tu serais décidément brisée ; ne t'attends pas même de m'entendre te dire que je m'opposerais à ton zèle. Je sais que, dans le tourbillon où se lance Morenita, tu serais si fourvoyée, si étrangère, si impuissante, que ton rôle perdrait forcément de sa dignité.

— Tu sais tout mieux que moi, a répondu ma douce compagne. Je ne ferai jamais que ce que tu jugeras utile et sage.

IX

NARRATION

Morenita fut introduite et installée dans la maison du duc de Florès avec si peu de préambule, qu'en huit jours *tout Paris*, comme disent les gens du monde, savait qu'une jolie petite bâtarde (fruit d'une erreur de jeunesse), élevée mystérieusement par une madame de Saule (*personne fort honorable, mais point répandue*), avait été réintégrée dans la maison paternelle par les soins généreux et délicats de la duchesse de Florès. On ne fit pas de longs commentaires sur l'aventure, bien qu'on ne parlât pas d'autre chose dans certains salons. L'histoire de la belle Pilar ne fut point un mystère, la duchesse ayant eu soin de la raconter en secret à quarante personnes de sa connaissance. La seule chose dont on ne sut rien, ce fut la honteuse existence et la triste fin d'Antonio dit Algol. Ce détail eût gâté le charme du roman que la duchesse faisait circuler ; et, Rosario étant encore parfaitement inconnu à Paris, il ne fut pas question de lui.

Le duc avait oublié jusqu'à l'existence de cet enfant, qu'il avait nécessairement perdu de vue et qui, n'ayant aucun lien direct avec sa fille, ne pouvait aucunement l'intéresser. Il n'avait pas même su que Stéphen l'eût fait élever, celui-ci n'ayant pas l'habitude de proclamer ses bonnes œuvres. La duchesse était-elle dans la même ignorance que son mari ? D'où Rosario, inconnu à ce couple, tenait-il tous les détails de leur intérieur qu'il avait confiés à Morenita ? Voilà ce que Morenita se demandait quelquefois ; mais *discrète, méfiante et résolue* comme son frère lui avait recommandé de l'être, elle ne hasarda pas la moindre question, et le nom de Rosario ne sortit pas une seule fois de ses lèvres.

Ç'avait été un assez étrange ménage que celui des deux époux espagnols ; mais ils vivaient en bonne intelligence depuis que la passion était épuisée entre eux, et la duchesse mettait le sceau à cette pacification en ouvrant ses bras à l'enfant de la gitana.

Le duc, par la fantaisie d'un cœur romanesque, généreux, et mal satisfait de la vie, aimait, en effet, Morenita comme on aime quelquefois les bâtards, c'est-à-dire avec une prédilection qui l'emporte sur celle qu'on aurait ou qu'on a pour des enfants légitimes. Il avait beaucoup perdu en France de ses préjugés contre la race des gitanos ; la passion de la pauvre Pilar s'était embellie de la poésie de ses souvenirs, jusqu'à lui faire croire qu'il l'avait sérieusement partagée. Enfin, en voyant l'attrait qu'exerçait Morenita à première vue sur son entourage, l'accueil qu'on faisait à son esprit précoce, à ses talents où perçait, sinon une grande conscience, du moins une grande originalité, il arriva à présenter sa pupille, miss Hartwell, avec un sourire de triomphe modeste qui disait à tout le monde : « C'est ma fille, et, si je ne le dis pas tout haut, c'est par respect pour les convenances. »

On ne pouvait pas douter qu'il n'eût l'intention de lui donner une même dot. La richesse de sa parure et les joyaux dont elle était couverte attestaient la prodigalité de la sollicitude paternelle. La duchesse la montrait dans tous les bals, dans tous les théâtres aristocratiques, et, n'étant point d'âge à pouvoir être effacée, elle semblait se faire un ornement, un attrait de plus du voisinage de cette jolie tête pâle, parée de fleurs et de perles. Elle posait la jeune mère avec une grâce ravissante, et disait à qui voulait l'entendre qu'elle considérait Morenita comme sa propre fille. Aussi les partis ne tardèrent-ils pas à se présenter. Artistes ambitieux, nobles ruinés, exilés polonais ayant un nom et de la prestance, aspirants diplomates, tous beaux ou jeunes, titrés dans l'art ou dans le patriciat, formèrent une cour assidue, enjouée, brillante, à l'enfant de la bohémienne. La prédiction de Rosario se réalisait avec une rapidité incroyable. La jeunesse, l'argent, l'esprit et la beauté, c'est bien assez pour faire oublier une peau un peu brune, des cheveux plantés un peu bas et une mère un peu saltimbanque. Il arriva même qu'on fit, après coup, une célébrité à cette pauvre femme, à cette pâle rose d'Andalousie qui avait brillé un instant dans un coin de la province, et dont on fit la perle des Espagnes. On se disait à l'oreille en regardant Morenita :

— C'est la fille du duc de Florès et de la belle Pilar ; vous savez, la fameuse Pilar !

— Non, connais pas !

— Bah ! il n'a été bruit que d'elle en Espagne... à ce qu'il paraît !

Si une femme un peu collet monté s'avisait de dire :

— Une bohémienne ! mais c'est affreux, cela !

Il se trouvait toujours quelqu'un pour répondre :

— Oh ! celle-là était une exception, une vertu. Elle n'a eu qu'un amour, elle n'a commis qu'une faute en sa vie. On dit que son histoire est fort touchante et qu'elle est morte dans un coin, fuyant les bienfaits du duc, et dans les sentiments les plus religieux.

Au milieu de tout ce triomphe, que se passait-il dans le cœur de bronze de la gitanilla ? Son journal nous la montrera moins endurcie que sa conduite ne le ferait croire.

### JOURNAL DE MORENITA

*Paris, 1er janvier 1847.*

Les étrennes d'aujourd'hui ont été si magnifiques, si variées, mon père a été si bon, tous mes amis si aimables, j'ai reçu tant de fleurs, de bonbons, de colifichets fins, de caresses et de compliments, que je me suis laissé distraire et que j'ai oublié ma tristesse pendant tout un jour.

Mais me voilà seule et j'y retombe. Que me manque-t-il donc, et pourquoi suis-je forcée de feindre la satisfaction et l'enjouement ? Me voilà mise comme un ange, avec une robe de soie d'un rose si pâle, si pâle, qu'on dirait qu'elle est blanche et seulement éclairée d'un reflet. Cela, avec une écharpe vif lamé d'argent que m'a donné aujourd'hui la duchesse, est d'un effet charmant. Mes cheveux, naturellement ondés, s'arrangent si bien, que je fais le désespoir de toutes les jeunes personnes qui veulent imiter ma coiffure. Ce soir, comme il ne restait plus au salon que la comtesse de Palma, qui prétendait qu'on était toujours forcée de mettre de faux cheveux pour se bien coiffer, on eût-on autant qu'elle, qui en a beaucoup de faux et de vrais, mon père, qui savait bien à quoi s'en tenir sur mon compte, a dit en riant :

— Est-ce vrai, et la Morenita a-t-elle déjà besoin de cet artifice ? Voyons donc !

Il a défait ma coiffure et s'est plu à me couvrir de ma richesse naturelle, qui vraiment n'est pas commune. La comtesse s'est récriée d'admiration ; mais elle paraissait bien très-contente. La duchesse l'était beaucoup de la voir enrager.

Ah ! pauvre mamita !... vous étiez fière de mes cheveux, vous ! plus fière que s'ils étaient les vôtres ! Vous les montriez à Stéphen quand j'étais enfant, et vous ne vouliez pas me les laisser arranger moi-même, prétendant que, dans ma pétulance, j'en cassais toujours quelques-uns. C'était donc bien précieux pour vous, un cheveu de ma tête !

Allons, voilà que je pense encore à mamita ! j'oublie toujours que je la déteste. Oh ! que de mal vous m'avez fait, cruelle mamita ! Vous m'avez aimée comme je ne le serai jamais de personne, pas même de mon père, qui ne chérit de moi que ce qu'il voit. Vous, vous connaissiez mes défauts et vous les aimiez aussi ! J'aurais été méchante et contrefaite, que vous m'eussiez élevée avec le même amour. Pourquoi vous êtes-vous laissé aimer par l'homme que j'aimais ? Comment n'avez-vous pas deviné, vous qui cherchiez mes moindres fantaisies jusque dans mes regards, que je ne voulais plaire qu'à lui, et qu'il ne fallait pas lui plaire, vous ? Est-ce que vous aviez besoin de son amour, vous si heureuse, si raisonnable, et d'un âge où le cœur n'a plus besoin de passions ?... Hélas ! j'oublie toujours que Stéphen est plus près de l'âge de mamita que du mien ! Oh ! c'est lui que je hais ! lui qui m'a humiliée et qui n'a pas eu le plus petit effort à faire pour me trouver si inférieure à sa femme !

Comme la visite que nous leur avons faite hier au soir m'a irritée ! Il fallait bien aller souhaiter la bonne année à ma mère adoptive. Le duc est réellement enthousiaste d'elle, je crois ; la duchesse, aussi, dit-elle, en riant, que ces mots tels qu'ils sont, prétend en riant qu'il en est amoureux fou. Il est singulier qu'elle n'en soit pas jalouse, elle qui l'a été, dit-on, avec excès. Moi, je le suis ; j'étais blessée de voir mon père regarder une autre que moi, et en parler avec cette admiration. La duchesse s'amuse des engouements de son mari. Elle raille un peu les femmes qui y croient. Elle a eu l'air de dire hier, mais sans aucun dépit, que mamita était contente de plaire au duc, et, comme je disais qu'elle n'avait jamais été vaine :

— Ne croyez pas cela, m'a-t-elle dit : les femmes qui s'en cachent le mieux sont celles qui y mordent le plus.

— Est-ce possible ! Ah ! si mamita était coquette, j'en serais bien contente ! Stéphen ne serait plus si fier ni si heureux !

Ah ! je sens que je deviens méchante ! Oui, il faut l'être, puisque je suis haïe.

Et pourtant, je ne peux pas oublier ! Oh ! que je ne retourne jamais avec mamita ; car, s'il fallait m'en séparer encore une fois, j'en deviendrais folle ! C'est elle qui ne me connaît guère ! Ne s'est-elle pas imaginé qu'elle avait du chagrin et que je n'en avais pas ! Elle se sera consolée le soir même en sentant le baiser que Stéphen met chaque soir sur sa main ! Ah ! quel baiser ! J'ai été bien longtemps sans le comprendre ! mais le jour où je l'ai compris, il me faisait tressaillir, il me mettait chaque fois la rage et le désespoir dans l'âme ! Que de choses dans une caresse si respectueuse et dans un regard si passionné ! Ah ! toutes les mères devraient être veuves ou vieilles comme madame Marange !

Je ne suis pourtant pas jalouse des amies de la duchesse. Je ne l'aime pas, la duchesse ; elle ne m'aime pas non plus. Devant le monde, ce sont des chatteries charmantes. Quand nous sommes tête à tête, nous n'avons plus un mot à dire, et tout ce que nous pouvons faire pour dissimuler notre antipathie naturelle, c'est de nous occuper de chiffons et de projets de toilette.

Pourquoi fait-elle semblant de me chérir ? pourquoi m'a-t-elle attirée et amenée ici ? Évidemment, je lui sers à quelque chose. Gare à elle quand je l'aurai découvert ou deviné ! Je lui ferai sentir qu'on ne se joue pas impunément de la bohémienne !

### JOURNAL DE STÉPHEN

*3 janvier.*

Ce soir, Anicée m'a demandé si j'avais renoncé à mon projet de voyage en Italie, et si je ne croyais pas que cela ferait du bien à ma santé, qui est mal souffrante.

— J'avoue que pour mon compte, a-t-elle ajouté, je serais contente de changer d'air et de me retrouver tout à fait seule avec vous deux.

— Toujours plus seule ! lui ai-je dit. Tu ne crains pas de t'effrayer un jour de cet éloignement de toutes choses ?

— Non, mon ami, a-t-elle répondu ; il commence à me tarder, je te l'avoue, d'être regardée comme ta femme.

Surpris, et voyant s'ouvrir une nouvelle perspective à ses idées, je l'ai pressée de s'expliquer.

— Maman trouve notre vie parfaitement arrangée, a-t-elle dit en riant; toi aussi, n'est-ce pas? Mais, moi, je penche à présent vers les idées folles, et j'ai une grande envie de me compromettre avec toi, pour que maman, effrayée de notre situation, se décide à nous laisser publier que nous ne sommes pas de jeunes amants, mais de vieux époux.

Je me suis agenouillé devant elle, je lui ai dit que je la comprenais. Nous n'avons pas dit un mot de Morenita. Nous partirons demain.

## NARRATION

Le duc de Florès, en retournant le surlendemain à la rue de Courcelles, où il allait rarement avec sa femme et sa fille, mais seul le plus souvent possible, apprit que la famille était partie pour le Berry, où l'appelaient des affaires imprévues. Il se mordit les lèvres et rentra pour annoncer cette nouvelle à Morenita. Morenita était au manège avec une dame de compagnie. La duchesse s'habillait pour aller la rejoindre. Elle reçut son mari avec un éclat de rire.

— Eh bien, *fils de mon âme*, lui dit-elle en espagnol devant la femme de chambre, qui n'entendait que le français, voilà une figure allongée qui m'annonce que vous venez de la rue de Courcelles. Vous n'avez trouvé personne, et, pendant votre absence, Morenita a reçu une lettre de sa mamita qui lui envoie un charmant couvre-pieds tricoté par ses belles mains, et qui lui fait ses adieux pour quelques mois.

— Le portier m'a dit quelques jours, répliqua le duc avec un secret dépit.

— Mon cher Almaviva, reprit la duchesse, vous serez toujours un franc étourdi. Ce qui se passe, voyez-vous, est pour moi clair comme le jour. Vous avez toujours voulu douter de la vérité. Je vous ai pourtant dit cent fois que madame de Saule était secrètement mariée avec M. Rivesanges. Vous n'avez pas voulu me croire; vous avez risqué trop tôt votre déclaration. Le mari s'est aperçu de votre amour. Il emmène sa femme, et il fait bien; car chacun sait que vous êtes irrésistible.

— J'espère, ma chère Dolorès, dit le duc troublé et contrarié, que tout ceci est une plaisanterie que vous me faites?

— Une pure plaisanterie, répondit-elle en l'embrassant au front.

Et elle sortit en riant encore.

Il y avait du vrai dans les suppositions de la duchesse. Le duc, vivement épris d'Anicée, s'était exprimé avec elle trop clairement. Avec une femme aussi modeste, aussi éloignée de l'idée de plaire, il n'était pas possible d'être compris à demi-mot. Anicée, sentant dès lors qu'elle ne pouvait plus continuer ses relations avec la famille de Morenita sans encourager des prétentions qui, loin de la flatter, l'offensaient, avait pris vite un parti décisif. Le voisinage de cette étrange enfant, son attitude singulière et presque hautaine dans leurs rares entrevues, la faisaient souffrir. Elle était restée à sa portée par un reste de dévouement. Mais, leurs liens officiels rompus par l'imprudence du duc, elle cédait au besoin de consacrer sa vie entière à Stéphen. Elle reprenait libre de vivre enfin pour elle-même en vivant pour lui seul.

Le duc n'était ni un fat ni un sot; mais il avait les passions vives et comptait d'assez beaux succès dans sa vie pour ne pas croire offenser une femme plus âgée que lui, et qu'il supposait libre, en lui offrant son cœur. Il avait les mœurs faciles des gens privilégiés de la fortune et de la nature, et, sans perversité caduque, il n'avait pas de notions bien précises sur la vertu. C'était un peu la faute de sa femme, qui, sans manquer essentiellement à ses devoirs, ne lui avait jamais fait une vie sérieuse et vraiment digne. Avec une femme comme Anicée, il eût été le modèle des époux. Il le sentait, et il l'avait dit à celle-ci avec une ingénuité très-grande.

— Vous ne savez donc rien de ma vie? lui avait dit Anicée, étonnée de sa confiance.

— Non, madame, avait répondu le duc; je crois, je sens que Stéphen vous a aimée et qu'il vous aime encore. Mais, vous si loyale et si courageuse, vous ne l'avez point épousé. Je crois donc que vous ne l'avez jamais aimé que d'amitié.

Anicée avait été sur le point de dire qu'elle était mariée; mais, craignant d'avoir l'air de se retrancher sur son devoir et de laisser par là quelque espérance lui échapper, elle lui avait répondu avec douceur et simplicité qu'elle aimait Stéphen d'amour et d'amitié, et comptait l'épouser, maintenant qu'elle n'avait plus à se préoccuper de l'avenir de Morenita.

Stéphen avait interrompu cette conversation. Il avait vu l'émotion du duc : il l'avait compris ce que, depuis quelque temps déjà, il croyait pressentir. Le calme d'Anicée n'eût pas permis un soupçon, lors même que sa vie entière n'eût pas éloigné un tel sentiment comme un outrage. Il ne lui avait pas fait une seule question ; il n'en avait reçu aucune confidence. A quoi bon quand on s'aime parfaitement? Il semblerait qu'on attache quelque mérite à être resté inébranlable dans cette fidélité du cœur et de l'esprit qui est le premier besoin de l'affection vraie. Anicée ne mettait pas plus de gloire à être insensible à la passion du duc, que Stéphen ne s'en attribuait d'avoir résisté à celle de Morenita. Ils partirent ensemble, le matin du jour où le duc, agité et véritablement affecté, revenait pour demander à Anicée d'oublier sa folie et pour lui offrir de s'éloigner momentanément, plutôt que de priver la duchesse et Morenita de ses relations.

Ce départ fut un coup violent porté au cœur de la jeune fille. Jusque-là, elle ne s'était pas crue séparée de sa mamita. Comme un enfant boudeur et entêté, elle s'était imaginé qu'elle ou Stéphen la supplieraient bientôt de revenir faire la joie de leur intérieur, et, tout en se promettant de ne pas céder, elle s'était réjouie de songer qu'elle serait toujours à même de le faire ; mais Anicée n'était pas faible et Stéphen était fort. La conscience d'avoir pris, non pas d'elle, mais une détermination folle et cruelle lui fit verser en secret un torrent de larmes.

Mais le repentir ne dura pas longtemps. Morenita n'était pas de nature à se dire qu'elle eût dû faire un grand effort de modestie et de religion, rentrer en elle-même, vaincre sa passion pour Stéphen, et se guérir par le sentiment du bonheur de sa mère. L'idée de résister à ses propres entraînements ne semblait pas admissible chez elle. Était-ce le résultat de cette paresse de l'âme, de cette nullité de la conscience qui était comme sa tache originelle, et qui la dominait fatalement? Pouvait-elle et ne pouvait-elle pas, ou ne pouvait-elle pas vouloir? Hardi et savant celui qui tranchera de tels problèmes au fond des cœurs humains! Qu'il prenne garde d'être trop indulgent pour notre nature, mais qu'il prenne garde aussi d'être trop cruel!

Le cœur était vivant et chaud (nous ne dirons pas bon) en elle, malgré ce désordre de la volonté. Si elle était sauvagement éprise de Stéphen, elle était attachée plus profondément encore à sa mamita. Elle ne s'était pas endormie ou éveillée un seul jour dans son lit de la rue de la Paix, sans songer à son petit lit de mousseline de la rue de Courcelles, et sans tremper de larmes son oreiller, en se rappelant le dernier baiser du soir, ce premier baiser du matin qu'Anicée, pendant quatorze ans, était venue déposer sur ses paupières appesanties. Tout était changé dans sa vie, et, à chaque moment, elle sentait le prix de ce qu'elle avait dédaigné. Comblée de présents et couverte d'atours, sa soif de parures était déjà assouvie. Une toilette nouvelle apportée par la couturière, sans être désirée et prévue, ne lui causait plus ce plaisir d'enfant qu'elle goûtait à choisir elle-même, à consulter vingt fois Anicée ou madame Marange, à l'emporter après une petite lutte qui exerçait sa volonté et allumait sa convoitise. Personne ne savait plus l'habiller et la coiffer comme cette main intelligente et enjouée qui, en satisfaisant sa vanité, réussissait à la modérer par le sentiment du beau. Au spectacle, ce n'était plus la petite loge sombre et cachée où l'on n'allait que pour savourer quelque chef-d'œuvre, et où chaque beauté était sentie. C'était la loge brillante, exposée à tous les regards, où il était question, non d'écouter, mais de paraître. On ne choisissait plus; on subissait le hasard de la représentation. La duchesse avait un sentiment assez borné des arts. Elle s'extasiait sur une roulade, sur une pirouette, lorgnait un bel acteur ou critiquait les toilettes de l'avant-scène, mais n'était pas réellement touchée d'une phrase bien dite, d'un sentiment bien exprimé, d'une grâce vraiment poétique. Morenita se sentait comme rabaissée dans sa société, s'était sentie parfois véritablement artiste auprès de ce jugement droit et de cette délicatesse exquise d'Anicée. Elle se disait à elle-même qu'elle allait devenir nulle, et ressentait, au bout de six semaines d'enivrement, la fatigue et le dégoût de cette vie d'apparat. Toutes les conversations lui semblaient vides, pauvres, niaises, vu d'un esprit tendu et d'une gaieté factice. Sans bien se rendre compte de cette infériorité générale et de la supériorité d'Anicée, elle s'étonnait d'avoir connu l'ennui maladif de la puberté auprès d'elle, depuis qu'elle ne sentait plus ni émotion, ni plaisir, ni désir d'aucune chose dans sa nouvelle existence.

Après avoir sangloté longtemps le soir de ce départ, elle passa du dépit et à la fâcherie. Elle voulut s'imaginer mille extravagances : qu'Anicée ne l'avait jamais aimée; qu'elle avait donné la main à leur séparation avec une joie secrète; qu'elle s'était sentie gênée par sa présence, jalouse de sa jeunesse, que sais-je! Après bien des divagations, elle s'endormit en pensant au bonheur que Rosario lui avait promis et qu'elle ne trouvait pas dans ses triomphes.

Pendant deux jours, elle fut de cette humeur qu'on appelle vulgairement massacrante; le mot est juste. On dénigre, on analyse, on rabaisse, on détruit tout dans sa pensée quand on est mécontent de son propre fonds.

Le duc s'en affligea et s'en plaignit. La duchesse s'en moqua et n'y fit pas grande attention. Elle paraissait préoccupée, et donnait pour prétexte le soin de préparer une grande soirée musicale.

X

Morenita se ranima un peu au moment de paraître à cette réunion, dont elle devait aider officiellement la duchesse à faire les honneurs. Depuis qu'elle vivait chez son père, il n'y avait point encore eu de gala chez lui. La duchesse paraissait pressée enfin de montrer Morenita à tout son monde. Le duc se laissait faire.

Clet et Roque, qui venaient de temps en temps et que la duchesse affectait de traiter comme des amis plus intimes de son mari qu'ils n'étaient réellement, arrivèrent des premiers. Roque, qui ne pouvait pas perdre l'habitude d'embrasser Morenita au front en arrivant et de la tutoyer, vint s'asseoir auprès d'elle, et, regardant confusément sa parure :

— Vertudieu! lui dit-il en riant, si je n'étais l'amoureux de ta bonne maman Marange, je serais le tien, ce soir. Tu me fais l'effet de la reine de Saba. Ah ça! tu n'oublies pas, j'espère, au milieu de tes splendeurs, d'écrire à ta mamita, et à cette chère grand'mère, et à ton parrain qui t'aime tant?

La duchesse s'approcha et dit à Roque, en riant, de parler plus bas s'il voulait continuer à tutoyer miss Hartwell.

— Bien, bien, fit-il, c'est juste, je ne dois plus la traiter comme une enfant.

Et il redoubla sans s'en douter.

Heureusement, l'arrivée de plusieurs grands personnages donna à Morenita un prétexte pour le laisser avec un autre médecin qui engagea avec lui une discussion sur l'homœopathie. C'était la bête noire de Roque que cette invention nouvelle. Le salon se remplit, la musique commença, et, entre les premières phrases du récitatif d'un chanteur en renom, on entendit des interruptions étranges.

— Vincemmo, o padri! disait la voix suave et vibrante.

— Vos pères étaient des ânes! disait en fausset le docteur homœopathe à Roque indigné, qui venait d'invoquer la science des classiques.

Le chanteur s'arrêta stupéfait.

— Restons-en là, si vous le prenez ainsi! s'écria Roque de sa voix sèche et impérieuse, répondant à son antagoniste.

Un immense éclat de rire accueillit l'étrange mal-à-propos de cette sortie. La duchesse pria gaiement et familièrement les deux disputeurs de passer dans une galerie où ils ne seraient pas gênés par la musique. Roque ne demandait pas mieux.

On recommença la ritournelle, et le chanteur fut dédommagé par un grand succès.

Cet incident avait favorisé l'inaperçu de l'introduction d'un nouveau personnage, qui se glissa dans la foule, et la duchesse présenta fort légèrement au duc, en lui disant que c'était un jeune artiste espagnol qu'on lui recommandait, et qu'il faudrait encourager un peu, parce qu'il allait se faire entendre pour la première fois devant une aussi nombreuse compagnie.

L'artiste salua avec assez d'aisance et passa du côté des musiciens.

— Ça, dit le duc à la duchesse en le suivant de l'œil, c'est un gitano!

— Possible, reprit-elle avec indifférence.

— Pur sang! observa le duc.

— Eh bien, répliqua la duchesse avec un sourire aimable des plus mordants, est-ce que nous méprisons ces gens-là, nous autres?

Le duc regarda involontairement sa fille, qui n'avait pas vu entrer l'artiste, et qui causait avec Clet, également inattentif à cet incident.

Morenita n'écoutait plus la musique qu'avec distraction. Elle savait par cœur tous les morceaux, qui se glissa à la foule, et elle avait vu tous les artistes sur les planches. Elle était déjà rassasiée des meilleures choses, aguerrie contre les plus mauvaises. Tout à coup, un *Tiens!*

expressif de Clet lui fit lever la tête ; mais, nonchalante, elle ne remarqua pas l'objet de sa surprise.

— Qu'avez-vous donc? lui dit-elle.

— Rien, répondit Clet.

Et il recommença à lui faire la cour à sa manière, moitié aigre, moitié tendre, et, en somme, assez ridicule, malgré beaucoup d'esprit.

Morenita ne le haïssait plus depuis qu'elle avait quitté Anicée. Il lui rappelait ce tranquille petit monde de la rue de Courcelles, et cette quiétude du château berrichon qu'elle regrettait en dépit d'elle-même.

Tout à coup elle cessa de l'écouter et de lui répondre. Une voix d'argent, qui semblait sortir à travers le duvet d'un cygne, chantait quelque chose d'étrange dans une langue inconnue. Le son d'une guitare vigoureusement attaquée contrastait, par sa sécheresse et ses rauques étouffements, avec la douceur caressante et la monotonie mélancolique du chant. C'était comme un soupir de la brise, interrompu par le rugissement sourd de quelque animal fantastique, comme la plainte des sirènes emportées par les tritons hennissants. Une partie de l'auditoire, composée de personnes de diverses nations, frémissait de surprise et d'entraînement. Une moindre partie, exclusivement composée d'Espagnols et de Portugais, souriait gravement ou haussait les épaules de pitié. Morenita, palpitante, avait mis les deux mains sur son cœur. Elle regardait avec une étrange attention. La duchesse était invisible derrière le mouvement rapide de son éventail et ne paraissait pas écouter.

Morenita, qui s'était placée un peu en arrière des principaux groupes, comme une personne ennuyée de se montrer, et qui était trop petite pour voir au-dessus des autres, se leva brusquement pour regarder le chanteur. Ce mouvement fut remarqué, ainsi que le rapide regard qu'échangèrent les deux gitanos au-dessus de tout ce monde plus grand qu'eux par le rang et la stature.

Morenita se rassit aussitôt.

— Eh bien, lui dit Clet à voix basse, à mon tour, je vous demanderai : Qu'avez-vous donc?

— A mon tour, je vous répondrai : Rien! dit Morenita avec un sang-froid extraordinaire.

— Est-ce que vous avez vu la figure de ce garçon qui chante?

— Non, je regardais sa guitare, qui a un son bizarre et désagréable. Ce n'est pas une guitare comme les autres. Si M. Roque était là, il nous expliquerait au moins les paroles de la chanson, peut-être.

— Je l'en défie bien! dit Clet.

— Bah! si ce n'est que du chinois ou du sanscrit, reprit Morenita, il ne sera pas embarrassé pour si peu. Allez donc le chercher; ceci m'intéresserait peut-être.

Et, changeant de place, elle se déroba aux investigations de son interlocuteur d'un air parfaitement naturel.

Quand Rosario eut fini ses trois couplets, il y eut un mouvement d'hésitation qu'on pouvait prendre pour un murmure d'encouragement. On parlait beaucoup de ce qu'on venait d'entendre ; on n'applaudissait pas. Ceux qui étaient charmés se le disaient les uns aux autres ; ceux qui n'étaient qu'étonnés demandaient l'explication de cette chose insolite ; ceux qui n'avaient pas d'opinion, et c'est toujours le plus grand nombre, recommençaient à parler bourse, chemins de fer ou politique. Les graves Espagnols disaient aux questionneurs :

— Nous serions bien embarrassés de vous dire ce qu'il a chanté. Mais nous connaissons tous les sons de cette langue ; c'est du gitano tout pur. Vraiment, ce n'est pas la peine de venir en France pour entendre cela. Cela court les rues chez nous. C'est absurde, c'est affreux et on ne comprend pas que, dans une maison espagnole, on fasse chanter un bohémien après mademoiselle Grisi.

Cependant les artistes italiens, et tout ce qui se trouvait de gens de goût, de sentiment ou de science musicale dans l'auditoire, disaient :

— C'est du gitano si l'on veut, mais c'est de l'art, chanté ainsi. Cela peut rappeler des chants barbares écorchés dans les rues par des chanteurs inhabiles ; mais ce garçon-là en a découvert les vrais types, et il leur restitue ce chef tout ce que le temps et l'ignorance ont altéré, ou bien il nous les traduit avec une science qui n'étouffe pas l'originalité d'un génie tout empreint de la couleur originale. C'est un grand artiste qui ne sait peut-être rien, mais qui ne ressemble à rien, qui est magnifiquement doué, et qui remue le cœur et l'imagination d'une façon magique. Comment! ajoutaient ces dilettanti, est-ce qu'il a déjà fini?

— Ah! mon Dieu, est-ce qu'il va recommencer? disaient les autres.

Le gitanillo écoutait ce croisement d'opinions d'un air fort calme, saisissant une parole à droite, épiant un regard à gauche, et accordant sa guitare avec beaucoup de lenteur et de majesté. Le programme de la soirée portait deux romances de lui, séparées par plusieurs autres morceaux chantés par les Italiens. Il n'en tint compte, et, voulant produire son effet, cramponné à sa chaise et rivé au plancher, sans qu'il y parût à la grâce aisée de son attitude, il commença un second air sans se faire prier par les uns, sans se laisser intimider par les autres.

Il emporta son succès d'assaut. Les vrais amateurs étaient fixés, et, sentant une résistance injuste, le couvrirent d'applaudissements plus chauds et plus bruyants qu'il n'est d'usage dans le grand monde.

Il y eut, sur quelques fauteuils, une muette indignation. L'Espagnol de race hait le gitano, comme le Polonais hait le juif, comme l'Américain hait le nègre, comme l'Indien hait le paria.

— C'est assez, dit le duc bas au gitanillo, en lui parlant d'un air fort poli, au milieu du groupe de musiciens où il était rentré.

Et il lui glissa dans la main un petit rouleau d'or, en lui désignant la porte d'un regard furtif, sans dureté, mais sans appel.

Rosario, content de son succès, s'éclipsa ; mais, comme il serrait sa guitare dans l'antichambre, il revit près de lui la figure du duc, qui lui dit, en le regardant avec attention :

— Comment vous appelle-t-on ?
— Algénib, répondit le gitano.
— Vous êtes gitano, vous ne vous en cachez pas ?
— Je ne m'en cache pas, au contraire ; c'est mon état.
— Vous avez raison. De quelle province d'Espagne êtes-vous ?
— Je suis né en Angleterre, où on nous appelle *gypsies*.
— Comment s'appelait votre père ?
— Je n'en sais rien. Je n'ai jamais connu ni père ni mère. J'ai été abandonné chez des paysans, qui m'ont élevé jusqu'à l'âge de douze ans, et qui m'ont ensuite rendu à des gens de ma tribu qui venaient d'Espagne et qui m'y ont conduit.
— Vous ne connaissez personne à Paris ?
— Personne encore, monseigneur.
— Qui vous a recommandé à la duchesse ?
— La comtesse de Fuentès.
— C'est bien. Je vous ferai demander, si j'ai besoin de vous.
— Je pars demain pour la Russie, monseigneur.
— A la bonne heure ! dit le duc.

Et Rosario sortit, emportant sa guitare et ses dix louis.

— Je m'étais trompé, pensa le duc en rentrant dans ses salons. Comment me rappellerais-je la figure de cet enfant au point de le reconnaître ?

Clet causait avec Roque derrière une pyramide de fleurs.

— Conçoit-on l'impudence de ce gaillard-là ! disait Edmond Clet en regardant le programme de la soirée, imprimé en or sur du satin blanc. Se faire appeler du nom d'une des plus belles étoiles du ciel, quand on s'est appelé Dariole ! et venir chanter ici, sous notre nez, quand on a tenu le torchon sur la roue des sapins !

— Eh bien, pourquoi pas ? disait Roque, que rien n'étonnait dans les choses de ce monde. Est-ce qu'on le connaît ?

— Mais le duc ?

— Comment le connaîtrait-il, depuis le temps ? Il n'a jamais fait la moindre question sur son compte, et notre protégé est trop fin pour n'être pas venu ici sous un nom supposé, sans avoir une histoire toute prête.

— Mais, s'il prétend se faire connaître à Paris, voilà peut-être un grand embarras pour la petite ?

— La petite ne sait seulement pas s'il existe.

— Elle l'a écouté et regardé avec une agitation très-frappante.

— La cigale a reconnu la musique de sa bruyère. Les bêtes ont bien des instincts sauvages qui survivent à la domestication, pourquoi les êtres humains n'en auraient-ils pas ? Je suis fâché de n'avoir pas entendu chanter notre Indien dans sa langue, au lieu d'avoir bavardé en pure perte avec cet homœopathe saugrenu. Voyez un peu la mémoire des enfants ! J'aurais cru qu'il n'en savait plus un mot. Il a eu du succès ?

— Un succès d'enthousiasme.

— Tant pis ! il n'apprendra plus rien, le paresseux !

— Qu'apprendrait-il de mieux ? Il a trouvé sa veine.

— Allons donc le trouver, et sachons comment il vit et où il perche. Au fond, je ne le hais pas, ce garçon : c'est un drôle de corps.

Et Roque chercha son protégé, qu'il ne trouva plus.

Morenita avait suivi des yeux les mouvements de Rosario et de son père ; puis tous deux avaient disparu, et elle cherchait avec préoccupation à rejoindre l'un ou l'autre, quand elle entendit une douairière castillane, qui ne la savait pas derrière elle, dire à sa voisine :

— Voilà une grande maison qui s'en va en quenouille d'une façon déplorable. Que feront-ils de cette gitanilla ? Le duc est fou, vraiment, et la duchesse encore plus folle ! Ils auront beau la requinquer, ils ne la blanchiront pas ; et, à moins de la marier avec un gratteur de guitare comme celui qui nous a écorché les oreilles tout à l'heure, je crains pour eux qu'elle ne reste fille.

— Une gitana rester fille ! répliqua l'autre vieille en ricanant ; il n'y a pas de risque, et le mariage est le moindre de leurs soucis, à ces pauvrettes.

— Tant pis pour la première. Il verra de race le chien chasse, et ce sera bien fait. Comment ose-t-on montrer aux gens comme il faut le produit d'une pareille incartade ? Il y a de quoi éloigner de chez lui les femmes honnêtes. Je ne croyais pas la duchesse extravagante à ce point-là ; si cela continue, on n'amènera plus les jeunes personnes chez elle. Pour moi, je suis aux regrets que ma petite-fille soit ici, et je vais lui défendre de répondre à cette moricaude, si elle se permet de lui adresser la parole.

Morenita sentit faiblir ses genoux. Elle fut sur le point de tomber évanouie ; mais, ranimée par la colère, elle frappa d'un grand coup d'éventail le turban de la douairière au moment où celle-ci se levait. La dame se retourna d'un air courroucé.

— Pardon, señora, dit Morenita de l'air le plus insolent qu'elle put se donner, je ne vous voyais pas.

— Ce n'est pas étonnant, répondit la dame ; vous êtes si petite !

— C'est vrai, madame, j'ai pris votre turban pour un coussin, et je le trouvais placé trop haut. J'ai cru que sa place devait être sous mes pieds, et j'allais l'y mettre ; mais j'ai vu votre figure et j'ai eu peur.

— L'insolente ! s'écria la vieille femme en s'éloignant ; c'est une vraie gitana de la rue !

Cette altercation avait été entendue de quelques personnes. En peu d'instants, elle circula dans des groupes nombreux. C'était la demi-heure d'intervalle entre la première et la seconde partie du concert. Tous les Français jeunes furent du parti de Morenita et dirent entre eux qu'elle avait bien fait de river le clou à une vieille sorcière. Les gens sérieux trouvaient la chose fâcheuse. Les jeunes femmes en rirent aux dépens des deux parties. Plusieurs précieuses en furent formalisées. Bon nombre de vieux Espagnols des deux sexes se retirèrent fort irrités, la dame outragée en tête, et se plaignant au duc, avec l'aigreur et la rudesse presque grossière que prennent tout à coup les gens du grand monde quand ils se croient provoqués par leurs *inférieurs*.

Le duc, vivement affecté de cette algarade, chercha partout sa fille. Elle avait quitté le salon. Morenita, pâle de rage, tremblante, et près de suffoquer, s'était enfuie dans sa chambre, et, tirant les verrous pour cacher une émotion qu'elle voulait paraître surmonter, s'était jetée sur un sofa. Elle avait laissé sa toilette fort éclairée, afin de pouvoir revenir au besoin, de temps en temps, rajuster sa coiffure. Elle fut surprise de se trouver dans l'obscurité, et sérieusement effrayée lorsqu'elle se sentit entourée de deux bras souples et forts qui l'enlaçaient comme deux serpents. Elle allait crier lorsqu'elle reconnut la voix de Rosario, qui l'appelait sa sœur, sa bien-aimée, sa seule et unique amour sur la terre.

Alors Morenita fondit en larmes, et, reprenant son énergie, elle lui raconta en deux mots quel outrage elle venait de subir.

— Ce n'est rien, dit le gitanillo en riant. Moi, j'ai été mis à la porte. On m'a glissé de l'argent dans la main comme à un valet, et on m'a empêché de compléter mon succès en chantant dans la seconde partie du concert. Mais qu'est-ce que cela nous fait, Morenita ? Nous ne sommes pas méprisés, va ! On n'insulte que ce qu'on déteste, et on ne déteste que ce qu'on redoute. Ce qu'on dédaigne réellement, on n'y fait pas attention. A l'heure qu'il est, vois-tu, cent femmes sont amoureuses de moi dans le salon d'où on me chasse, et tous les hommes ont la tête à l'envers pour la gitanilla qu'on dénigre. Laisse passer ce flot d'injures, petite sœur chérie : c'est ton véritable règne qui commence ! Est-ce qu'une véritable miss Hartwell, avec des yeux en coulisse et la bouche en cœur, baisant la main des vieilles guenons de cette race de singes, et mendiant leur pitié protectrice, ne serait pas bientôt reléguée au petit cercle et au mariage de raison avec un maître clerc de notaire ou quelque sous-secrétaire d'ambassade ? Allons donc ! Il faut être adorée par tous leurs princes de la terre. Ils croiront pouvoir te séduire ; mais, après qu'ils auront fait mille folies pour toi, tu leur diras : « Arrière, vieux chrétiens ! je n'aime que mon semblable, que mon ami... que mon frère ! »

L'idée de cette lutte effrayait Morenita ; mais celle d'une passion nouvelle, qu'elle croyait chaste et sainte dans son but, plaisait à son esprit exalté.

— Oui, oui, s'écria-t-elle en enlaçant étroitement ses mains crispées à celles de Rosario, toi seul, mon sang, mon âme, ma force, ma haine, mon refuge, mon secret ! Ne me quitte plus ou reviens bientôt. Je ne peux plus vivre sans être aimée exclusivement, et je sens que c'est ainsi que tu m'aimes !

On frappa à la porte.

— Venez, chère enfant, dit la voix de la duchesse ; votre père vous cherche ; il est inquiet de vous. Sortez avec moi, ne craignez rien.

Dans son trouble, Morenita ne remarqua pas la protection que semblait accorder la duchesse à son entrevue avec Rosario. Celui-ci la poussa hors de la chambre en lui disant :

— Ne t'inquiète pas de moi, je sortirai.

Et Morenita alla retrouver le duc sans voir ce que la duchesse était devenue après l'avoir avertie.

Le duc venait à sa fille avec plus de sollicitude que de courroux. Quand il la vit forte et audacieuse, il s'effraya davantage et essaya de la dominer par une remontrance. Mais elle n'accepta aucun blâme, et, se plaignant vivement d'avoir été insultée dans la maison du duc :

— Si c'est ainsi que votre monde m'accueille, lui dit-elle, j'ai bien mal fait de quitter mamita, dont tous les amis la respectaient trop pour ne pas me respecter aussi, et qui ne recevait pas chez elle des gens disposés à lui faire un crime de sa tendresse pour moi.

Le duc, la voyant exaspérée, lui dit qu'elle était souffrante et qu'elle ferait bien de se retirer.

— Si vous me le commandez, répliqua l'indomptable enfant, je subirai l'humiliation de cette pénitence publique ; mais je vous avertis que je quitterai demain votre maison pour n'y plus rentrer.

— Et où donc irez-vous, ma pauvre Morenita ? dit le duc, qui se repentait un peu tard d'avoir cédé au caprice de sa femme en adoptant ouvertement l'enfant terrible. N'avez-vous pas abandonné avec beaucoup du dureté la généreuse femme qui vous tenait lieu de mère ? et ne savez-vous pas, d'ailleurs, qu'elle est maintenant en Italie ?

— Eh! mon Dieu, répondit Morenita avec un accent et une expression de visage où se peignait l'instinct de la liberté farouche élevé à sa plus haute puissance, est-ce donc si difficile à trouver, l'Italie ? Est-ce que la terre manque de chemins pour nous porter et le ciel d'étoiles pour nous guider ? Voyons, monsieur le duc, est-ce vrai, ce que j'ai entendu dire à la marquise d'Acerda ? Suis-je une bohémienne ?

— A-t-elle dit cela ? dit le duc embarrassé.

— Elle l'a dit, et bien d'autres choses encore.

— Quoi donc ?

— Elle a dit que j'étais votre fille !

— Morenita ! s'écria le duc perdant la tête, nous causerons demain. Pour l'amour de moi et de vous-même, tenez-vous tranquille jusque-là.

— Eh bien, qu'est-ce donc ? dit la duchesse en venant les rejoindre sur l'escalier dérobé où le père et la fille causaient ainsi avec animation. Nous allons faire remarquer notre absence.

Et elle les emmena dans la galerie, tandis que Rosario s'esquivait par le chemin qu'ils lui laissaient libre.

— De quoi vous tourmentez-vous ? dit la duchesse à son mari et à Morenita, avant de rentrer avec eux dans les salons. Comme vous voilà déconfits pour un incident ridicule où les rieurs sont pour nous ! Est-ce que ces prises de bec entre femmes n'arrivent pas tous les jours dans le monde ? Est-ce qu'il n'est pas peuplé de sottes cancanières, jalouses des jolies personnes ? Votre grand tort, mon duc, est d'être apprécié par les jeunes, et c'est toujours un dépit pour les vieilles ; le vôtre, ma petite miss, est de faire fureur par vos beaux yeux. Eh bien, le grand malheur, quand notre salon serait débarrassé, une fois pour toutes, de ces antiquailles ! Si cela n'avait pas coûté une attaque de nerfs à cette chère enfant, je m'en réjouirais. Il paraît qu'elle a répondu avec l'esprit d'un diable. Elle nous contera ça ; mais rentrons, il le faut. Voilà la Persiani qui va chanter.

## XI

Morenita fut entraînée à un mouvement de reconnaissance pour la duchesse et l'embrassa. La duchesse s'arrangea pour lui rendre cette caresse sur le seuil de la grande porte, qui, de la galerie, s'ouvrait sur le salon principal. C'était une protection ouvertement déclarée, dont la plupart des hommes lui surent gré, dont une partie des femmes la blâma. La duchesse tenait beaucoup moins à satisfaire les unes qu'à éblouir et charmer les autres. Après le concert, on soupa. Il était assez tard. Les trois quarts de l'assemblée s'étaient écoulés peu à peu. On retint quelques artistes, les amis restèrent ; des gens aimables et distingués furent naturellement retenus aussi par cette réunion plus choisie. Des femmes gaies ou coquettes prirent leur parti de s'amuser pour leur compte, sans se soucier de se lier trop avec la gitanilla, qui leur inspirait, au reste, une grande curiosité. D'autres, meilleures ou plus intimes, l'acceptaient sans marchander, et même il y en avait de quelques-unes d'assez mûres et d'assez honorables pour consoler la famille de l'échec de la soirée.

Le souper fut très-brillant. Roque se grisa un peu, mais il eut beaucoup d'esprit et fut fort convenable. Les artistes et les littérateurs s'animèrent et furent charmants. Clet, un peu éclipsé, partant un peu morose, se sentit consolé par quelques attentions gracieuses de la duchesse.

La conversation, devenue générale au bout de la table qu'occupait Morenita, vint à rouler sur le gitanillo. Des esprits compétents en parlèrent avec enthousiasme. Une jeune et jolie femme, un peu grisée par son propre entrain, déclara en riant à un de ses voisins, non loin de Morenita, qu'elle l'entendait, qu'elle en avait la tête tournée. Morenita la regarda et sentit un mouvement de triomphe mêlé d'un éclair de jalousie qu'elle ne s'expliqua pas à elle-même. Une ex-cantatrice italienne, un peu vieillotte, prisée pour son esprit et sa rondeur, porta aux nues la grâce et la beauté du bohémien, disant qu'à son âge elle n'avait plus besoin de faire l'hypocrite. Un peintre estimé regretta de ne pas s'être enquis de sa demeure : il eût voulu voir encore ce beau type et en fixer le souvenir par quelque croquis.

La duchesse demanda à Roque, d'un ton fort naturel, s'il l'avait déjà entendu quelque part, et à Clet s'il ne pourrait pas le retrouver pour lui demander la musique de sa romance. L'un et l'autre répondirent d'une manière évasive, regardant le duc, qui ne se doutait plus de rien, mais prit et promettait intérieurement de ne plus laisser aucun gitano pénétrer chez lui pour y fournir matière à des rapprochements désagréables avec sa fille.

Malgré le resserrement de bienveillance ou d'engouement qui se fit autour du duc, de sa femme et de Morenita, cette soirée laissa des traces pénibles dans leur monde, et, pour qu'on ne s'aperçût pas de la désertion de plusieurs gros bonnets, il fallut que la duchesse étendît ses relations dans le monde de la jeunesse, de la mode et du talent. Ce n'est jamais difficile à une jolie femme riche. Morenita se vit donc bientôt entourée et courtisée de plus belle. Mais le bonheur n'est pas dans cette vie mêlée d'éléments hétérogènes. Morenita continua à s'ennuyer sans savoir pourquoi.

Chose étrange, ce cœur avide de se répandre, cette organisation enfiévrée par l'inquiétude des sens, cette imagination active, cet être où tout concourait à l'irruption de quelque délire, repoussait froidement les séductions de la flatterie et les entraînements du plaisir. Deux types obsédaient sa pensée et remplissaient le cadre de sa prédilection secrète, Stephen et Rosario : le frère mystérieux, charmant et persuasif ; le père adoptif, parfait mais rigide ; deux absents, deux êtres dont l'existence ne lui paraissait jamais pouvoir s'assimiler à la sienne. Pour tous les autres hommes, Morenita n'éprouvait qu'un mélange de méfiance, de dédain et même d'antipathie qu'elle avait peine à leur cacher.

Elle sentait pourtant que Rosario lui avait dit la vérité, en lui répétant que, dans sa situation, elle ne pouvait s'élever par la coquetterie, que redescendre par l'humilité. Elle était donc coquette, mais avec âpreté, avec tyrannie, avec une malice profonde et cruelle dans l'occasion. Aussi inspirait-elle de  ur et de la haine. Personne ne pouvait lui faire connaître la douceur de l'amitié, personne n'en pouvait ressentir pour elle.

Son âme s'aigrissait rapidement dans cette position fausse et pénible. Le duc n'avait pas su contribuer à la guérir. Il avait reculé devant l'aveu du lien qui l'unissait à elle. Au moment de le lui révéler, il s'était arrêté, effrayé de son caractère impétueux et des exigences qui pouvaient surgir. Trompé par la feinte ignorance de sa fille, il avait traité les propos de la vieille marquise de rêverie, de méchanceté pure. Morenita était restée miss Hartwell, la fille d'un ami de Calcutta et d'une Anglaise morte sur le navire qui l'amenait en France, en lui donnant le jour.

Morenita, en se voyant mystifiée ainsi, avait écrit sur une page de son journal :

« Vous me faites orpheline, mon père ? Eh bien, tant mieux ! vous me faites libre ! »

Elle s'était donc redressée de toute sa petite taille, et Clet, qui prenait du dépit contre elle, comme bien d'autres, commençait à la comparer à un petit serpent qui veut toujours mordre, parce qu'il rêve toujours qu'on lui marche sur la queue.

Altière avec les valets, souple, caressante et moqueuse avec le duc, qui souffrait toujours de ses instincts violents; roide et hautaine avec la duchesse, qui supportait ses frasques de caractère avec une douceur et une insouciance inouïes chez une personne autrefois violente et impérieuse, elle remplissait la maison paternelle de ses caprices et l'agitait parfois de ses fureurs. Elle réparait tout très-vite par d'involontaires élans de tendresse pour son père, où s'y laissait gagner ; par de prudentes soumissions envers la duchesse, qui accueillait son retour avec des rires pleins de bonhomie; par des prodigalités aux laquais, qui, dès lors, souhaitaient voir revenir l'orage destiné à crever en pluie d'or sur leurs têtes.

### UNE LETTRE DE MORENITA A ANICÉE

« Nice, 15 avril 1847.

» Mamita, me voici dans un beau climat qui ne me fait pas de bien, vu que je ne suis pas malade. Toute ma maladie, c'est de vous avoir quittée, et, comme je ne peux pas vous rejoindre, cette maladie est mortelle.

» Mortelle pour mon corps robuste ! Mon petit corps robuste vivra quand même. Alors, vous voilà tranquille ? Dans ce monde, c'est toujours comme cela. Pourvu que les gens ne soient pas enterrés, on suppose qu'ils vivent et que cela leur suffit. Cela suffit à vous, mamita, qui êtes parfaite et qui ne pouvez pas être malheureuse. Moi, je m'arrange pas d'être ce que je suis

» Vous dites que je vous écris par énigmes. C'est singulier ! il me semble que je suis de verre, et que je laisse trop voir le peu de bien, le beaucoup de mal que je sens en moi.

» Le duc est en Espagne pour des raisons de politique. On m'a expliqué de quoi il s'agissait. J'aurais pu comprendre, je n'ai pas écouté : c'était bien assez d'avoir le cœur brisé par son départ sans vouloir me casser la tête de ce qui en est cause.

» La duchesse s'amusait à Paris ; mais elle imagine qu'elle s'amuserait ici davantage. Moi qui m'y ennuyais, il m'a été indifférent de continuer à m'ennuyer ici.

» Je devrais vous dire que je me trouve mieux d'être moins loin de vous. Hélas ! je suis plus loin, chaque jour plus loin, de mon bonheur, de mon passé, de mon enfance, le seul beau temps de ma vie, quand vous étiez toute ma vie !

» Si cela peut vous intéresser, j'ai grandi un peu, et on dit que je suis fort embellie. Mais je suis, moi, que j'enlaidis au moral. Je suis affreusement gâtée : aussi je suis mauvaise, colère, hargneuse, fantasque. J'ai fait souvent beaucoup de peine au duc, je me suis fait détester de beaucoup de gens, et je me trouve fort ingrate envers la duchesse.

» Adieu, mamita. Mamita... ô mamita ! je suis moins méchante que malheureuse, allez ! »

Telles étaient les lettres de cette bizarre enfant. Anicée ne les comprenait pas. Madame Marange les devinait. Stéphen ne pouvait les lui expliquer.

Ils s'étaient établis pour l'été à Castellamare, près de Naples. Ils avaient écrit à Paris pour déclarer leur mariage à ceux de leurs amis qui l'ignoraient ou qui en doutaient encore. Le temps était enfin venu où Stéphen, reconnu homme de science et homme de cœur éprouvé, tout le monde s'écriait en apprenant cette nouvelle :

— Bah ! ils étaient mariés ? Eh bien, ils avaient raison. C'est le couple le mieux assorti, le plus sage et le meilleur qui existe.

Après quelques jours passés à Nice, la duchesse écrivit au duc que l'air ne lui convenait pas et qu'elle louerait une villa aux environs de Gênes pour y passer le printemps. Morenita lui avait servi de prétexte pour ne pas suivre son mari en Espagne. Là, en effet, l'adoption de la gitanilla eût fait le plus mauvais effet. Le duc, en prenant sa fille avec lui, n'avait pas prévu qu'elle s'emparerait si despotiquement de sa vie et ne lui permettrait jamais de la tenir cachée. La duchesse acceptait cet inconvénient, qui dérangeait toute leur existence, avec une longanimité inouïe.

La villa génoise était ravissante. Dans cet admirable pays, Morenita eut une première journée de calme, suivie d'un lendemain d'enivrement qui ne lui permit plus de s'ennuyer. Comme elle était le soir à sa fenêtre, rêvant aux étoiles et entendant le bruit majestueux de la mer que lui apportait la brise au milieu d'une silence énervant, la voix magique et la guitare sauvage de la bohème résonnèrent sous sa croisée. Cette croisée, au rez-de-chaussée, s'ouvrait sur les jardins. Rosario, d'un bond souple et vigoureux comme celui du léopard, s'élança dans la chambre et tomba à ses pieds.

— N'aie pas peur, lui dit-il en embrassant ses bras nus avec transport. La duchesse ne peut nous entendre. Les valets sont absents ou gagnés. D'ailleurs, quand un gitano se laissera surprendre par d'autres gens que ceux de sa race, il fera beau ! Me voici enfin, Morenita de mon âme ! Ne te l'avais-je pas promis, que tu viendrais dans un beau pays où tu me retrouverais ? Nous sommes libres de nous voir pendant trois mois. La duchesse a un amant, elle ne s'avisera pas...

— Quoi ! s'écria Morenita, cette femme trompe mon père ?

— Ton père a bien trompé notre mère !

— Oh ! mon Dieu ! nous sommes les enfants du mal et du mensonge !

— Qu'importe ! il y a une chose vraie, c'est que nous nous aimons, nous deux.

— Je n'aime plus que toi, mon frère, dit Morenita en faisant un effort de volonté pour arracher Stéphen de son âme avec cette parole. Mais dis-moi donc comment tu sais tout ce que tu m'apprends et comment tu savais que nous viendrions ici.

— J'ai voulu le savoir, voilà tout. Comment peux-tu me faire une pareille question, toi, gitanilla ? Ceux qui n'ont pas la force ont la ruse : c'est le bienfait des cieux qui dédommage notre pauvre famille errante de toutes les misères. Depuis le jour où j'ai su que tu existais, je n'ai jamais reperdu tes traces, ni celles d'aucun des êtres auxquels ta vie était liée.

— Raconte-moi donc ce jour-là.

— C'était un jour que ton parrain Stéphen m'avait dit que tu étais morte. Ce jour-là, ce méchant homme...

— Lui, un méchant homme, Stéphen ? Tu le hais donc, à présent ?

— Je l'ai toujours haï depuis ce jour-là ! Écoute : il fit arrêter mon pauvre père, il le fit jeter en prison, où il est mort. Le gitano résiste aux supplices, au fouet, à la faim, aux rigueurs des plus affreux climats, aux nuits sans abri sur la terre durcie par la gelée, non plus qu'au soleil ! Mais la captivité le tue. C'est Stéphen qui a tué mon père !

— Dieu vivant ! pourquoi cette cruauté ?

— C'était par amitié pour toi, parce que mon père voulait te tuer.

— Moi ? Mais c'est affreux, tout ce que tu me racontes aujourd'hui, mon pauvre frère !

— Le moment est venu de te le dire. Mon père n'était pas le tien, ne le plains pas ! il était cruel ; il voulait me rendre voleur ; moi, j'étais trop intelligent pour vivre si bas. Je résistais. Il me frappait jusqu'au sang !

— Ah ! les gitanos ! c'est horrible ! s'écria Morenita avec un accent de terreur et de détresse.

— Les gitanos aiment pourtant leurs petits avec passion, reprit Rosario ; mais il faut que leurs enfants se soumettent à leurs idées, et, quand l'un de nous veut agir autrement et traiter à sa guise avec le monde des étrangers, son père et sa mère le maudissent, l'abandonnent ou le font mourir. Mon père avait été si dur pour moi, que je n'ai pas pu le regretter ; mais c'était mon père, vois-tu, et je n'en dois pas moins haïr son assassin. En le voyant saisir et emmener par la police, que Stéphen avait avertie (il est rusé aussi, Stéphen !), je ne me jetai pas dans le filet avec lui ; je le suivis, je m'attachai à ses pas. Je sus, dès le soir même, où tu étais, et comme quoi il était, lui, l'amant de la maman. J'espérais que cette découverte servirait à mon père ; mais elle ne lui servit de rien. Il était pris. On m'observa bientôt moi-même, on m'arrêta et on me livra à celui qui me tuait mon père et qui me volait ma sœur. Tu sais le reste. Cet homme m'a fait élever ; il s'est établi mon bienfaiteur. Ces gens-là nous ont toujours traités comme des chiens, jetant à l'eau ceux de nous qui leur déplaisent, mettant les autres à l'attache et leur donnant du pain pour les faire grandir. J'ai ramassé le pain, j'ai léché la main du maître et j'ai brisé l'attache. N'est-ce pas là ce que tu as fait avec ta mamita ?

— Hélas ! oui, mon Dieu ! dit Morenita en fondant en larmes ; mais j'ai mangé le pain sans appétit, j'ai léché la main sans dégoût, et j'ai brisé l'attache sans plaisir. Ah ! je ne suis qu'à demi bohémienne, moi !

— Oui, oui, c'est vrai, reprit durement Rosario ; il y a du sang chrétien dans tes veines, pour ton malheur, pauvre fille ; car cela te rend lâche, et, au lieu d'aimer ton frère le gitano, tu aimes ton parrain, qui te crache au visage.

— Non, non, ce n'est pas vrai ! s'écria Morenita épouvantée de la pénétration de Rosario.

— Ne mentez pas ! reprit-il avec colère et en lui tordant le bras d'un air farouche. Ce n'est pas moi que l'on trompe. Je suis votre frère, le fils de l'homme que votre mère a trompé. Il m'avait fait jurer de vous tuer, j'ai violé mon serment, et, vous voyant si jolie, j'ai senti qu'au lieu de vous haïr, je vous aimais avec passion ; mais il faut oublier le chrétien, il faut le haïr, il faut m'aimer... ou bien, moi, je...

— Tu me tuerais ? dit Morenita glacée de terreur et essayant de fuir.

— Non ! je t'abandonnerais, répondit froidement Rosario, en lui lançant un regard d'inexprimable mépris qui l'effraya plus que sa colère.

Elle plia involontairement le genou devant lui, en lui répondant, comme fascinée par une puissance inconnue :

— Oui, je l'oublierai ! je l'oublierai... c'est déjà fait, va ! ajouta-t-elle en se relevant et en retrouvant son énergie avec cette mobilité d'émotion qui lui était propre.

— Viens jurer cela sur mon cœur, dit Rosario en lui ouvrant ses bras.

Elle s'y jeta ; mais, se sentant étreindre avec une force convulsive, elle eut peur encore et poussa un cri.

— Tais-toi, malheureuse ! dit Rosario en lui mettant la main sur la bouche. Que crains-tu de moi ? ne suis-je pas ton frère ? n'ai-je pas le droit de t'embrasser, de te gronder, de te sauver de toi-même ?

Rosario ou plutôt Algénib, car c'était le nom mystérieux qu'il avait reçu de ses parents, et l'autre n'était que le nom chrétien que les gitanos méprisent en secret ; Algénib éprouvait pour Morenita un amour effréné, qui, à chaque instant, menaçait de l'emporter sur sa ruse ; mais il la voyait pure, et il sentait que la passion seule vaincrait son effroi et sa surprise. Cette passion ne pouvait naître dans son cœur tant qu'elle le regarderait comme son frère, et le gitano redoutait le moment où il lui faudrait avouer le mensonge, dévoiler son plan de séduction et s'exposer peut-être à une méfiance invincible. Morenita avait avec lui la crédulité d'un enfant ; elle n'avait pas seulement songé à demander sur quelles preuves il établissait leur parenté. Trompée une fois, ne craindrait-elle pas de l'être encore, et ne reculerait-elle pas épouvantée devant la pensée d'un amour incestueux ?

Pour certaines tribus de bohémiens errants, l'union entre frère et sœur n'est pas plus criminelle qu'elle ne l'était chez les patriarches de la Bible (1). Mais, soit qu'Algénib ne fût pas né dans cette secte, soit qu'il craignît avec raison que Morenita, chrétienne, n'eût horreur d'une telle pensée, il ne voulait se dévoiler que le jour où il lui fournirait la preuve qu'il n'était pas le fils de la belle Pilar. Or, il attendait cette preuve. Il ne l'avait pas dans les mains. Il ne pouvait invoquer que la parole de son père et le souvenir de sa véritable mère, morte quatre ou cinq ans avant l'union d'Algol avec Pilar.

Algénib, enfant, avait aimé Pilar comme sa propre mère. Chez les bohémiens, comme chez plusieurs peuplades sauvages, l'adoption est une seconde nature. Pilar était une créature douce et aimante, à laquelle il devait certainement des instincts meilleurs que ceux de son père. Une éducation exquise, un génie naturel et le goût du bien-être l'avaient séparé de sa race, et jeté dans la civilisation avec le besoin d'y rester ; mais aucune notion de religion sérieuse n'avait adouci en lui l'âpreté du vouloir personnel ; aucun lien de solidarité ne l'attachait au monde chrétien. Tout ce qui lui semblait désirable lui semblait légitime, tout ce qui lui semblait désirable lui paraissait permis.

Mais, ne pouvant effrayer la pudeur de Morenita sans compromettre toutes ses espérances, il fut maître de lui tout le temps nécessaire. Il l'étonnait bien parfois par quelque regard trop brûlant, par quelque parole trop énergique, par quelque étreinte trop impétueuse ; mais il ne donnait pas à son esprit le temps de s'arrêter sur cette frayeur : il la chassait par ce doux nom de sœur qui était entre eux comme une invisible protection du ciel.

Pendant trois mois, Rosario vint presque tous les soirs passer trois ou quatre heures avec Morenita. Ce fut une vie étrange que celle arrangée par la duchesse pour sa pupille et pour elle-même. Contrairement à ses habitudes du luxe, de mouvement et de bruit, elle s'enferma dans une retraite absolue, disant à Morenita qu'elle voulait lui rendre un peu du bonheur tranquille qu'elle avait goûté chez madame de Saule et qu'elle avait peut-être raison de regretter. A ses amis, elle écrivait qu'elle était souffrante ; aux personnes qu'elle connaissait à Gênes et aux environs, elle disait en riant que, n'ayant pas son mari auprès d'elle, elle se considérait comme une veuve momentanément inconsolable, et n'avait l'appétit d'aucun autre plaisir que le repos des champs. S'il y avait à s'étonner de cette résolution dans son caractère et dans ses habitudes, il n'y avait rien à y reprendre ; car sa conduite extérieure était irréprochable, et, dans sa maison même, malgré l'assertion de Rosario, personne n'eût pu surprendre la trace d'une intrigue pour son propre compte.

L'intrigue surprenante par sa liberté et sa sécurité, c'était celle que Rosario entretenait dans la maison avec l'innocente Morenita. A neuf heures du soir, la duchesse se couchait et s'endormait très-réellement, pour se réveiller à cinq heures du matin. Elle se promenait dans son jardin toute seule, brodait ou lisait d'un air fort calme, ensuite déjeunait avec Morenita à midi, recevait ou rendait avec elle quelques visites ou faisait quelque promenade en voiture, rarement une course à Gênes pour des emplettes, ou pour examiner à loisir une des belles collections de tableaux qui enrichissent les palais. Soit qu'elles dînassent dehors ou chez elles, tête à tête ou avec quelques personnes, ces deux femmes se retrouvaient seules, le soir, de fort bonne heure. La duchesse commençait aussitôt à bâiller, riant de l'habitude qu'elle prenait de se coucher comme les poules, disant qu'elle s'en trouvait fort bien, et engageait Morenita à se refaire comme elle des fatigues du monde, pendant ce répit qui leur était accordé. Morenita disait qu'elle aimait mieux étudier jusqu'à minuit dans sa chambre et dormir plus tard dans la matinée ; que cette manière de vivre lui plaisait beaucoup aussi, et que jamais elle n'avait employé son temps plus à son gré.

La duchesse n'avait que deux domestiques qui couchassent dans la maison, laquelle était fort jolie, mais fort petite. Les autres serviteurs étaient des gens du pays, loués à la semaine, qui, chaque soir, retournaient dans leur famille, le hameau qu'ils habitaient étant situé à cinq minutes de chemin de la villetta.

L'appartement de la duchesse était tourné vers l'est, celui de Morenita vers le couchant.

Il semblait donc que tout fût disposé avec soin pour favoriser les relations secrètes des deux gitanos. Rosario habitait Gênes et y menait aussi une existence très-cachée. Il ne s'y faisait pas entendre, il n'y recherchait aucune protection, il n'y établissait aucun lien avec les gens d'aucune classe, n'avait, lui, d'aucune classe en réalité. Il ne s'était jamais présenté chez la duchesse, et il ne semblait pas que celle-ci eût gardé le moindre souvenir de son existence ; car il ne lui arriva pas une seule fois de prononcer son nom devant Morenita.

## XII

La saison était magnifique. Il n'y avait pas, de Gênes à la villa, une demi-heure de chemin. Tous les soirs, entre neuf et dix heures, si Morenita quittait la duchesse un peu plus tard, elle trouvait son frère installé dans sa chambre ; si c'était un peu plus tôt, elle l'attendait dans le jardin et le faisait entrer sans bruit et sans trouble.

Ils causaient ensemble, ou travaillaient jusqu'après minuit, souvent plus tard, la musique et l'étude prit une place importante dans leurs veillées. Algénib souhaitait avec passion que sa sœur apprît la langue, les chants et les danses de sa tribu. Cette fantaisie, qui d'abord parut étrange à Morenita, la gagna

---

(1) L'auteur de cette histoire, causant un jour avec une très-belle fille de bohème qui faisait métier de devancer les chevaux à la course, et remarquant avec pitié qu'elle était enceinte, lui demanda lequel des bohémiens qui l'entouraient était son mari. « Il n'est pas là, dit-elle. C'est mon frère. — Vous parlez ainsi de tous les hommes de votre tribu ? — Non pas, répondit-elle. C'est le fils de mon père et de ma mère, qui a deux ans de moins que moi. »

à mesure qu'elle consentit à la satisfaire. Sa voix charmante, un peu voilée, et que les leçons de Schwartz n'avaient encore osé développer, à cause de son jeune âge, n'avait rien perdu de ce timbre guttural propre aux gosiers de sa race. Son corps souple trouvait en lui-même, et sans autre guide que l'instinct, toute la grâce des almées. Algénib n'avait plus qu'à régler à sa guise les pas et les poses de sa danse, comme il n'avait qu'à meubler sa mémoire des airs et des paroles de ses chants.

Il était réellement doué d'un génie musical particulier. Il avait appris la musique *officielle*, comme disait Schwartz, avec beaucoup de facilité ; mais il s'était toujours senti oppressé de ses idées propres et du vague souvenir de ces chants par lesquels Pilar avait charmé son enfance. Il se rappelait quel prestige cette chanteuse illettrée avait exercé dans les campagnes et les châteaux de l'Andalousie. Il avait hasardé devant Stéphen et Schwartz quelques fragments de ces souvenirs incomplets. Il avait été frappé de l'intérêt qu'ils y avaient pris et de l'impression qu'ils en avaient reçue. Dès lors il s'était tu, disant qu'il ne se rappelait pas autre chose, et voulant mettre en réserve son petit fonds pour l'avenir, sans en faire part à personne.

— Quand j'ai vu, en poursuivant mes études classiques, dit-il à Morenita, un soir qu'elle l'interrogeait plus particulièrement sur son passé, qu'il fallait, pour percer la foule, avoir des protecteurs puissants et dévoués, chose impossible à un bohémien, ou que, pour gagner misérablement sa vie, il fallait piocher ou ramper toute sa vie, j'ai planté là irrévocablement les protecteurs obscurs ou tièdes, le métier pénible et impuissant. J'avais déjà voyagé en promenant ma petite science classique dans diverses contrées. J'étais gentil, je ne chantais pas mal ; mais il y en avait tant d'autres comme moi ! M. Stéphen ne me faisait espérer qu'un sort médiocre. Alors je suis reparti à pied et arrivé en guenilles de la *bohème* dans le faubourg de Cordoue qui est abandonné aux gitanos. Mes haillons étaient le costume de l'ordre ; ils ont bien accueilli, grâce aux principales formules de nos rites originels, que je n'avais point oubliées. J'ai passé six mois parmi eux, voyant, écoutant, m'imprégnant de leur génie et laissant grandir mon inspiration. De là, j'ai été à Séville, où j'ai recueilli encore bien des richesses ; car je ne me bornais pas aux chants et aux danses des gitanos, je voulais aussi m'assimiler l'art espagnol dans ce qu'il a de primitif, dans ses origines moresques. Pauvre, sale, hideux, vivant de rien, j'étais heureux de travailler dans un galetas, écrivant avec un mauvais crayon sur du papier que je réglais moi-même par économie. J'ai parcouru aussi une partie de l'Allemagne et de la basse Pologne, étudiant les formes juives et tziganes. Toutes ces formes viennent originairement des pays que bénit le soleil et se tiennent par des relations plus étroites qu'on ne pense.

» Revenu en France, j'ai puisé dans mes souvenirs, j'ai composé, j'ai traduit, j'ai rajusté, j'ai imité, j'ai enfin créé ! J'ai essayé mes premières compositions devant toi, chez le duc. Les Français les ont admirées, les Espagnols les ont méprisées. J'étais heureux, j'avais réussi. C'était du gitano, et pourtant c'était de l'art. On l'a dit, on l'a senti, et, à présent, je suis mon maître. J'ai une spécialité unique où je brave toute espèce de concurrents. Je vais courir le monde avec mes chansons. Dans les endroits où je trouverai des auditeurs trop barbares, je danserai peut-être ! ne pouvant parler à l'âme par les oreilles, je parlerai aux sens par les yeux, je ferai les deux choses que la fourmi conseillait à la cigale, et que la cigale eût dû faire.

— Quoi ! tu veux me quitter ? dit Morenita effrayée. Tu avais juré de ne plus jamais m'abandonner chez la race étrangère !

— Que puis-je faire pour une sœur qui a un père grand d'Espagne ? répondit Algénib, qui ne perdait pas une occasion de détacher Morenita de ses liens avec le monde. Et quel besoin a de moi la fille adoptive du beau Stéphen et de la tendre mamita ? Ils ont une fortune ou un rang à lui donner ; moi, je ne lui offrirais que le travail, la vie errante et une pauvreté relative.

— La pauvreté ! De quoi vis-tu donc aujourd'hui ? Tu as de beaux habits, du linge fin, des bijoux et rien à faire, puisque tu es libre de ton temps et de tes actions ?

— Cela, c'est mon affaire, dit Algénib en souriant. A côté de l'art qui ne nourrit plus l'artiste dès qu'il se repose, il y a l'intelligence des secrets du cœur humain qui lui crée d'autres ressources. Je te dirai cela plus tard. A présent, tu ne comprendrais pas. Chantons.

— Pourquoi chanter ? pourquoi étudier ensemble, reprit Morenita, si nous devons ne plus nous connaître dans quelques jours, nous séparer pour jamais ?

— Tu veux le savoir ? Eh bien, les gitanos font le métier de découvrir le secret des destinées, et moi, je lis clairement dans la tienne. Tu te brouilleras avec la duchesse et même avec ton père ; l'une te chassera, l'autre te laissera partir. La mamita te recevra peut-être ; mais, ou le divin Stéphen t'abreuvera d'affronts que tu ne pourras longtemps supporter, ou il cédera à ta passion, et alors mamita et sa mère...

— Tais-toi, tais-toi, esprit méchant, âme cruelle ! s'écria Morenita ; jamais je ne repasserai le seuil de leur maison ! je l'ai juré, et je ne suis pas si faible que tu crois.

— Eh bien, alors, tu n'auras pas d'autre refuge que le sein de ton frère, et il faudra bien que tu fasses avec lui le métier de bohémienne. Seulement, je te l'ai préparé un peu moins dur, un peu moins vil qu'il ne l'est pour les pauvres sœurs. Au lieu de chanter ou de danser dans la rue, tu brilleras sur les théâtres ; au lieu de te parer d'oripeaux et de clinquant, tu auras de la soie et du velours ; au lieu de coucher à la belle étoile ou dans les granges des châteaux, tu voyageras en poste et tu descendras dans des palais. Tu seras enfin une artiste, une cantatrice vantée, adorée. Tu seras entourée d'hommages, et, comme tu les aimes...

— Tu mens, je les déteste !

— Si c'est vrai, tu fais bien ; car je veux que tu les reçoives, mais je ne veux pas que tu y cèdes, et, le jour où tu aimeras un autre homme que ton gitano, malheur à toi, ma sœur ! Apprends donc vite et bien ce que je t'enseigne ; ce n'est peut-être pas demain que cela te servira ; mais je sais que le jour doit venir où tu m'appelleras à ton aide et où tu me remercieras de t'avoir donné un état plus utile que tous les talents d'agrément par lesquels, Dieu merci, au reste, on t'y a préparée.

Le ton de domination tantôt protectrice, tantôt menaçante d'Algénib, n'effrayait déjà plus Morenita. Elle s'y était habituée ; elle se sentait aimée, ce qui diminuait beaucoup le sentiment de la peur ; elle se sentait disputée, ce qui satisfaisait son besoin d'occuper exclusivement un cœur agité et exigeant comme le sien propre.

Le mois d'août approchait. Morenita avait fait des progrès si rapides, elle prononçait si bien sa langue maternelle, elle chantait d'une façon si adorable les ravissantes créations d'Algénib, elle mimait avec lui des scènes chorégraphiques d'une grâce si voluptueuse, que le gitano se sentait ivre d'orgueil, de joie et d'amour. Éperdu et tremblant, quand leurs voix argentines et fraîches mariaient leurs doux accords au milieu du silence de la nuit, ou quand leurs bras s'enlaçaient devant la glace où se rencontraient leurs brûlants regards, vingt fois il faillit s'oublier, se trahir, et hasarder pour un moment d'ivresse l'avenir de bonheur et de fortune qu'il se préparait.

Cependant, jamais aucun écho indiscret ne s'était réveillé dans la villa, le moindre bruit léger de leurs pas, aucune brise n'avait porté leurs doux accents à des oreilles attentives ou curieuses. Morenita eût dû se dire que cela était d'autant plus extraordinaire, que Rosario n'y mettait aucune prudence. Mais la confiante ou téméraire jeune fille n'y songeait guère et se laissait persuader que la duchesse était trop occupée de son propre secret pour épier ou pour vouloir troubler le sien.

Ce secret de la duchesse n'était pourtant guère vraisemblable. Rien n'en trahissait, rien même n'en pouvait faire soupçonner l'existence.

Une nuit que Rosario se retirait et longeait le mur extérieur du jardin, un petit caillou, tombé à ses pieds, l'avertit de lever la tête. Il passait non loin d'un kiosque qui formait l'angle. Plusieurs fois déjà il avait obéi à ce signal. Le kiosque avait une sortie sur le chemin qu'il suivait, et il était situé de manière que Morenita ne vît rien de ce qui se passait, lors même qu'elle serait restée à sa fenêtre pour écouter les pas de son frère se perdre dans l'éloignement.

Le gitano, averti et soumis, poussa la porte du kiosque et y entra.

— Eh bien, mon cher enfant, lui dit la duchesse du ton de bonté protectrice qu'elle avait toujours eu avec lui dans leurs rares mais significatives entrevues, vous avez donc vu votre sœur, ce soir ? Concevez-vous les cachotteries de cette chère enfant, qui ne me parle jamais de vous ? Si le hasard ne me faisait pas vous voir sortir de la maison quelquefois, comme aujourd'hui, par exemple, je ne me douterais pas que vous y venez souvent. Je dis souvent. Je n'en sais rien, après tout. N'abusez pourtant pas de ma tolérance. Le monde est méchant, et le duc, qui a de terribles préjugés, ne me pardonnerait pas d'avoir permis ces relations trop légitimes et trop naturelles d'une sœur et d'un frère, quelque secrètes qu'elles fussent.

— Ah ! madame la duchesse, répondit Rosario jouant la même comédie que son interlocutrice, bien qu'il ne songeât pas plus à la tromper qu'elle ne devait espérer de le tromper lui-même, vous êtes un ange de bonté et de justice. Vous seule au monde êtes assez grande pour comprendre le besoin qu'éprouvent deux pauvres parias, perdus ou tout au moins déplacés dans un monde ennemi, de se rapprocher et de goûter les douceurs d'une amitié sainte. C'est un bonheur qu'eux seuls peuvent se donner l'un à l'autre ; car ils seront toujours, quoi qu'on fasse, exclus de la famille des vieux chrétiens !

— J'ignore absolument quelles sont les intentions du duc pour l'avenir de votre sœur, reprit la duchesse ; mais je suis certaine qu'il ne vous permettra jamais de la voir, et qu'il vous chasserait de sa maison si vous vous hasardiez à y reparaître. Il l'a fait une fois déjà avec tant de rigueur ! Ah ! mon cœur en a saigné, je vous l'ai dit. Mais que voulez-vous ! dans notre race comme dans la vôtre, les femmes sont esclaves, et les hommes aussi sont esclaves de leurs propres préjugés ! Le duc est pourtant le meilleur des hommes !

— Oui, madame, on le dit ; mais on assure qu'il a des moments de colère où il est implacable !

— Quoi ! pensa la duchesse en frissonnant, le gitano saurait-il... ? Oui, ces gens-là savent tout dès qu'ils se mettent en tête de savoir quelque chose ! Eh bien, n'importe, j'ai passé ce Rubicon à ma pensée. — Mon cher enfant, dit-elle avec calme, je ne vous engage pas à dire à Morenita que je suis dans votre confidence. Puisqu'elle ne me le dit pas elle-même, vous comprenez qu'elle se méfie de ma tendresse. Et moi, je me méfierais de sa discrétion auprès du duc. Dans un jour de dépit contre lui ou contre moi, elle pourrait me trahir en se trahissant elle-même.

— Tout cela était convenu, señora, répondit le gitano. Vous croyez que j'ai été assez fou pour manquer à la parole que vous avez daigné exiger de moi ?

— Non, la duchesse d'un ton expressif, car ma protection est à ce prix. A propos, cher enfant, avez-vous trouvé quelque chose à gagner à Gênes ?

— Non, madame, je n'ai pas cherché. Je craignais trop de me faire remarquer, et que le bruit de ma présence dans votre voisinage ne vînt quelque jour aux oreilles de M. le duc.

— Ah ! c'est juste ! dit la duchesse d'un air fort naturel qui en eût imposé à tout autre ; vous avez bien fait. Mais de quoi vivez-vous, alors ?

— Du présent que madame la duchesse a daigné me faire en quittant Paris.

— Vous ai-je donné quelque chose ? Je ne m'en souviens pas. Ah ! par exemple, j'ai fait une grande étourderie de vous dire où nous allions ; j'aurais dû prévoir que vous nous suivriez, que vous saisiriez l'occasion de voir cette chère sœur ! Hélas ! c'est une occasion et une liberté qui ne se retrouveront peut-être plus. Le duc revient d'Espagne dans un mois, et il nous faudra le rejoindre à Paris.

— J'entends ! pensa Rosario, il est temps que j'enlève Morenita.

— Allons, il se fait tard, reprit la duchesse, et je vois que vous vous oubliez quelquefois à babiller avec cette chère enfant. Je crains que cela ne la fatigue. Quant à la compromettre, il n'y a pas de danger, j'espère ? Tout le monde ne sait pas qu'elle est votre sœur ; vous êtes prudent ?

— Comme personne ne le sait, je suis plus que prudent. Dès que j'ai passé le seuil de cette maison, je suis gitano.

— Bonsoir, gitanillo, dit la duchesse en souriant. Ah ! tenez, pendant que j'y pense, et en cas que je ne vous rencontre plus, car il ne faut pas que vous me rendiez visite ! si vous avez besoin de quelque chose, je ne veux pas que le frère de Morenita soit dans la gêne : vous pourrez passer chez mon banquier à Turin, ou à Londres, si vous y allez, comme vous en aviez l'intention. Ces messieurs sont avertis. Vous vous présenterez sous le nom que je vous ai dit. Ils vous remettront chacun dix mille francs ; ce sera de quoi vous mettre à flot ; car il ne faut pas aborder le public avec la centre creux. Il faut faire payer très-cher, si vous voulez avoir beaucoup de gloire, en Angleterre surtout ! Bonsoir, bonsoir ! Ne me remerciez pas : c'est de l'argent placé pour l'honneur de mon jugement, vous qui êtes un grand artiste, et vous aurez de la gloire. Le duc me saura gré, un jour, de n'avoir pas souffert que le frère de sa fille fût forcé d'afficher la misère en chantant dans les cafés. D'ailleurs, ne vous dois-je pas de la reconnaissance pour tous les services que vous m'avez rendus ? N'est-ce pas à vous que je dois d'avoir connu l'existence de cette chère Morenita et l'histoire de sa naissance, par conséquent, le bonheur que j'ai éprouvé à la rapprocher de son père et à amener celui-ci à remplir ses devoirs envers elle ? Allez-vous-en, mon garçon. Si je ne vous revois pas, bonne chance et bon voyage !

— Ainsi, se disait Algénib en reprenant le chemin de Gênes, il faut que je me hâte ; c'est en Angleterre que je dois me rendre d'abord, et j'ai vingt mille francs pour mes frais... Après cela, on essayera de m'abandonner à mes propres forces ; mais je ne le permettrai qu'autant qu'il me plaira, car je ne suis dupe de rien et je sais tout. Et, d'ailleurs, qu'importe !

J'ai du talent, j'ai du génie, et je suis aimé de Morenita... Mais cette maudite preuve qui n'arrive pas !

Le lendemain matin, Algénib alla sur le port, comme il y allait tous les jours depuis une quinzaine, espérant voir débarquer un petit intrigant qu'il avait connu affamé et faisant tous les métiers à Séville. Il lui avait écrit de chercher son acte de baptême dans deux ou trois localités où il supposait qu'il avait dû naître, car il ne le savait pas précisément. Ce personnage devait le lui rapporter lui-même, et, en récompense, Algénib devait lui payer son voyage et lui donner de quoi vivre pendant huit jours à Gênes, où il espérait s'utiliser. Telles étaient leurs conventions. Mais l'aventurier subalterne n'arriva pas, et, le jour même, Algénib reçut par la poste une lettre de lui qui lui apprenait que la paroisse d'Andalousie où il avait dû naître était introuvable. Algénib commenta le post-scriptum de la lettre. Son ami lui annonçait qu'il ne désirait plus passer en Italie. Pour le moment, il avait trouvé moyen de s'établir chirurgien et maquignon dans les environs de Séville. Algénib comprit que son ami ne s'était pas donné la peine de chercher son acte, et, perdant l'espérance de se le procurer, il résolut de brusquer le dénoûment de sa passion.

Il retarda volontairement sa visite à la villa, voulant préparer l'émotion de l'entrevue par l'inquiétude et l'impatience de Morenita. Il arriva vers onze heures, pâle et tremblant. Il était positivement fort ému ; car il avait beau être fourbe, il était éperdument amoureux, et n'abordait pas sans effroi l'orage qu'il allait soulever.

— Oh ! mon Dieu, que t'est-il arrivé ? s'écria Morenita en le pressant dans ses bras.

Elle croyait à un accident, elle l'examinait, craignant qu'il ne fût blessé.

— Laisse-moi, laisse-moi, dit-il en la repoussant ; ne me tue pas... Morenita, je ne peux plus vous aimer, je ne peux plus recevoir vos douces caresses. Il faut que je vous quitte, je viens vous dire adieu pour toujours.

Il tomba suffoqué sur le sofa, et, comme elle restait stupéfaite et terrifiée devant lui :

— Oui, s'écria-t-il avec angoisse, je serais un lâche si je vous trompais seulement un jour, seulement une heure. Vous me mépriseriez. Il faut tout vous dire !... Hélas ! mon Dieu ! en aurai-je le courage ? Oui, je l'aurai. Morenita, on m'avait trompé, je ne suis pas le fils de ta mère, je ne suis pas ton frère, je ne te suis rien !

Morenita demeura pâle et interdite ; un nuage de sombre défiance passa sur son front ; car elle avait, comme tous les caractères extrêmes, ces fréquentes alternatives d'aveugle abandon et de sauvage fierté.

— Vous n'êtes pas mon frère ? dit-elle. Eh bien, il y a des moments où j'en ai douté. Et vous ! vous n'avez pas eu de ces moments-là ?

— J'aurais dû les avoir, car je me suis senti à chaque instant troublé par un excès d'admiration et de jalousie qui eût dû m'éclairer sur mes propres sentiments ! J'étais forcé de me combattre moi-même, de me rappeler ce que nous étions l'un à l'autre. Oh ! mon Dieu, pourquoi mon père m'a-t-il trompé ainsi ?

— Oui, au fait, dit Morenita, dont le regard profond lui faisait subir un rude interrogatoire, dans quel but vous avait-il trompé ? Vous seriez embarrassé de me le dire ! S'il voulait me tuer et vous contraindre à me retrouver pour me livrer à sa vengeance, il avait tout intérêt à vous faire savoir que vous ne me deviez ni protection ni affection.

Algénib ne s'était pas attendu à tant de sang-froid et de réflexion.

— Elle se méfie, pensa-t-il ; elle ne m'aime pas, je suis perdu !

Alors il cessa de feindre. Une douleur réelle, mêlée de dépit et de jalousie, s'empara de lui. Il se leva.

— Vous me haïssez, dit-il ; c'est bien ! Vous pensez que je vous ai trompée pour vous séduire ! Il me semble pourtant que je vous ai respectée ! Mais, quand il serait vrai que, pour vous voir, pour me faire aimer de vous, je me serais servi d'une vraisemblance, d'une fiction qui vous préservait de tout danger puisqu'elle m'imposait à moi-même une si pénible retenue, où serait le mal ? Si vous aviez un peu d'affection pour moi, vous ne m'en feriez pas un crime. Mais vous vous êtes prête à m'accuser des plus mauvaises intentions ou à me chasser comme un intrigant, parce que vous n'aimez et ne rêvez que votre Stéphen !

— Taisez-vous ! dit Morenita avec hauteur et sécheresse. Vous n'avez pas le droit de fouiller dans ma pensée, vous n'avez aucun droit sur moi. Ne nommez pas un homme à qui vous devez tout, et qui est incapable d'un mensonge, lui !

— Ah ! nous y voilà ! s'écria le gitano furieux. Elle l'aime toujours, et, moi, elle me méprise ! Ah ! fille de chrétien, race d'Espagnols, vous dédaignez le sein qui vous a portée ! Allez donc, retournez à ces parents d'emprunt qui flattent votre vanité, mais qui vous châtieront cruellement de votre tache originelle.

— C'est assez, dit Morenita offensée, allez-vous-en ! Vous n'êtes pas mon frère ; votre présence chez moi, à cette heure-ci, n'est plus jamais possible.

— Lâche que tu es ! s'écria le gitano, tu crains d'être blâmée ! Te voilà comme ces demoiselles hypocrites qui n'ont jamais un jour d'imprudence, et dont l'esprit corrompu est accessible à toutes les fantaisies où il ne faut ni franchise ni courage ! Eh bien, malheur à toi dans l'avenir ! Quant au présent, n'espère pas te débarrasser si aisément de moi. Tu es mauvaise, mais tu es belle ; je n'estime plus ton cœur, mais je suis encore amoureux de ta beauté, et il ne sera pas dit qu'un homme de la race ennemie respirera avant moi le premier parfum de ton souffle. Tu m'appartiens de droit, quoi que tu dises, et tu vas me donner le baiser de l'amour, ou mourir.

— Je ne vous crains plus, dit Morenita outrée, en prenant le cordon de la sonnette, qu'elle tira avec violence. Je sais que les gitanos sont lâches ! Fuyez donc, je vous le conseille ; je dirai qu'un voleur m'a effrayée, ou que j'ai fait un mauvais rêve.

— Tu verras si je suis lâche, moi ! répondit Algénib en s'asseyant avec audace sur le lit de Morenita. Commande donc à tes valets de m'ôter de là ! Mais, auparavant, tu leur expliqueras comment je m'y trouve.

— Je dirai la vérité ! s'écria Morenita en se dirigeant vers la porte ; je dirai que je vous ai cru mon frère et que vous ne l'êtes pas.

D'un bond rapide, Algénib se plaça devant la porte.

— N'espère pas m'échapper, dit-il ; personne ne viendra. Tout le monde est sourd ici !

— Excepté moi ! dit une voix d'homme à travers la porte, qui, brusquement poussée, envoya le gitano frapper du corps contre la muraille.

C'était le duc de Florès. Morenita s'élança dans ses bras.

— Laissez-moi, dit le duc en l'éloignant, je vous parlerai plus tard. Avant tout, je veux châtier ce drôle.

Et, s'avançant sur Algénib, il le prit au collet, et, le pliant en deux comme un roseau, il le fit tomber à genoux.

Le gitano, éperdu et vaincu par une terreur qui fit rougir Morenita jusqu'au fond de l'âme, n'essaya pas de se défendre. Mais aucune parole ne sortit de sa bouche, et le duc, ne l'eût maltraité qu'avec répugnance, ne put lui arracher ni prières ni promesses. L'œil fixé à terre, morne, farouche, plein de haine, mais résigné comme l'homme sans espoir et sans ressource, ce rejeton d'une race dévouée depuis quatre siècles à la persécution et aux supplices, semblait attendre la mort avec le fatalisme oriental. Il y avait quelque chose d'effrayant dans cette malédiction muette, dans cette protestation faite à Dieu seul de la faiblesse contre la force.

Le duc résista à la tentation de le frapper.

— Va-t'en, ver ! lui dit-il en espagnol ; mais souviens-toi que, si je te retrouve jamais sous mes pieds, je t'écrase !

Et il le lança vers la fenêtre, par où le gitano prit sa volée comme un papillon de nuit et disparut sans bruit dans les ténèbres.

Morenita, muette de terreur, et voyant son père irrité pour la première fois, n'essaya pas de l'attendrir. Au reste, il ne lui en donna pas le temps ; car il sortit après l'avoir enfermée à double tour, pour aller explorer et fermer le jardin. Il alla ensuite chercher un des domestiques qu'il avait ramenés d'Espagne et sur lequel il pouvait compter. Il lui mit un fusil dans les mains et lui ordonna de faire bonne garde contre les voleurs du dehors ou contre quiconque bougerait de la maison. Puis il donna d'autres ordres et rentra.

La duchesse avait vu et entendu arriver son mari. Attentive et prudente, elle devina ce qui se passait, et, s'arrangeant tout de suite le rôle qu'elle voulait garder encore, elle retira les verrous de sa chambre, se recoucha et feignit d'être plongée dans le plus profond sommeil.

Le duc approcha avec précaution, observa en silence le paisible *alibi* de sa femme. Il ne pouvait l'accuser que d'avoir manqué de surveillance. Mais de quel droit lui aurait-il imposé ce devoir ?

Il la réveilla : elle feignit la joie. Il lui raconta ce qui venait de surprendre : elle joua la surprise. Il lui exprima son mécontentement contre l'imprudence de Morenita : elle fit semblant d'intercéder ; elle ne paraissait rien comprendre à cette aventure et n'en pas croire ses oreilles. Le duc ne dormit pas, il était en proie à une grande irritation. Dès le point du jour, il rentra chez Morenita et la trouva assise à la place où il l'avait laissée, plus rêveuse qu'abattue, et comme perdue dans ses réflexions.

— Monsieur le duc, lui dit-elle dès les premiers mots d'explication qu'il prononça, si vous avez été à portée d'entendre la scène que, pour moi, vous avez si heureusement dénouée, vous savez que vous n'avez aucun reproche à m'adresser, et vous me connaissez assez, j'espère, pour croire que je ne veux demander pardon de rien à un protecteur qui n'est pas mon père. J'ai peut-être eu tort de recevoir chez moi un jeune homme qui n'était pas mon frère, et de ne pas deviner qu'il me trompait. Mais ce manque de pénétration est un tort léger à mon âge : peut-être n'en est-ce pas un du tout dans la situation particulière où me jette l'ignorance de mon sort dans le passé et dans l'avenir. Le jour où je saurai de qui je suis la fille, à qui je dois confiance et soumission entière, je serai fort coupable si je manque à des devoirs si doux et faciles. Jusque-là, il est tout simple que je m'étonne, que je m'inquiète, que j'ouvre l'oreille à toutes sortes de révélations et que je sois la dupe du premier venu.

— Ainsi, dit le duc un peu rassuré, ce gitano s'était fait passer pour votre frère ? Mais quel est-il ? C'est le même qui a chanté chez moi cet hiver ? D'où sort-il, et comment s'est-il introduit chez vous, ici, à l'insu de la duchesse ?

— Ah ! dit Morenita railleuse et triomphante, vous ne savez rien ? et vous êtes arrivé à temps pour m'empêcher d'être tuée par cet aventurier que vous supposiez aimé de moi, et seulement un peu trop pressé d'en obtenir l'aveu ?

— Je ne sais absolument rien, Morenita, que ce que vous voudrez bien m'apprendre, dit le duc espérant la désarmer par sa franchise et sa douceur ; ce que vous m'accusez d'avoir pensé, en vous trouvant aux prises avec ce misérable, tout autre l'eût pensé à ma place. Je venais plein de joie et de confiance, pour surprendre la duchesse et vous par mon retour, et j'étais loin de m'attendre à vous trouver dans un pareil danger. J'ai rougi pour vous de voir que vous vous y étiez volontairement exposée...

— Ne rougissez plus, monsieur le duc, dit Morenita avec amertume, puisque vous savez que, jusqu'à ce jour, j'ai pris Algénib, fils d'Algol, pour mon frère.

— Fils d'Algol ! s'écria le duc soudainement troublé.

— Oui, dit Morenita d'un ton de légèreté féroce, le mari de la belle Pilar, que vous avez connue, et dont il prétend, et dont il disait d'abord être le fils.

Le duc, bouleversé, se leva.

— C'est assez, Morenita, dit-il ; une pareille conversation entre vous et moi ne peut aller plus loin. Je veux ignorer ce qu'on a pu vous dire ; j'aurais souhaité vous voir moins empressée de le croire. Vous pourriez penser, aujourd'hui du moins, que le lâche capable de vous tromper en se disant votre frère vous a menti sur tout le reste. Mais vous me paraissez disposée à écouter les plus fâcheuses histoires et à laisser approcher jusqu'à vous les plus étranges bandits ! Cette tendance au romanesque tient d'assez près à la folie, et j'y dois prendre garde. Je n'ai rien à vous expliquer sur les mystères qui inquiètent votre imagination. Sachez seulement que vous n'avez pas le droit de m'interroger, et que j'ai celui de surveiller et de diriger votre conduite.

Deux heures après, le duc, la duchesse et Morenita prenaient en poste la route de Turin. Le duc était profondément blessé contre sa fille, assez embarrassé devant sa femme, et en proie à une irritation intérieure qui, chez lui, remplaçait rarement, mais radicalement, la douceur et la faiblesse habituelles.

La duchesse était calme, bonne, généreuse envers Morenita, qu'elle s'efforçait de réconcilier avec le duc.

Morenita était inquiète ; mais, trop fière pour s'humilier, elle ne faisait aucune question.

Les ordres que le duc avait donnés n'avaient amené aucun résultat. Les gens chargés de suivre et de retrouver Algénib sur la route de Gênes ne l'avaient pas aperçu.

Deux jours après, le duc conduisait Morenita en visite chez une parente qui était supérieure d'un des plus riches couvents de Turin. Il la laissa seule avec elle pour quelques instants, prétextant une autre visite avec la duchesse, qui sortit du couvent, ayant l'air de pleurer. Ils ne revinrent pas. Morenita était cloîtrée.

De tous les mauvais partis que le duc avait à prendre, celui-là était le pire. Peut-être le meilleur eût-il été de laisser Morenita courir à sa destinée. Avec certaines natures, les obstacles irritent la résistance et changent la velléité en résolution, la volonté en désespoir.

La pauvre gitanilla, en entendant les grilles et les verrous se refermer sur elle, frémit de la tête aux pieds. Elle se rappela ces mots d'Algénib, à propos de son père : « Les gitanos supportent la faim, le froid, toutes les misères ; mais la captivité les tue ! »

— Oui, oui, se dit-elle, voilà ce qu'on fait de nous ! Algénib avait raison. On séduit nos mères, et on les abandonne ; on ramasse leurs enfants, on leur jette du pain, et on les met à l'attache. Tant pis pour ceux qui meurent !

De ce moment, le sang de la race proscrite et sacrifiée se ranima en elle. Elle sentit qu'elle haïssait son père. Elle maudit le mouvement d'orgueil qu'elle avait eu en se croyant affranchie de ses liens avec la bohème, au moment où le duc avait terrassé Algénib sous ses pieds.

— Oh ! qu'il revienne, ce malheureux paria ! s'écria-t-elle en tordant ses mains dans le silence de sa cellule, et je le grandirai de toute la puissance de ma haine contre mes tyrans !

Le couvent qu'on lui avait assigné pour retraite et pour prison était une véritable forteresse. Dans les premiers jours, il sembla à l'infortunée jeune fille qu'elle était enterrée vivante, et tout plan d'évasion lui parut inadmissible. Elle garda pourtant un profond silence et ne daigna pas faire entendre une plainte. Les religieuses, que l'on avait averties, s'attendaient à une explosion terrible. Il n'en fut rien. La captive fut muette, froide, polie, et d'une rare dignité dans sa douleur.

C'était le beau côté de cette nature mêlée de grandeur et de misère. Si elle avait la vanité puérile, l'ingratitude et la personnalité déréglée de l'instinct sauvage dans le triomphe, elle avait aussi le stoïcisme, la patience, la fierté dans la défaite.

Avec son admirable divination, Anicée, sans se piquer de la science de l'analyse du cœur humain, avait compris ce qu'il fallait à cette enfant. Alors qu'on l'accusait d'être aveugle et de la gâter, elle suivait la seule ligne de conduite appropriée à son caractère. Elle ne brisait aucune spontanéité, et, faisant la part de la fatalité de l'organisation, elle satisfaisait les appétits invincibles, toutes les fois qu'ils n'avaient pas de danger immédiat ou sérieux. Le duc, tour à tour plus faible et plus rigide, devait amener sa fille à cette complète révolte intérieure qui est pire que la révolte ouverte et passagère.

Morenita eut l'intelligence de comprendre que l'oppression est, à la longue, un fardeau aussi pénible à ceux qui l'exercent qu'à ceux qui la subissent ; que, dans les desseins de Dieu, personne n'est prédestiné à l'état de geôlier, et que, sans les continuelles révoltes des captifs, qui donnent à la volonté des gardiens une tension factice et maladive, les liens les mieux serrés se relâcheraient forcément plus tôt qu'on ne l'espère.

Elle s'était fait haïr dans le monde, elle se fit aimer dans le couvent. Le duc, à qui la supérieure écrivit pour faire l'éloge de sa belle pénitente, s'applaudit du parti qu'il avait pris.

— Avec ces natures indisciplinées, disait-il à sa femme, la rigueur est salutaire. Elles ne cèdent qu'à une volonté plus ferme que la leur.

— Savoir ! répondait la duchesse avec un sourire étrange. *En toute chose, il faut considérer la fin.* Les âmes vraiment énergiques savent attendre. Elles ne plient que pour mieux se relever. Je crois votre fille plus forte que vous.

— C'est ce que nous verrons ! reprenait le duc avec humeur.

Et pourtant son cœur saignait déjà à l'idée des pleurs que Morenita versait peut-être en secret. Il était bon par tempérament ; mais, malgré l'intention d'être juste, il ne savait pas l'être.

— Dans six mois ou un an, disait-il, quand nous nous serons bien assurés que tout lien entre elle et ce drôle est rompu par l'oubli et l'absence, nous la reprendrons et nous la marierons tout de suite. Cherchons-lui un mari ; tout est là. Nous augmenterons sa dot en raison de la sottise qu'elle a faite et du danger auquel elle s'est exposée en recevant ce gitano. Si le coquin se vante, nous le ferons taire. L'époux de Morenita, recevant de nous protection et richesse, ne sera pas à plaindre.

Marier Morenita devint donc l'idée fixe du duc de Florès. Il était impatient de mettre un terme à la captivité de sa fille. Lui aussi savait bien que les bohémiens ne supportent pas longtemps la privation de la liberté. On lui écrivait qu'elle était souffrante ; il craignait qu'elle ne fût malade, et puis il était las de vouloir.

Il sonda toutes les personnes de son entourage qui pouvaient être des époux sortables. A sa grande surprise, malgré les cinq cent mille francs de dot qu'il fit délicatement sonner à leurs oreilles, il n'en trouva pas une seule qui voulût comprendre. Il pensait cependant que l'aventure de la villetta était restée fort secrète. Aucun de ses amis ne lui avoua que la duchesse l'avait mis dans la confidence. Tous y étaient initiés, et chacun se croyait le seul.

Le duc ne voulait pas se rabattre sur des gens sans fierté, il n'en eût pas manqué ; ni sur des hommes trop laids ou trop âgés, Morenita les eût repoussés. Enfin, il découvrit, dans un coin de sa cervelle, la pensée de s'en ouvrir franchement à Hubert Clet.

Clet, le poëte, l'homme de lettres, le sceptique à l'endroit des choses sérieuses, l'enthousiaste à propos des choses frivoles, Clet, qui avait mangé sa fortune, ouvrit l'oreille à cette proposition, mais sous toutes réserves.

— Je sais toute la vérité sur l'aventure de Gênes, dit-il au duc ; je vous remercie de la confiance et de la franchise avec laquelle vous m'en parlez. Mais je tiens tous les détails de la bouche d'Algénib en personne.

— Vous l'avez donc vu ? il est donc à Paris ? s'écria le duc.

— Je l'y ai vu peu de jours après votre retour. Il n'a fait que traverser la France et doit être maintenant en Angleterre. J'ai protégé et assisté l'enfance de ce pauvre garçon, qui n'est pas si méprisable que vous croyez. Il a confiance en moi, il m'a tout raconté. Morenita a été non-seulement invulnérable à son plan de séduction, mais encore dure, hautaine, cruelle pour lui. Il la déteste maintenant autant qu'il l'a aimée, et y renonce avec d'autant plus d'empressement qu'il a grand'peur de vous. Je ne vois donc pas trop pourquoi vous vous êtes cru forcé de mettre cette pauvre petite au couvent. Vous dites qu'elle y est devenue sage : je crains que vous ne l'y retrouviez folle. Voyons ! vous lui donnez une fortune, et je suis amoureux d'elle : deux motifs pour que je l'épouse sans folie et sans bassesse, si elle veut de moi ; mais je doute qu'elle s'accommode de mes quarante ans et surtout de l'absence de prestige à laquelle doit se résigner un homme qui vous a bercée, et qu'on voyait déjà vieux alors qu'il était encore jeune. Or, écoutez, mon cher duc, je ne veux pas être la condition *sine quâ non* de la délivrance de Morenita. L'amour de la liberté pourrait lui arracher le *oui* fatal, et, que voulez-vous ! j'ai encore la prétention d'être aimé, ne fût-ce que dans les premières années de mon mariage. C'est peut-être par amour-propre que j'y tiens ; car, au fond, je suis assez philosophe, mais j'y tiens. Je vous avertis donc que Morenita ne sortira pas du couvent à cause de moi, à moins que je ne lui aie parlé moi-même.

— Est-ce que vous croyez, dit le duc, que cela ne vaudrait pas la peine de faire le voyage de Turin ?

— Oui, si vous me donnez votre parole d'honneur de ne la prévenir en aucune façon.

Le duc s'y engagea et donna à Clet une lettre d'introduction auprès de sa parente la supérieure, afin qu'il pût voir Morenita comme pour lui apporter des nouvelles du duc et de la duchesse.

## XIII

FRAGMENT D'UNE LETTRE DE CLET A STÉPHEN ET A ANICÉE.

« Turin, 10 décembre 1847.

» A présent, chers amis, que je vous ai raconté toute l'affaire, et que vous savez où prendre votre pauvre Morenita dont vous êtes si inquiets, je vais vous dire comment je l'ai retrouvée et ce qui s'est passé entre nous.

» Aussitôt qu'elle a paru à la grille du parloir, j'ai été frappé du changement qui s'est fait en elle depuis huit mois que je ne l'avais vue. Elle n'a pas beaucoup grandi ; elle n'est ni plus grasse ni plus colorée ; mais sa beauté diabolique a pris un caractère de sérieux et de fermeté qui montre l'ange à travers le démon beaucoup plus que par le passé. Elle m'a accueilli avec beaucoup de grâce et même d'enjouement ; elle a plus d'esprit que jamais.

» Pressée par moi de dire franchement si elle s'ennuyait au couvent, elle a répondu avec une hypocrisie de fierté vraiment admirable qu'elle s'y trouvait fort bien et ne désirait pas en sortir.

» J'ai été dupe de son assurance, et j'ai commencé à lui faire un peu la cour, ne craignant plus d'être considéré comme un pis aller entre la chaîne du mariage et celle du cloître. Au cas qu'elle m'eût écouté, je vous jure bien que je n'eusse point passé outre sans vous demander votre agrément ; car le duc aura beau faire, à mes yeux, vous êtes et serez toujours les véritables parents de cette pauvre perle d'Andalousie.

» Nous étions seuls au parloir, séparés par la grille. La sœur-

*écoute*, avertie apparemment par l'abbesse que j'avais à entretenir Morenita d'affaires de famille, s'était retirée.

» — Voyons, chère enfant, ai-je dit à votre pupille, soyez franche. Si je ne vous déplais pas, si vous avez confiance en moi, écrivez-en à mamita et demandez-lui conseil. Si c'est le contraire, souvenez-vous que je suis son ami respectueux et dévoué, le vôtre, et que ni elle, ni votre maman Marange, ni votre parrain, ni moi, ne voulons vous laisser mourir de chagrin ici. Ouvrez votre cœur altier à la confiance, et comptez sur nous. J'ose affirmer que mamita obtiendrait du duc de vous reprendre avec elle.

» — Cela... jamais! a-t-elle dit avec la même énergie d'obstination que vous lui avez vue dès le commencement de sa résolution.

» L'étrange fille n'a pas voulu ajouter un mot, ni changer un iota à ce laconique programme, quelques instances que j'aie pu lui faire.

» Alors, lui ai-je dit, je vais donc vous dire adieu, et vous laisser indéfiniment ici.

» — Monsieur Clet, s'est-elle écriée en me voyant disposé à partir et en passant ses pauvres petites mains à travers la grille pour me retenir, ne m'abandonnez pas!

» Et les sanglots l'ont étouffée.

» — Que voulez-vous donc que je fasse? lui ai-je dit encore. Si vous voulez cacher votre ennui et votre déplaisir d'être ici, il n'y a pas de raison pour qu'on ne vous laisse encore longtemps; car on ne veut vous en tirer que pour vous marier, et ce n'est pas bien facile à présent, outre que vous êtes fort difficile vous-même. Vous repoussez la protection de l'adorable mamita, vous boudez le duc, vous ne voulez pas vous expliquer avec moi...

» — Tenez! je ne vous veux pas tromper! vous êtes un vieil ami et vous me plaignez. Je ne vous aime pas assez pour vous épouser; sachez-moi quelque gré de ma franchise, et sauvez-moi, puisque je vous sauve d'un malheur et d'une folie.

» — Allons, merci pour cela, Morenita. A présent, que voulez-vous que je fasse pour vous?

» — Que vous m'aidiez à tromper le duc et que vous me fassiez sortir d'ici en lui laissant croire ce que je vais lui écrire.

» — Vous allez lui écrire que vous consentez à m'épouser? Ma foi, non, merci; faites et dites ce que vous voudrez; mais, moi, je ne peux me résigner à un pareil rôle.

» — Pourquoi donc? vous avez trop de vanité pour vouloir paraître dupe de ma petite rouerie?

» — Ce n'est pas cela, mais c'est la déloyauté envers le duc qui me répugne.

» — Si fait, c'est cela! a-t-elle repris avec colère.

» Et l'ancienne Morenita a reparu pour quelques moments. Elle m'a dit pas mal d'injures, et, abusant de son malheur, elle a fait son possible pour me blesser. Tout cela s'est noyé dans les larmes, et je n'ai eu la peine de la calmer et de le quitter qu'en lui promettant de faire ce qu'elle me demande. Mais je vous confesse que j'ai promis cela comme on promet la lune aux enfants qui crient. Je ne me sens pas la force de jouer le duc et la duchesse à ce point, et je vous écris bien vite pour que vous veniez me tirer d'embarras.

» Faut-il que cette enfant souffre et languisse en prison pour avoir prêté l'oreille aux romances et aux romans de son frère en bohème, le plus innocemment du monde, après tout? Je vous répète que le duc n'entend rien au métier de père, et vous pensez avec moi qu'on fait toujours fort mal ce métier-là quand on ne le fait pas franchement et ouvertement. Morenita juge la question avec un bon sens qui effraye. Elle refuse toute soumission, toute confiance à un père qui rougit de l'appeler sa fille. Vous me direz qu'elle n'a pas mieux agi avec vous qui n'aviez pas ces torts-là envers elle. Que voulez-vous! il y a là-dessous un secret de race, ou une manie d'enfant que je ne puis vous expliquer; car cette fillette est une énigme sous bien des rapports.

» Venez, ou écrivez-moi, mes amis! Je reste le bec dans l'eau et le cœur à votre service. »

Stéphen, Anicée et madame Marange étaient à Genève, où Roque les avait rejoints pour quelque temps, lorsque cette lettre, adressée par Clet à Naples, leur fut renvoyée par la poste, après les avoir cherchés à Venise, où ils avaient passé une quinzaine; elle avait donc déjà plus de douze jours de date.

Anicée n'avait reçu aucune lettre de Morenita depuis celle de Nice que nous avons transcrite. Elle avait su son séjour de trois mois à Gênes, et avait attribué son silence à l'oubli le plus complet; elle en avait souffert, mais sans élever une plainte qui pût faire remarquer à son mari et à sa mère les torts de l'enfant qu'elle chérissait toujours. Elle avait su ensuite le retour d'Espagne du duc de Florès et le départ de sa famille pour Paris. Mais elle ignorait qu'on eût laissé Morenita à Turin. Seulement, au bout de deux mois, elle avait reçu en Italie des nouvelles de Clet, qui, ne voulant pas s'expliquer clairement sur cette aventure, l'avait jetée dans de grandes perplexités. Ses instances avaient obtenu qu'il fût plus explicite, et la lettre qu'on vient de lire, et dont nous avons omis le commencement, lui révélait enfin la vérité.

Madame Marange s'était trouvée assez grièvement malade à Genève, au moment de retourner à Briole avec ses enfants. Elle était encore hors d'état de supporter un voyage quelconque. Anicée, ne pouvant la quitter, supplia Stéphen de courir à Turin, fin de pénétrer enfin le motif de la conduite de Morenita envers elle, de vaincre sa résistance et de la ramener avec ou sans l'assentiment du duc, celui-ci ne paraissant pas remplie avec intelligence ses devoirs de tuteur ou de père.

Stéphen éprouvait une grande répugnance à se charger de cette mission. Il eût voulu la confier à Roque; mais personne n'était moins propre à la remplir, quelque bonne volonté qu'il pût y mettre.

Stéphen voyait l'angoisse de sa femme si pénible, qu'il ne savait que faire pour y remédier sans risquer auprès de Morenita une démarche qui lui paraissait pourtant de nature à empirer sa situation.

Il se résolut à éclairer Anicée sur les causes mystérieuses de l'abandon et de l'ingratitude de sa fille adoptive.

— N'est-ce que cela? dit la magnanime et généreuse femme. Eh bien, c'est la fantaisie involontaire d'un cerveau malade. Pourquoi ne me l'avoir pas dit plus tôt? Je l'aurais guérie, moi qui la connaissais si bien, cette pauvre petite créature bizarre. Je ne lui aurais pas brisé la coupe de la vérité sur la tête si brusquement. Je lui aurais laissé, pendant quelques jours, l'espérance de te plaire et même de t'épouser. C'est une thérapie qu'il ne faut pas heurter de front et qui n'entre en pourparler avec le possible qu'après avoir fait acte d'omnipotence dans son imagination. Je n'aurais demandé que trois mois pour la guérir. A présent que cette manie a été froissée et qu'on l'a laissée couver dans le silence, elle sera plus difficile à extirper. C'est égal, je m'en charge. Qu'on me rende ma pauvre malade, et tu m'aideras toi le premier à débarrasser son âme de cette possession diabolique. Ah! Stéphen, comment se fait-il que les anges aient quelquefois peur du démon? C'est ce qui t'est arrivé pourtant. Si je te connaissais moins, je dirais que tu as douté de toi-même, puisque tu as douté de Dieu et reculé devant cet exorcisme. Allons, allons, marche et ne crains rien. Je ne peux pas être jalouse, malgré mes quarante-cinq ans! Pour cela, il faudrait douter de toi, et j'y ai plus de foi que de moi-même. Ramène-moi mon Astarté, mon djinn, ma bohémienne. Je connais ses dents : elles s'émousseront dans les fruits que nous cueillerons pour elle aux arbres de notre paradis. Et puis, quand elle nous ferait un peu souffrir! ne lui devons-nous pas de subir toutes les conséquences, de remplir tous les devoirs de l'adoption? Est-ce sa faute si elle a dans les veines un peu de flamme infernale? N'avions-nous pas prévu qu'il pouvait en être ainsi, le jour où nous avons juré de lui servir de père et de mère? Rappelle-toi que tu te méfiais de ma persévérance, que tu craignais pour ta filleule; et, aujourd'hui, c'est toi qui es mauvais parrain, c'est toi qui me conseilles l'abandon et l'égoïsme! Non, non! tu vas partir et tu vas me la ramener. Écoute, tu lui diras : « Mamita est malade, elle a besoin de toi pour la soigner, elle te demande, » et tu verras qu'elle accourra bien vite; car elle m'aime et m'aimera d'autant plus maintenant qu'elle sentira ses mouvements d'aversion plus injustes.

— Ah! ma sainte femme! s'écria Stéphen, tu parles des anges, qui ne devraient jamais douter de Dieu! Les anges ne sont rien auprès de toi, et, après quinze ans d'efforts pour te mériter, on se sent encore si petit devant toi, qu'on en est effrayé!

Stéphen partit pour Turin avec Roque, ne voulant pas, malgré tout, exposer Morenita à l'émotion de se trouver seule avec lui en voyage.

Cependant Clet, voyant huit jours écoulés sans recevoir de nouvelles de ses amis, perdait complètement la tête. Il se voyait aux prises avec la plus dangereuse des tentatrices, son imagination; nous pourrions dire sa vanité, bien que le temps et l'expérience en eussent amoindri l'épanouissement primitif.

Morenita, dont le premier mouvement lui avait été sincère, voyant qu'elle ne pouvait le décider à seconder son jeu, revint à la fourbe féminine dont elle croyait avoir le droit d'user dans ses détresses. Elle feignit de se raviser; elle fut coquette. Il n'eut pas la force de suspendre ses visites au couvent jusqu'à l'arrivée de Stéphen, qu'au reste il n'espérait pas beaucoup voir venir à temps pour le diriger. Le duc écrivait à Clet d'insister et de faire sa cour. L'abbesse, avertie d'encourager le projet de mariage, laissait les visites se répéter et se prolonger sans témoins. Morenita usa de toutes les ressources de son esprit et de sa malice; Clet l'aida lui-même à le duper. Voici comment :

Il se défia d'abord de la sincérité de ce retour vers lui, et, avant d'y croire, il voulut la preuve de cette affection trop soudaine.

— Quelle preuve? dit la jeune fille, toujours innocente dans son astuce.

— Aucune, à coup sûr, répondit Clet surpris et charmé de sa candeur, que vous, moi ou le duc puissions jamais avoir à nous reprocher. Donnez-moi un gage, écrivez-moi une lettre, que sais-je! Établissons un lien qui, s'il n'enchaîne pas votre conscience, mette au moins ma loyauté à couvert auprès du duc et de mamita.

— Écoutez, dit-elle, êtes-vous autorisé par le duc à me faire sortir du couvent et à me ramener vers lui, si je m'engage à vous épouser?

— Non, certes! Que vous connaissez mal les convenances du monde, vous qui y avez pourtant brillé un instant !

— Un instant si court, que je ne me rappelle rien ou n'y ai rien compris. Alors, tenez, si les convenances vous défendent de me ramener à Paris, c'est raison de plus : enlevez-moi ! j'espère que je serai assez compromise avec vous ; que ni vous ni mon père ne pourrez plus douter de moi, et que ce sera un engagement indissoluble.

— Pas sûr ! dit Clet fort ému. Shakspeare a dit, en parlant de la femme : « Perfide comme l'onde ! ».

— Ah ! vous vous méfiez encore ? Eh bien, vous êtes un niais ! Vous devriez vous dire que, si je viens à me rétracter, après m'être perdue de réputation pour vous, vous n'en recevrez pas moins de compliments pour votre ascendant sur les femmes, et que vous pourrez crier partout que c'est vous qui m'avez trompée.

— Vous êtes un méchant diable, dit Clet en riant; mais vous êtes folle ! Je ne veux pas jouer ce rôle-là.

— Vous êtes donc devenu bien moral ?

— Non ; mais je suis un honnête homme, l'ami du duc et de Stéphen. Toute sottise que je vous laisserais faire serait une tache, pour votre mamita surtout. Il ne faut pas que l'enfant qu'elle a élevée soit perdue de réputation comme vous dites.

— Ah ! toujours mamita! dit Morenita avec colère. Si l'on tient à mon honneur, c'est à cause du sien ! Moi, je ne compte jamais ! Tenez, vous ne m'aimez pas !

Morenita pleura. Clet se sentit bien faible. Deux jours de cette lutte épuisèrent ce qui lui restait de forces. Il n'en garda plus que pour résister à une fuite en Angleterre, à un mariage de Gretna-Green que lui proposait Morenita. Il était si bien convaincu, que tout ce qu'il put obtenir fut de conduire directement Morenita à Paris et de tenir sa main de celles du duc et de la duchesse. Il fallut promettre de renoncer à attendre l'avis de Stéphen et de sa femme.

Il ne restait plus qu'à effectuer l'enlèvement. Clet n'était muni d'aucun pouvoir du duc auprès de la supérieure pour faire sortir Morenita du couvent ; mais Morenita avait tout prévu ; elle était sûre du sien.

— S'en aller la nuit par-dessus les murs, lui dit-elle, descendre par les fenêtres, tout ce qu'on peut imaginer de plus difficile et de plus périlleux, est absolument impossible. Il y a longtemps que j'y songe et je sais à quoi m'en tenir.

— Il y a longtemps? dit Clet. Vous ne devriez pas me dire cela !

— Ai-je dit longtemps? reprit-elle. Eh bien, va pour longtemps ; car il y a huit jours, et c'est un siècle !

— Allons ! si le difficile est l'impossible, le possible est donc dans le facile ! Explique-toi.

— La chose impossible à tous, facile à vous seul, c'est l'entrée et la sortie de ce parloir, tout ce qu'on peut faire où nous voilà. Eh bien, faites-moi sortir à travers cette grille qui nous sépare, et tout est dit.

Clet examina la grille : elle était en fer, très-massive et solidement scellée dans la muraille.

— Que les hommes sont bêtes ! dit Morenita, qui le regardait en riant. Et cette petite fenêtre, au milieu, pour faire passer les cadeaux, les jouets ou les brioches que les parents apportent à leurs enfants.

— Elle est grillée aussi et fermée en dedans avec un cadenas.

— Voici l'empreinte, dit Morenita en la tirant de sa poche ; vous allez faire faire une clef.

— Sublime ! dit Clet, qui, malgré lui, s'amusait comme un enfant de l'idée d'enlever une femme qu'on lui donnait d'avance avec une dot. Mais, quand nous aurons une clef, vous ne passerez pas par cette étroite ouverture.

— J'y passerai, dit Morenita.

— Impossible ! Il y a de quoi vous briser. Je ne veux pas d'une femme passée au laminoir.

— J'y passerai, dit Morenita, et je n'aurai pas un cheveu de moins.

— A la bonne heure ! dit Clet, bien résolu à ne pas faire faire de clef et à ne pas exposer Morenita à cette affreuse et impossible épreuve.

Elle le devina, et, se ravisant, elle lui dit :

— J'ai une autre idée. Oui, un moyen sûr, naturel, excellent ; mais je ne veux pas vous le dire, vous me feriez manquer par votre peu de sang-froid. A demain. Ne venez ici qu'à la nuit, ayez une voiture à la porte, un grand manteau sur les épaules, une chaise de poste à la sortie de la ville, et je vous réponds de tout.

Clet n'en croyait rien, mais elle lui arracha sa parole d'honneur de se tenir prêt pour l'enlèvement le lendemain à l'heure dite. Morenita, pour lui donner confiance, lui remit une lettre adressée au duc, dans laquelle elle lui déclarait gaiement sa résolution d'épouser M. Hubert Clet, et qu'elle chargeait celui-ci de mettre à la poste le soir même.

— Mais, s'il en est ainsi, dit Clet en mettant la lettre dans sa poche après avoir consenti à la lire, à quoi bon l'équipée que vous allons faire? Dans quatre jours, grâce à cette lettre, le duc sera ici, vous sortirez le jour même, et nous retournerons tous les trois à Paris, sans scandale, sans danger.

— Ah ! vous craignez le scandale, à présent ? dit froidement Morenita. Eh bien, renoncez à moi. Je ne veux pas d'un mari passé au laminoir des convenances, qui, au premier nuage, me reprocherait de l'avoir choisi par haine du couvent ; car je pourrais bien lui reprocher, moi, de m'avoir délivrée par amour de ma dot. Je ne ferai jamais un mariage d'amour, je vous le déclare. Fuyons comme deux amants, sans cela, nous ne serons jamais époux, je vous le jure par l'âme de ma mère !

Clet se retira aussi effrayé qu'enivré. Si la dot lui plaisait, la femme le charmait encore davantage. Il en avait peur, mais son amour-propre lui persuada qu'il vaincrait le démon. Il ne se disait pas qu'il avait bu et fumé trop d'opium dans sa crise romantique pour n'être pas facile à endormir par le chant de la sirène.

Il passa une nuit fort agitée et se retrouva assez froid le lendemain. Au fond du cœur, sa passion pour la gitanilla était un peu factice, — elle avait plutôt son siège dans l'imagination. Quand il se rappelait le pauvre enfant noir de la maison Floche, allaité sur la paille de une brebis, les premiers cris, les premiers rires, les premiers pas du marmot dans le parc de Saule, les premières malices de la petite fille, les premières coquetteries de l'adolescente, que faisaient naturellement les entrailles très-paternelles, il se figurait qu'il faisait la cour à sa propre fille, et il se trouvait tout au moins fort ridicule.

Il se remit sur ses pieds en se disant qu'allumer une passion, malgré tant de souvenirs propres à l'empêcher de naître, et toute cette prose que l'habitude répand dans la poésie de l'amour, était une conquête d'autant plus glorieuse. Il lui était passé aussi quelquefois par la tête que Stéphen inspirait cette passion quand même à sa filleule. Sans se l'avouer précisément, il eut le plaisir de se persuader qu'il l'emportait sur un homme qu'il avait toujours senti supérieur à lui, et, à tout événement, il commanda la chaise de poste à la sortie de la ville, se munit du manteau, et monta dans le fiacre pour se rendre au couvent. Il n'avait oublié que la clef de la grille du parloir.

Il faisait nuit, et il eut à s'approcher du portier, qui était fort clairvoyant, pour se faire reconnaître. Cette clairvoyance était moindre à la sortie des visiteurs qu'à leur entrée, personne ne pouvant prévoir qu'il fût possible de traverser les grilles du parloir.

Ordinairement Clet, lorsqu'il venait dans la soirée, attendait dans l'obscurité qu'on eût averti Morenita. Elle arrivait alors avec une religieuse qui apportait de la lumière, qui s'assurait que le visiteur était bien celui dont les parents autorisaient l'assiduité, et qui se retirait après avoir échangé quelque politesse avec lui.

La surprise de Clet fut grande en voyant le parloir éclairé et Morenita seule devant lui, non derrière la grille, mais dans le compartiment de la pièce où il se trouvait lui-même. Elle portait un coffret où étaient ses bijoux, et une mantille noire enveloppait sa taille.

— Est-ce vous, grand Dieu? s'écria-t-il. Par où êtes-vous sortie?

Morenita lui montra ses bras meurtris, ses mains ensanglantées.

— J'ai passé au laminoir, dit-elle en souriant. A présent, ne voulez-vous plus de moi ?

Clet, éperdu et enthousiasmé, la prit dans ses bras, et, redevenu le cavalier espagnol des rêves de sa jeunesse littéraire, il s'écria, comme dans une de ses nouvelles :

— A toi pour la vie, mon âme, ma lionne, ma panthère ! etc. Morenita avait tout son sang-froid.

— Hâtons-nous, dit-elle. Le portier sonne dans le cloître pour m'avertir de votre visite... Écoutez... oui ! Nous avons le temps avant qu'il soit retourné à son poste. Il n'est même pas nécessaire que vous me cachiez sous votre manteau. Cela nous retardera ; il faut courir !

Et, sans attendre sa réponse, elle s'élança vers la porte du parloir, qu'il avait laissée ouverte, franchit, avec la rapidité d'une flèche, le couloir qui conduisait dehors, passa devant la loge du portier, où il n'y avait personne, et franchit la porte extérieure avant que Clet, embarrassé dans son manteau et craignant d'éveiller l'attention ou la méfiance par trop d'empressement, eût traversé la cour.

Il s'applaudit de son calme en entendant le portier rentrer sans émoi dans sa loge. Alors il se hâta, franchit le seuil de la rue, vit la portière de son fiacre ouverte, et Morenita assise au fond. Il s'élança à ses côtés, ordonna au cocher de sortir tranquillement de la rue, puis de fouetter de toutes ses forces jusqu'à la sortie de la ville.

Son premier mouvement fut de serrer Morenita contre son cœur ; mais elle se dégagea avec effroi, et, ramenant sa mantille autour d'elle, cachant sa figure dans ses deux mains, elle se renfonça dans son coin, muette, farouche, et comme épouvantée du tête-à-tête.

Cette terreur soudaine de la part d'une personne si résolue l'instant d'auparavant, surprit Clet, mais, loin de le blesser, le flatta beaucoup. Cette crainte, ce trouble, cette pudeur auxquels il ne s'attendait pas, c'était de l'amour, c'était l'aveu d'une faiblesse sur laquelle il n'avait pas compté.

— Chère Morenita, dit-il en tâchant de porter à ses lèvres une main qu'elle lui retira obstinément, que pouvez-vous donc craindre de votre meilleur ami, de votre serviteur dévoué ? A présent, disposez de moi comme d'un esclave. Je ne peux plus douter de votre amour, ne doutez pas de mon respect. Vous feriez injure à celui qui se regarde comme votre époux, et qui ne veut vous devoir qu'à vous-même.

La tremblante fugitive ne répondit pas un mot, et Clet épuisa vainement son éloquence à vouloir la rassurer.

Ils arrivèrent à un endroit fort sombre, où la chaise tout attelée attendait. Morenita y monta avec empressement. Clet paya son fiacre, donna ses ordres à la hâte, et reprit sa course avec sa fiancée.

Elle s'entêta dans son silence, et Clet l'eût crue évanouie, sans le soin qu'elle prenait de s'éloigner de lui aussitôt qu'il essayait de se rapprocher d'elle. Pour lui marquer son respect, il s'installa sur la banquette de devant et ne lui adressa plus la parole. Elle, cachée toujours dans sa mantille et immobile dans son coin, ne bougea de toute la nuit et feignit de dormir. Clet trouva peu à peu cette façon d'agir très-bizarre, très-prude et trop anglaise pour une Espagnole.

Il essaya de dormir aussi ; mais un dépit croissant l'en empêcha. Évidemment, Morenita l'avait joué, elle n'avait pour lui que du dédain, de la haine peut-être. Aussitôt que le jour paraîtrait qu'elle se verrait hors d'atteinte dans sa fuite, elle allait le réveiller de ses illusions par le plus diabolique éclat de rire.

Le jour vint, en effet, et la voyageuse s'était endormie pour tout de bon. Alors Clet, sortant comme d'un rêve, examina peu à peu sa compagne à la clarté douteuse de l'aube. Il fut surpris de la malpropreté de sa robe brune et de la grossièreté de la chaussure qui cachait son petit pied. La figure et les mains restaient voilées et enveloppées avec soin, mais de quel lambeau de soie craquée et rougie par l'usure !

Sans doute Morenita s'était déguisée à dessein en pauvre fille pour n'être pas reconnue à la sortie du couvent ; mais il ne semblait pas à Clet qu'elle fût affublée de ces guenilles au moment rapide où elle lui était apparue dans le parloir et où elle lui avait parlé à visage découvert.

Une soudaine méfiance s'empara de lui. Il avança doucement la main, saisit le voile à poignée sur l'épaule de la dormeuse, et l'arracha brusquement.

Que devint-il en découvrant la plus laide et la plus malpropre gitanilla qu'il fût possible de ramasser au coin de la rue ! une vraie guenon, crépue, hérissée, noire comme l'enfer, au regard stupide, au sourire sournois, à la griffe crochue ! Petite, menue et jeune comme Morenita, bien faite d'ailleurs et assez gracieuse dans ses mouvements, comme toutes les bohémiennes, elle avait joué avec succès ce rôle évidemment préparé d'avance, et tout autre que Clet eût pu y être pris. Il eut le courage d'éclater de rire et de lui demander si elle avait bien dormi. Elle lui répondit dans un idiome incompréhensible qu'elle n'entendait pas le français.

Clet fut en ce moment un grand philosophe. Au lieu de lancer le petit monstre par la portière, il se rappela que, depuis trois heures, il avait envie de fumer. Il tira son tabac, roula gravement une cigarette et l'alluma. La gitanilla avança sa maigre patte comme pour demander l'aumône de la même jouissance. Clet, sans sourciller, lui donna du papier, du tabac et du feu.

Tout en fumant, il s'avisa d'une nouvelle mystification fort possible et plus sanglante encore de la part de Morenita, s'il ne brusquait la séparation avec la doublure qu'elle s'était procurée : il allait peut-être, au premier relais, se voir entouré d'une bande de bohémiens qui l'accuseraient publiquement d'avoir enlevé cette jeune merveille, et qui feraient un esclandre pour le rançonner. Il pensa ne devoir pas pousser la chevalerie jusqu'à ce risque, et, appelant le postillon, après s'être assuré que l'endroit était désert, il fit arrêter la voiture. Alors, prenant la petite par un bras, il la planta sur le chemin, en lui donnant un louis et en lui disant :

— Si tu entends le français, ma mie, reçois mes remercîments pour le service que tu m'as rendu, et dis à ceux qui t'emploient que je les bénis pour m'avoir épargné la pire sottise que je puisse jamais faire.

Après quoi, il remonta en voiture et continua sa route vers Paris, où il alla raconter l'affaire au duc de Florès, en le priant de ne plus compter sur lui pour épouser miss Hartwell.

Le duc entra dans une véritable fureur contre Morenita, et rendit Clet témoin d'une scène d'intérieur bien étrange.

La duchesse était entrée dans le cabinet de son mari pour prendre sa part du récit de Clet. Un sourire involontaire illuminait son visage expressif pendant qu'il parlait. Le duc s'en aperçut et sa colère augmenta.

— En vérité, madame, s'écria-t-il, on dirait que vous vous réjouissez de la honte et du ridicule que vous avez attirés sur moi !

— Que voulez-vous dire ? demanda la duchesse en le regardant avec audace.

— N'est-ce pas vous qui, malgré mes objections et ma résistance, avez soufflé à cette malheureuse petite fille la pensée de quitter ses parents adoptifs et de venir demeurer chez moi ? N'avais-je pas prévu que vous ne sauriez pas la diriger, que vous lui tourneriez la tête par vos exemples, et que vous l'abandonneriez ensuite à tous les dérèglements de son caractère ?

— Par mes exemples ? reprit la duchesse avec une froideur effrayante. Vous avez dit cela, je crois ? Auriez-vous la bonté de vous expliquer, monsieur le duc ?

— Eh ! madame, vous me comprenez bien ! répliqua le duc hors de lui.

— Certainement ; mais notre ami M. Clet ne comprend pas, et il faut que je le lui explique...

— Quoi ! vous expliquerez-vous ? s'écria le duc en pâlissant. Taisez-vous, madame ; vous êtes folle !

Clet prit son chapeau pour s'en aller.

— Restez, monsieur Clet, dit la duchesse avec autorité et en se jetant presque dans ses bras ; car j'ai à dire à monsieur le duc des choses bien graves, et, si je les lui dis tête à tête, je vous jure qu'il me tuera.

Clet, effrayé, demeura incertain.

— Elle a raison, dit le duc ; je sens qu'elle va dire des choses qui me rendront fou. Restez, Clet, vous êtes homme d'honneur. Protégez madame contre moi, s'il le faut ; il faut bien que je laisse implorer la pitié des autres !

— Écoutez et jugez ! reprit la duchesse avec une énergie extraordinaire. Il y a quinze ans que vous nous connaissez, monsieur Clet ; vous savez avec quelle passion, quelles souffrances, quelle fidélité j'ai aimé M. le duc de Florès. Vous saviez, vous, qu'il me trompait, qu'il m'avait toujours trompée, que, dès les premiers jours de notre mariage, il m'avait fait l'injure de me préférer une vile gitana, et que, depuis, il avait eu d'autres maîtresses. Lasse de souffrir et de rougir, une fois, une seule fois dans ma vie, Dieu qui m'entend le sait bien, j'ai aimé un autre homme. Je n'ai pas cédé à sa passion, je n'ai pas manqué à mes devoirs, mais je l'ai aimé de toutes les forces de mon cœur ! C'était lord B..., dont vous avez vu ici. Je puis bien le nommer aujourd'hui qu'il est mort ; on ne peut pas le tuer deux fois ! Eh bien, lord B... passe pour avoir été assassiné, il y a deux ans, dans son parc, en Angleterre. C'est la vérité ; mais ce qu'on ne sait pas, c'est que l'assassin, c'est M. le duc de Florès.

— Vous mentez ! s'écria le duc ; je l'ai provoqué en duel ; nous nous sommes battus loyalement.

— Sans témoins, c'est un assassinat, monsieur, dans tous les pays du monde et selon toutes les lois humaines. Vous l'avez tué par jalousie, parce que je l'aimais, vous qui ne m'aimiez pas, lorsque j'avais respecté votre honneur tandis que vous m'étiez cent fois infidèle. C'est la loi du monde. Vous pensiez que c'était votre droit ; je ne me suis pas révoltée, je ne me suis pas séparée de vous, je n'ai fait entendre aucune plainte ; vous ne m'avez vue ni pâlir, ni défaillir, ni pleurer. Frappé de mon courage et touché de ma soumission, vous avez daigné me pardonner mes soupçons, et cacher au monde la cause de mon secret désespoir.

— Eh bien, dit le duc, cachons-la toujours et taisez-vous, madame. Vous voilà assez confessée, et moi aussi !

Le duc, oppressé par de cruels souvenirs, voulut se retirer. La duchesse le retint.

— Mais, moi, je ne vous ai pas pardonné ! s'écria-t-elle l'œil en feu et la bouche frémissante. J'ai juré de me venger et j'ai tenu parole. L'occasion m'a servie, je ne l'ai pas laissée échapper. Le gitano Algénib est venu, un jour, me révéler secrètement l'histoire de la belle Pilar et l'existence de l'intéressante Morenita. J'ai payé la confiance et le dévouement de cet aventurier : je lui ai confié le soin de ma vengeance !

« C'est par lui, par moi par conséquent, que Morenita sa su de qui elle était la fille, par moi qu'elle s'est laissé persuader de quitter madame de Saule, et M. Stéphen, dont elle était follement amoureuse, pour venir imposer à M. le duc l'humiliation et le ridicule de cette indigne paternité. C'est par moi que le gitano, épris d'elle, malgré la haine et la jalousie qu'il avait éprouvées pour elle avant de la voir, a pu entretenir avec elle une intrigue dont voici le résultat. Il l'enlève ! Libre à vous, monsieur le duc, de courir après eux, et de tuer l'amant de votre fille comme vous avez tué l'amant de votre femme. Ce ne sera pas trop de deux meurtres pour la gloire d'un si bon père et d'un époux si fidèle ! Mais, quoi que vous fassiez, vous boirez la honte de votre alliance avec la race égyptienne. Miss Hartwell a fait trop de bruit dans Paris, elle a brillé d'un trop vif éclat dans vos salons pour qu'on oublie son apparition et pour qu'on ignore sa destinée. Rendue aux bons instincts de sa nature, elle va courir les chemins en secouant les grelots d'un tambour de basque et en profilant sa gracieuse cambrure à la lueur des étoiles, comme feu madame sa mère, d'irrésistible mémoire. Moi qui ai mené toutes ces choses à bonne fin, à l'intention de M. le duc et de madame Rivesanges, cette divine madone qui a donné à sa chère Morenita de si bons exemples à défaut de bons principes ; moi qui me venge ainsi des premières et des dernières trahisons de mon noble maître, j'attends le châtiment qu'il voudra bien m'infliger pour tant de scélératesses. Me fera-t-il le plaisir de m'abandonner ? Hélas ! non ; on me parlera ! Se donnera-t-il celui de me battre ou de me tuer ? Non ; car voici un témoin qui dirait que M. le duc est un assassin et un lâche. Enfin égorgera-t-il mon amant dans mes bras ? Je l'en défie ; car je n'ai point d'amant, et j'ai au moins la consolation de pouvoir le maudire et le braver en face !

Ayant ainsi parlé d'une voix étranglée par la douleur et la colère, cette terrible Espagnole tomba roide sur le tapis, en proie à des convulsions effrayantes. L'infortuné duc s'arrachait les cheveux. Clet les sépara, et, les ayant laissés aux soins de leurs gens, rentra chez lui consterné, malade lui-même, et frémissant désormais à l'idée d'entrer dans une famille si déplorablement troublée.

Pendant que ces choses se passaient à Paris, Stéphen et Roque cheminaient de Genève à Turin, et Morenita avec Algénib cheminaient de Turin à Genève. L'intention de ces derniers était de gagner l'Angleterre par l'Allemagne.

Au sortir du couvent, Morenita, qui, pendant sa captivité, avait réussi à échanger secrètement quelques lettres avec le gitano, trouva celui-ci au poste qu'elle lui avait assigné. Il était à la porte de la rue avec une petite compatriote que, moyennant finances, il avait facilement décidée à jouer le rôle indiqué. Il la fit lestement monter dans le fiacre de Clet, sans que le cocher lui-même s'en aperçût.

Aussitôt que Morenita eut franchi la porte du monastère, les deux jeunes gens se prirent par le bras, et, tournant la première rue, s'éloignèrent en courant, comme savent courir les chevreuils et les amoureux. Ils gagnèrent ensuite, sans trop presser, un faubourg où ils furent reçus dans une maison de mauvaise mine par un homme basané qui portait le costume d'un villageois des environs, mais en qui le type gitano était fortement caractérisé. Il échangea quelques paroles dans sa langue avec Algénib, et servit de guide et d'éclaireur aux fugitifs jusque dans la campagne. A l'entrée d'un pauvre cabaret où mangeaient et buvaient d'autres bohémiens, ils trouvèrent une de ces longues voitures à deux roues qui servent aux colporteurs aisés pour le transport de leurs marchandises. Ils montèrent dans le large compartiment destiné aux ballots. Un nouveau bohémien s'installa dans la partie qui sert de cabriolet au conducteur. Un maigre cheval traînait au pas ce véhicule qui gagna ainsi la grande route, sans passer sous les yeux des douaniers ni de la police, et qui marcha toute la nuit, sans crainte et sans danger, au pied des montagnes.

Cette fuite tranquille, obscure, sans émotion et sans drame, laissa Morenita tout entière au sentiment de sa situation morale. L'espèce de chambre où elle voyageait ainsi était propre, garnie de matelas et de couvertures, et éclairée par une petite lampe dont la clarté ne perçait pas au dehors. Les parois élevées ne permettaient pas qu'on pût voir le pays qu'on traversait ; l'air ne venait que de deux lucarnes placées trop haut pour que Morenita, assise, pût se distraire en suivant des yeux les objets extérieurs.

Cet isolement, ce calme, cette sorte d'emprisonnement avec Algénib, sans espoir d'aucune autre protection que la sienne, jetèrent une grande épouvante dans l'âme de Morenita. Elle n'avait échangé que quelques mots avec lui dans le trajet du couvent à la voiture, des mots qui n'avaient rapport qu'à l'action présente, rien sur le passé, rien sur l'avenir. Algénib, froid, contraint ou indifférent avec elle, ne paraissait pas disposé à rompre le silence le premier. Après s'être assuré, avec l'air de dégoût d'un homme qui se prétend civilisé, que la cabine roulante des bohémiens était aussi propre qu'il l'avait exigé, il s'installa dans un coin pour dormir, donnant, par cette manière d'être farouche et bizarre, un singulier pendant à la scène qui se passait à la même heure dans la voiture de Clet.

Sans doute, Algénib, en faisant à la fausse Morenita le programme de son attitude vis-à-vis de Clet, avait adopté le sien propre dans des conditions analogues. Un instant même il avait eu l'idée de jeter un double outrage à la face de ceux qu'il appelait ses ennemis naturels, en substituant à lui-même dans sa fuite un affreux gitano, pour confondre l'orgueil de Morenita. Selon lui, Morenita avait renié son rang et parjuré sa religion en le laissant maltraiter par le duc après avoir repoussé son amour. Il la haïssait depuis ce jour-là. Il avait juré de se venger d'elle. Il croyait n'être revenu lui offrir son assistance que pour arriver à son but. Mais la jalousie et la passion qui couvaient sous cette haine ne lui avaient pas permis de confier à un autre le soin de sa vengeance.

Morenita eut peur de ce silence et comprit ce qui se passait dans ce cœur si vindicatif. Elle se fût jouée facilement de tout autre ; mais elle sentait en lui un homme délié d'esprit, aussi pénétrant, aussi insaisissable au piège que la femme la plus habile, et je ne sais quel respect instinctif pour un caractère si semblable au sien se mêlait à sa crainte.

Elle prit le parti de lui tenir tête de la même manière, et, gardant le silence, elle feignit de s'assoupir aussi ; mais elle n'ouvrit pas une seule fois les yeux à la dérobée sans voir les yeux ardents du gitano attachés sur elle avec une expression indéfinissable. Dès qu'il se voyait observé, il reprenait sa feinte indifférence ou son sommeil simulé.

La nuit entière se passa ainsi. Au point du jour, le voiturier s'arrêta à l'entrée d'un bois. Il faisait très-froid. Morenita était glacée, elle avait faim. Algénib, qui paraissait insensible à tout, ne parut pas plus s'inquiéter d'elle et descendit comme pour marcher un peu, sans lui demander si elle voulait en faire autant, et sans lui dire où il était. Le conducteur s'éloigna aussi. Morenita se crut abandonnée à quelque péril inconnu ; en proie à une affreuse inquiétude, elle eut l'idée de fuir de son côté pour se soustraire à son étrange protecteur. Elle le pouvait, la voiture restait ouverte. Elle l'eût osé, mais elle ne le voulut pas.

— C'est de la confiance qu'il exige peut-être, pensa-t-elle. Je feindrai d'en avoir.

Elle se sentait sous la main d'un maître.

Au bout d'une demi-heure, Algénib reparut avec le bohémien.

— Venez, dit-il à Morenita.

Il la laissa descendre sans lui offrir le bras, paya son conducteur en lui secouant la main d'un air affectueux, et marcha le premier en prenant à travers le bois, sans se retourner pour voir si sa compagne le suivait.

Elle le suivit résolument, quoique brisée, et arriva avec lui à la maison d'un garde forestier où elle fut reçue dans une pièce fort propre, bien chauffée et servie d'un déjeuner confortable. Algénib l'y laissa seule. La femme du garde lui conseilla de se reposer quelques heures dans un bon lit. Cette femme paraissait honnête et bien intentionnée. Morenita accepta, se remit du froid et de la fatigue, et, relevée vers midi, attendit Algénib sans oser faire la moindre question sur son

compte, et sans vouloir témoigner l'impatience de le revoir.
Cette impatience était vive pourtant. La curiosité commençait à remplacer l'inquiétude.

Algénib entra enfin, après lui avoir fait, non pas demander si elle voulait le recevoir, mais dire simplement qu'il avait à lui parler.

— Señorita, dit-il sans s'asseoir, je viens de pourvoir à la suite de votre voyage. Ce soir, une voiture de louage viendra vous prendre ici. Je vous conseille, malgré le froid, de ne voyager que la nuit et par courtes étapes, sans prendre ni la poste ni les voitures publiques. Quand on se sauve, il faut toujours se laisser dépasser. Le duc vous cherchera en Angleterre. Il faut n'y arriver que quand il en sera parti. Prenez donc votre temps. Voici l'argent, il vous en faut. Vous me le restituerez quand vous aurez vendu quelques diamants. Rien ne presse ; j'ai de quoi attendre. J'ai acheté pour vous une pelisse fourrée que vous trouverez dans votre voiture, et, sur ce, je vous souhaite un bon voyage et de brillantes destinées.

— Vraiment, Algénib, vous m'abandonnez ainsi ! dit Morenita stupéfaite ; sont-ce là vos promesses ?

— Vous voulez dire mes offres. Or, des offres ne sont pas des engagements dès qu'elles ont été rejetées, et c'est ce que vous avez fait des miennes.

— Quoi ! je suis avec vous, et vous prétendez que je n'ai pas accepté vos services ?

— Mes services, oui ; mon dévouement, non ! Ne jouons pas sur les mots, Morenita Florès. Voici ma dernière lettre, et voici votre réponse.

Et, tirant deux lettres de sa poche, Algénib les relut avec une sorte de pédantisme amer.

— Je vous écrivais, dit-il : « Morenita, vous m'avez humilié, foulé aux pieds. Je vous pardonne, vous êtes assez punie. Je suis près de vous, j'attends vos ordres. » Ce n'était pas long, mais c'était clair ; cela signifiait : *Je vous aime, disposez de moi.* Votre réponse n'est ni moins courte ni plus obscure : « Je ne veux pas de conditions. Sauvez-moi. Je n'ai rien à me faire pardonner. Je suis prête à fuir, j'attends la preuve de votre affection. » Cela signifie : *Je ne vous aime pas, servez-moi.* Eh bien, s'il y a un homme que la vanité n'aveugle pas comme M. Clet, il ne faut pas espérer de dorer la pilule. Il sait avaler le fiel de la vérité, celui qui a beaucoup lutté et beaucoup souffert ! Mais il vaut peut-être mieux que bien d'autres. Le gitano abject a bien voulu vous prouver qu'il est plus généreux et en même temps plus fier que vos heureux du monde, qui ne vous délivrent et ne vous protégent qu'à la condition de vous adorer, au risque d'être trompés le lendemain. J'étais bien aise de vous donner cette leçon, señorita, et je n'ai pas insisté dans ma correspondance : elle n'a plus roulé, entre vous et moi, que sur les moyens d'évasion. Vous voilà libre, grand bien vous fasse ! Je vous devais cela, parce que, malgré la noble bande de votre père, vous êtes gitana, et que les gitanos, ces êtres si dégradés et si misérables, se doivent entre eux l'assistance fraternelle et ne l'oublient jamais. Quoique votre mère ait trompé mon père, je me suis souvenu aussi qu'elle m'avait adopté avec amour, qu'elle m'avait porté dans ses bras, qu'elle avait partagé son dernier morceau de pain avec moi comme avec l'enfant de ses entrailles, et j'ai eu pitié de la fille ; voilà tout !

Algénib, qui avait dit tout cela avec emphase et dédain, ne put cependant réveiller en lui le souvenir de la pauvre Pilar sans éprouver une émotion profonde. Ceux qui méprisent le plus cruellement les gitanos ne sauraient leur refuser la force et la tendresse dans les affections de famille. La voix d'Algénib fut un instant voilée, et ses yeux brûlants se remplirent de larmes.

Morenita se leva et lui prit la main :

— Vous êtes meilleur que je ne pensais, dit-elle, et je vous ai méconnu, pardonnez-le-moi.

— A la bonne heure ! reprit-il. Adieu !

— Non. Il est impossible que nous quittions ainsi ! s'écria Morenita. Malgré tout, nous sommes les enfants du malheur et de la persécution, et il n'est pas nécessaire d'avoir été portés dans le même sein pour nous sentir frères. Je le vois bien, je suis plus gitana qu'Espagnole, et, si je rougis de quelque chose à présent, c'est d'avoir rougi de vous. Ne soyez pas si sévère, songez à l'éducation que j'ai reçue !...

— Vous mentez, Morenita ; ni votre mamita ni même votre cher Stéphen ne vous avaient enseigné à mépriser les bohémiens. Ils ne vous en parlaient pas assez peut-être ; mais, quand l'occasion les y forçait, ils vous disaient qu'il fallait plaindre et secourir les descendants des pauvres soudras, plus soudras, plus parias encore en Europe qu'ils ne l'étaient jadis dans leur patrie. Oh ! je suis bien ce que Stéphen pensait de la cruauté de sa race, et, à présent, je lui rends justice. C'est chez votre père que vous avez appris à nous dédaigner. C'est là que votre cœur s'est corrompu. C'est peut-être ma faute, je vous ai donné de mauvais conseils, et vous en avez profité contre moi et contre vous-même. Adieu, vous dis-je ! vous êtes vaine et menteuse pour deux gitanillas ; car vous l'êtes comme une Espagnole.

— Je ne veux pas que vous me haïssiez ! s'écria Morenita.

— Je ne vous hais pas, répondit Algénib, vous m'êtes indifférente.

— Vous m'aimiez pourtant encore, il y a un mois, quand vous êtes revenu de Paris à Turin pour me chercher, au lieu d'aller seul en Angleterre ?

— Ah ! *je vais* vous dire ! répondit-il avec un sourire amer, j'avais reçu de l'argent pour vous enlever. J'aurais voulu le gagner, parce que j'aime l'argent. Mais je ne suis pas voleur, quoique gitano, et, quand j'ai su que vous ne me suiviez pas de bon cœur, j'ai renoncé à l'argent et à vous. A présent, sachez que, si je vous emmenais, je n'aurais pas de quoi faire vivre longtemps une princesse comme vous. Il me faudrait recourir à la duchesse ; ce serait très-avilissant, n'est-ce pas ? Eh bien, si je vous aimais, si vous m'aimiez, je m'en moquerais bien ! Je ne serais pas vil, je serais méchant. Il y a manière de faire les choses. Je rançonnerais pour vous cette femme qui paye ses vengeances et qui serait forcée de payer notre bonheur. Mais nous ne pensons pas à tout cela, nous ne pourrions pas nous aimer !

— Non, ne pensons pas à rançonner nos ennemis, dit Morenita, qui comprit aussitôt la conduite de la duchesse envers elle, et qui en frémit ; songeons à les fuir, à ne jamais retomber dans leurs mains. Algénib, sauve-moi et je t'aimerai peut-être ! Ne veux-tu donc pas me mériter, toi qui m'aimais tant à *la villetta* ? Je n'ai pas besoin d'argent, j'ai des bijoux, ils sont à moi : c'est mon père qui me les a donnés. C'est de quoi attendre que nous soyons assez oubliés de nos persécuteurs, assez libres pour gagner notre pain nous-mêmes. Prends-moi pour ta sœur comme autrefois. Figurons-nous que nous ne nous étions pas trompés sur notre parenté. Soyons amis comme dans ce temps-là. Ç'a été le plus pur et plus doux de ma vie, rends-le-moi !

— Jamais ! dit Algénib. J'ai été avili, jeté à genoux, frappé presque sous vos yeux par votre père, et vous avez regardé vous n'avez rien dit, vous n'avez pas maudit le sang chrétien ; vous étiez contente !

— Mon Dieu ! vous aviez voulu me tuer, vous, ou me contraindre à vous obéir sans amour !

— J'étais fou dans ce moment-là, j'avais la passion pour excuse. Vous, vous étiez de sang-froid en me voyant maltraiter, et vous aviez la lâcheté pour refuge.

— Ainsi, vous me dédaignez, et, après m'avoir enlevée, vous allez m'abandonner ? Mais songez donc que c'est une honte pire que celle d'avoir été séduite !

— Vous ne savez pas ce que c'est que d'être séduite, ma pauvre señorita : vous ne le serez jamais, je vous en réponds, vous êtes trop méfiante ! mais vous serez outragée. C'est le sort de celles qui promettent et ne tiennent pas. Allons ! je vois que vous avez peur de me trouver seule et que vous tenez à ce que j'aie l'air d'être votre dupe. Je me ris de cette prétention ; je saurai la déjouer ; partons, si vous voulez. Mais alors il vous faudra aller où je veux.

— Où donc voudriez-vous me conduire ?

— Chez votre mamita et votre parrain Stéphen, qui, seuls, vous feront grâce et vous accorderont leur protection.

— Vous voulez me conduire chez mon parrain, vous qui étiez si jaloux de lui, et qui, vingt fois, m'avez menacée de me tuer si je ne l'oubliais ?

— Je vous ai dit que je ne vous aimais plus ; par conséquent, je ne suis plus jaloux de personne. Vous doutez donc encore de cela ? Vraiment, vous avez la fatuité bien tenace, miss Harwell !

— Eh bien, partez donc, dit Morenita blessée jusqu'au fond de l'âme. J'irai seule où vous m'offrez de me conduire. Pour retrouver mes vrais amis, je n'ai pas besoin de vous.

— Oui, oui, allez-y, dit Algénib, vous ferez fort bien, et allez-y seule, dit Algénib, vous me ferez grand plaisir.

Il sortit avec fermeté et sans détourner la tête. Morenita crut voir qu'il lui cachait des larmes de rage.

— Il reviendra, dit-elle.

— Elle me laisse partir ! pensa Algénib en sortant de la maison. C'est qu'elle ne croit pas à mon courage. Il faut que je lui dise adieu de manière à briser le sien.

Il revint frapper à sa porte.

— J'en étais sûre ! se dit Morenita.

— Señora, dit Algénib, je viens de m'informer si la route est sûre pour une femme qui voyagerait seule la nuit dans une voiture de louage. On me dit que, pourvu que le voiturin soit un brave homme, il n'y a aucun risque. La police est trop bien faite pour qu'il y ait des voleurs. Soyez donc sans inquiétude. L'homme que j'ai choisi est sûr et ne se fera pas payer deux fois ; il l'est d'avance. C'est à Genève qu'il vous conduira.

— Pourquoi à Genève ?

— Parce que M. et madame Rivesanges sont là. Présentez-leur mes compliments et recevez mes adieux.

Il la salua avec aisance et disparut. Il quitta bien réellement la maison du garde, et Morenita, qui, de sa fenêtre, le suivait des yeux avec consternation, le vit disparaître au loin dans la direction de Turin.

Alors elle fondit en larmes. S'il l'eût implorée, elle l'eût joué ou brisé. Il la bravait, il était aimé.

Puis la terreur de l'isolement s'empara de son âme en détresse.

— Seule, seule ! abandonnée ! s'écria-t-elle. Non ! c'est impossible ! Hier, j'avais deux chevaliers qui se disputaient l'honneur de m'enlever ; à l'heure qu'il est, tous deux me méprisent ! Qu'ai-je donc fait, mon Dieu, et que vais-je devenir ? Qui sait si mamita ne va pas me chasser comme une fille perdue ! O Algénib, c'est pourtant toi qui es cause de mon malheur, et tu m'abandonnes !

Elle appela le garde, lui ordonna de monter à cheval, de rejoindre Algénib et de le lui ramener tout de suite.

— S'il ne veut pas, dit-elle, éperdue et sans songer à s'observer devant son hôte, dites-lui que je me tuerai en vous voyant revenir sans lui.

Le garde monta à cheval et partit. Morenita le vit mettre son petit poney au galop, suivre l'allée qu'Algénib avait suivie, et disparaître derrière les mêmes masses d'arbres. Elle compta les minutes, les heures... La nuit vint. Le garde n'avait pas reparu. Morenita, en proie à une angoisse insoutenable, sortit de sa chambre pour s'informer si cet homme n'était pas revenu par un autre chemin.

— Il n'est pas revenu du tout, dit la forestière. Ça m'étonne ; mais ne voulez-vous pas venir vous-même, signorina ? Voilà votre voiture qui arrive... Ah ! s'écria-t-elle en regardant vers la direction opposée, et mon homme aussi ! avec votre frère... et deux autres messieurs.

Morenita regarda du même côté, étouffa un cri, rentra dans la maison et courut s'enfermer dans sa chambre. Les deux hommes qui accompagnaient Algénib étaient Stéphen et Roque.

La confusion et l'épouvante de cette pauvre enfant étaient si grandes, qu'un instant elle eut la pensée de se jeter par la fenêtre et de se tuer pour échapper à l'humiliation de se voir rendue à l'homme qui l'avait dédaignée, par celui qui la dédaignait.

On frappa à sa porte, elle ne répondit pas. Elle était comme paralysée.

— Attendons qu'il lui plaise d'ouvrir, disait la voix de Stéphen.

— Non, répondait celle de Roque. Il y a là-dessous quelque chose de louche ; enfonçons la porte.

Roque l'eût fait comme il le disait. Morenita se hâta d'ouvrir ; mais son parti était déjà pris. Il lui avait suffi d'un instant pour se reconnaître et se décider.

— Quoi ! c'est vous, mon parrain ? dit-elle mettant son émotion sur le compte de la surprise ; et M. Roque ? Je suis heureuse de vous revoir. Oserai-je vous demander des nouvelles de ces dames, qui probablement ne me permettent plus de les appeler mes deux mamans ?

— Morenita, dit Stéphen, je suis chargé pour vous de la commission que voici : « Dis-lui que sa mamita est malade, qu'elle la demande, qu'elle a besoin d'elle. » Que répondez-vous ?

— O mon Dieu ! elle est donc bien malade ? s'écria Morenita en pâlissant. Partons ! Elle me demande... C'est donc qu'elle va mourir ?

Et l'enfant repentante, oubliant sa situation personnelle, tomba défaillante sur une chaise. Tout son ancien amour pour Anicée lui revenait au cœur, et les sanglots l'étouffèrent subitement.

— Non, non, dit le bon Roque en lui prenant la tête comme il eût fait dix ans auparavant, ta mamita n'est pas malade. C'est une épreuve. Puisque ton cœur vaut mieux que ta cervelle, reviens avec nous, enfant prodigue, et nous tuerons le veau gras pour ton retour.

— Merci, monsieur Roque, dit Morenita en portant à ses lèvres la main de ce paternel ami. Oh ! vous me rendez la vie. Puisque mamita se porte bien et m'aime encore, j'irai lui demander pardon à deux genoux, pourvu que mon compagnon de voyage me le permette, ajouta-t-elle en baissant les yeux, et j'espère qu'il me le permettra.

— Qu'est-ce à dire, et qui est ce compagnon de voyage ? dit Roque en regardant Algénib ; c'est donc lui ? Il prétendait t'avoir rencontrée ici par hasard, comme nous venons de le rencontrer lui-même sur la route de Turin, où nous allions te chercher. Nous ne l'avons pas cru absolument ; nous le connaissons pour un fieffé conteur d'histoires, ce moricaud-là ! Mais, enfin, il nous amenés vers toi, et, comme il eût pu se dispenser de cette partie de la vérité, nous lui en savons gré. Voyons, maître Rosario, expliquez-vous devant elle. Il est temps. Nous voulons tout savoir, et vos affaires seront meilleures si vous ne mentez pas. Pourquoi et comment est-elle ici ? Où allait-elle, et pourquoi retourniez-vous seul à Paris ?

— Monsieur Roque, répondit Algénib avec une froide assurance, dès les premiers mots que vous m'avez dits en m'arrêtant sur le chemin, j'ai vu que vous saviez tout jusqu'au moment où M. Clet est arrivé à Turin pour épouser... cette demoiselle ! Vous m'avez parlé fort durement, M. Stéphen aussi... Il en avait le droit, au reste.

— C'est fort heureux, dit Roque ; et moi, je ne l'avais pas ? N'importe, passons. Tu sais que nous connaissons ta conduite ; à présent, veux-tu nier ce qui nous paraît démontré quant au reste ?

— Roque, dit Stéphen, cette explication en présence de Morenita est déplacée. Qu'ils s'expliquent séparément, puisqu'il est indispensable que nous connaissions leurs sentiments et leurs projets. Causez avec ma filleule ; elle aura, j'espère, confiance en vous. Moi, je me charge d'arracher la confession de ce malheureux, s'il lui reste un peu de cœur et de conscience que je puisse invoquer encore.

— Épargnez-moi les reproches, monsieur Stéphen, répondit Algénib fort ému. De vous, je dois tout supporter ; mais il n'est pas sûr que maintenant cela me fût possible. Je vous ai dit ce que je voulais vous dire ; vous n'en saurez pas davantage. Ce dont on m'a accusé auprès de vous n'est que trop vrai. J'ai trompé votre filleule, je l'aimais ! Elle m'a puni en me repoussant et en me méprisant, le jour où elle a su que je n'étais pas son frère. Je n'ai pas à m'expliquer sur autre chose. Je vous ai dit que vous ne sauriez rien de moi, que vous alliez la voir, qu'elle parlerait elle-même et dirait ce qu'elle voudrait. Qu'elle le fasse ! Quoi qu'elle dise, que ce soit vrai ou faux, je ne la contredirai pas. Elle est ma sœur devant le Dieu de mes pères, et vous avez si beau faire, je suis resté gitano ; c'est-à-dire que votre vérité n'est pas la mienne, et que je ne vous dis rien du fond de ma pensée. Allons, señorita, parlez ! Et tenez, voulez-vous que je m'en aille ? Oui, ce sera mieux, vous serez plus libre de vos réponses. Je ne crains pas que les miennes vous contredisent, je n'en ferai aucune.

— Allons ! dit Roque, il a fait un progrès : il refuse la vérité ; autrefois il mentait en promettant de la dire.

Algénib s'apprêtait à sortir ; Morenita le retint.

— Restez, dit-elle, je veux parler devant vous. Mon parrain, ajouta-t-elle avec fermeté en pliant le genou devant Stéphen, pardonnez-moi, en attendant que mamita me pardonne. J'ai disposé de moi sans votre permission. J'aime ce jeune homme, non pas malgré sa tromperie, mais à cause de ce qu'il m'avait imaginé de me faire aimer de moi. J'ai pris l'habitude de l'aimer en le croyant mon frère. Il ne m'a pas été possible de le perdre, malgré le moment de colère que j'ai eu contre lui. C'est lui qui m'a enlevée hier au soir, c'est que lui que je me sauvais en Angleterre, où nous devions nous marier. Voyez si vous croyez qu'il soit possible au duc de Florès de s'y opposer, et si mamita me conseillerait de manquer à ma parole.

En parlant ainsi à Stéphen sans hésitation et sans trouble, Morenita, triomphante d'elle-même et de la résistance d'Algénib, vit les yeux de ce beau jeune homme s'illuminer de tous les rayons de l'orgueil, de la joie et de l'amour. Il était pur, il était grand dans ce moment-là, pour la première fois de sa vie peut-être. Quand Morenita eut parlé, il tremblait, il se soutenait à peine, il songeait à la prendre dans ses bras, à l'emporter, à fuir avec elle au bout du monde, si Stéphen hésitait à la lui accorder. Il avait même tout le courage, non pas peut-être le courage agressif refusé à son organisation, mais le courage passif, persévérant, indomptable.

Stéphen, qui avait regardé attentivement Morenita pendant qu'elle se déclarait ainsi, se retourna vers Algénib et le regarda de même.

— C'est bien, dit-il après un moment de silence. Pour moi, j'acquiesce à votre liberté autant que mes droits d'adoption sur vous deux me le permettent. Je vous demande seulement de venir consulter ma femme sur les moyens de fléchir la répugnance que le duc de Florès apportera sans doute à cette union.

— Le duc de Florès n'est pas mon père ! dit Morenita avec force. Il me l'a dit, je dois le croire. Il n'a aucun droit sur moi. Je n'ai qu'une parente, qu'une mère, qu'une tutrice, c'est votre femme, mon parrain, c'est mamita bien-aimée. Les lois ne me font dépendre d'aucune autorité. Mon cœur est libre de choisir celle qu'il me convient de regarder comme légitime et sacrée. Allons, mon parrain, retournez vers mamita, ajouta-t-elle. Dites-lui que j'arrive ; nous vous suivrons de près, mon frère et moi.

— Doucement, dit Roque, ceci n'est pas régulier. Vous n'êtes pas mariés, et nous sommes chargés de ramener une jeune personne, et non deux jeunes époux, à mamita.

— Pardonnez-moi, monsieur Roque, dit Morenita en regardant Algénib, et en dissipant ainsi le nuage qui déjà obscurcissait son âme inquiète et jalouse ; mais, sans mon fiancé, cela n'est ni convenable ni possible.

Stéphen comprit cette fermeté et l'admira. Il était trop pénétrant pour ne pas voir que Morenita faisait un dernier effort pour se rattacher à Algénib ; mais, comme il supposait leur liaison plus intime, il désirait qu'elle fût franchement acceptée.

— Morenita a raison, dit-il, nous voyagerons tous ensemble. Je vais chercher la voiture que nous avons laissée sur le chemin. Préparez-vous tous trois à y monter avec moi.

## XIV

#### FRAGMENTS DES MÉMOIRES DE STÉPHEN

La révolution de février n'avait rien changé à nos paisibles habitudes, et nous passâmes presque toute l'année 1848 à Briole, heureux quand même dans notre intérieur, bien qu'attristés et consternés par le retentissement des discordes civiles.

Je n'étais pas, je n'ai jamais été un homme politique. J'ai les mœurs trop douces pour ce rude métier. Je les trouve naïfs, ces gens qui vous disent qu'il ne faut que de la volonté ou du courage pour être un instrument actif dans l'œuvre du progrès de son siècle. Je ne crois pas manquer de volonté, je ne crois pas manquer de courage, ni au moral, ni au physique ; mais il est des temps de fatalité dans l'histoire où la lutte des idées disparaît derrière la lutte des passions. Ce ne sont plus tant les systèmes qui se combattent que les hommes qui se haïssent. Puis viennent des jours néfastes où ils s'égorgent, et, le lendemain, ivres ou brisés dans la défaite ou la victoire, ils se demandent avec effroi pour quelle cause, pour quel principe ils ont commis ce parricide !

Je ne sais point haïr. Je ne le peux pas. Je n'en fus pas moins souvent victime des vexations et des injustices de l'opinion. Pourquoi aurais-je été oublié, dans mon coin, par la colère ou la souffrance générale ? A cette triste époque, pas un homme ne fut épargné par l'esprit de parti, qu'il eût remué ou mûri quelque idée dans la politique, dans l'art ou dans la science.

Mais notre sanctuaire domestique resta inattaquable. Comme, en aucun temps, je n'avais eu ambition et souci d'aucune chose vénale, retentissante ou flatteuse dans les prospérités de ce monde, les vicissitudes de la politique et les orages de la société passèrent autour de notre nid sans y faire pénétrer les préoccupations personnelles, les ambitions déçues ou satisfaites, les vengeances avortées ou assouvies, les mauvais désirs ou les poignants remords.

Les événements avaient chassé de France beaucoup d'étrangers de marque, inquiets ou avides du contre-coup que nos agitations produiraient dans leur pays. Le duc de Florès était retourné en Espagne sans exiger que sa femme l'y suivît. Leur union était devenue si malheureuse, qu'ils ne cherchaient plus qu'un prétexte pour en relâcher les liens sans les briser. La duchesse alla vivre en Italie, où les symptômes d'une dévotion exaltée ne tardèrent pas à se manifester chez elle.

Le duc ne nous donna plus signe de vie et parut vouloir ignorer ce que nous décidicrions pour l'avenir de Morenita. L'abandon fut l'inévitable dénoûment d'une tendresse paternelle si peu sage et si peu courageuse.

Les six premiers mois de la République furent pour tous les arts un temps d'arrêt ; un temps d'effroi, de gêne ou de misère pour la plupart des artistes. Algénib consentit à ne s'occuper de son avenir qu'en travaillant pour se l'assurer plus sérieux et plus honorable. Il reprit ses études avec Schwartz, avouant enfin que cet admirable professeur lui donnait beaucoup sans lui rien ôter. Morenita lui inspira du courage et de la suite dans le travail, en lui donnant l'exemple.

Dans les premiers jours de notre réunion à Genève, ma belle-mère, Roque et moi avions pensé qu'il n'y avait qu'un parti à prendre, qui était de marier les deux gitanos et de veiller ensuite à établir leur existence dans les conditions les moins anormales qu'il nous serait possible de leur créer. A cet effet, j'avais écrit au duc, qui ne m'avait pas répondu, soit qu'il n'eût pas reçu ma lettre, soit qu'il ne sût à quoi se décider, soit qu'il voulût témoigner de son mépris pour une fille rebelle. Je n'insistai pas. Ma chère Anicée était satisfaite de n'avoir plus de concurrents funestes dans sa sollicitude pour Morenita ; mais, quand je lui parlai de conclure le mariage, devenu inévitable et nécessaire selon toutes les apparences, elle me dit en souriant :

— Vous vous trompez tous. Rien ne presse, Morenita est pure. Je n'ai pas eu besoin de l'interroger. J'ai senti dans son premier regard, dans son premier baiser, qu'elle me revenait enfant comme elle était partie. Elle aime Algénib, je le crois. Elle a la volonté de n'aimer que lui, j'en suis sûre. Il y a plus, je te déclare que ma conscience est tranquille, parce que je crois que c'est le seul homme qu'elle puisse aimer. Pourtant, je veux le connaître, ce cœur aigri par les premières impressions de la vie. Je veux savoir si la somme du bien peut l'emporter radicalement en lui sur celle du mal. Cela n'arrivera peut-être pas si nous ne sommes décidés à nous en mêler. Il le faut donc ! Je ne sais si ce sera très-divertissant, car il ne paraît maniable qu'à la surface, ton gitano ; mais nous devons à Morenita de lui faire le meilleur époux possible, ou de la préserver de lui, c'est décidément c'est un cœur où la haine doit tenir plus de place que l'amour.

Nous étions revenus à Briole en mars 1848, avec le jeune couple, et voici quelle était, vers la fin de l'automne, la situation de notre famille. Je ne sais par quel art magique, révélé à la délicatesse d'un cœur de femme et à la persuasion d'un cœur de mère, Anicée avait arraché, des profondeurs de la conscience tortueuse d'Algénib, un serment inviolable à ses propres yeux. Il avait juré de regarder, pendant six mois entiers, Morenita comme sa sœur. En retour, il avait exigé d'Anicée une confiance absolue dans ses relations avec Morenita. Il tint parole en voyant que cette noble femme comptait sur lui, et, malgré l'ardeur de ses sens, les fluctuations de sa volonté rebelle et les dangereux souvenirs d'une dépravation précoce, il ne compromit par aucun entraînement trop marqué la chasteté de sa fiancée.

Ainsi, pendant qu'on disait dans le monde, quand par hasard on s'y souvenait de l'apparition de miss Hartwell, qu'elle s'était sauvée avec un chanteur des rues, et que, déjà abandonnée par lui, elle avait été recueillie par ma femme, qui était occupée à cacher les suites de sa faute, Algénib et Morenita vivaient innocemment épris sous mes yeux, l'une ignorant encore la nature des égarements qu'on lui imputait, l'autre combattant et dominant avec une sorte d'héroïsme les révoltes de sa passion. Ce n'est pas le seul exemple que j'aie vu de ces vérités invraisemblables. J'ai surpris, sous des dehors austères, des turpitudes inouïes. J'ai découvert, dans des existences calomniées, des candeurs surprenantes. L'opinion n'est donc plus, pour moi, un critérium de la moralité. Elle n'est pas volontairement injuste ; mais elle n'est pas toujours éclairée, et je n'aime pas qu'on y tienne trop. On devient trop habile à se concilier l'estime publique sans se priver d'aucun vice, quand on la préfère à la libre quiétude de la conscience.

L'engouement bizarre que ma filleule avait ressenti pour moi n'inquiéta pas un instant Anicée. Morenita, en la retrouvant à Genève, s'était jetée dans ses bras avec une passion trop franche, une émotion trop sentie, pour que la jalousie, l'amour par conséquent ne fût pas vaincu.

Il n'en fut pas de même d'Algénib. Il fut longtemps ombrageux et sournoisement attentif à mes manières avec sa fiancée. Je sentais souvent, au milieu de ses retours vers moi, un accès de haine plus fort peut-être que sa volonté. Je lui pardonnais, je feignais de ne m'apercevoir de rien.

Dans les premiers temps, Morenita fut ravissante de grâces, de tendresses, d'adorations pour sa mamita. Je fus vraiment surpris de voir tout ce que ce cœur inégal, facile à troubler, renfermait d'ardeur dans la reconnaissance. Elle avait trouvé tout simple d'être gâtée et choyée dans ce qu'elle appelait naïvement son temps d'innocence, c'est-à-dire avant sa phase d'ingratitude. Elle ne se reprochait pas cela dans sa vie. La vanité, la coquetterie, la tyrannie, la duplicité féminine, l'indépendance sans frein, tous les défauts qui avaient fait explosion durant son absence, ne comptaient plus beaucoup à ses yeux. Ils lui étaient trop naturels pour qu'elle les condamnât sévèrement en elle-même. Mais le crime d'avoir boudé et affligé sa mère, elle ne comprenait déjà plus comment elle avait pu le commettre, et, à chaque souvenir de ce temps-là, on la voyait rougir et pâlir, interroger, de son œil d'animal sauvage, l'œil si divinement humain d'Anicée, saisir à la dérobée sa main ou les plis de sa robe, les embrasser avec ardeur, et quelquefois, avec une sorte de désespoir enfantin et sauvage, enfoncer ses ongles ou ses dents dans sa propre chair comme pour se punir de sa folie. Le repentir était dans cette âme altière une sorte de soulagement effréné aux tortures de son propre orgueil. Devant les reproches d'Anicée, elle fût entrée en révolte, elle fût redevenue impie. Devant son inaltérable mansuétude, elle était vaincue et trouvait une secrète joie à l'être.

Nous ne pouvions voir aussi facilement ce qui se passait dans l'âme d'Algénib. Une cuirasse impénétrable cachait, à l'habitude, ses émotions intimes, au point que nous pensions souvent avec effroi qu'il ne comprenait pas et ne sentait pas les choses morales. C'était une nature plus impressionnable et plus nerveuse encore que celle de Morenita devant les choses extérieures. L'amour, le désir, le soupçon, faisaient passer des lueurs sinistres sur son visage sombre, des éclairs ou des rayons dans ses yeux embrasés ou ravis. Lorsqu'il contemplait Morenita, c'était parfois un être transfiguré; mais Anicée craignait que les siens ne fussent émus aux dépens du cœur.

Ses chants pénétrants, qui, chaque jour, prenaient plus de charme ; ses compositions, qui annonçaient de plus en plus un génie original, un talent ingénieux et souple; sa facilité à s'assimiler toutes les connaissances dont les éléments tombaient sous sa main, et à les exprimer pour ainsi dire le suc sur les conceptions de son art; son esprit vif, mordant, prompt à la réplique ; sa beauté peu commune, en faisaient certainement un homme à part, un type d'artiste émouvant pour l'imagination. Mais il y avait en lui une personnalité inquiète à propos de tout, un empressement à la méfiance, qui faisaient parfois redouter une ingratitude incurable.

Cette disposition nous inquiétait d'autant plus qu'elle paraissait souvent systématique. Non-seulement le cœur n'éprouvait pas le besoin de se livrer, mais encore il semblait qu'il eût celui de se défendre, et un secret plaisir à se refuser.

Morenita, portée aux mêmes défauts, ne les remarquait pas ou ne les haïssait point, et Anicée me disait souvent :

— Ils sont heureux à leur manière ; ils s'aiment autrement que nous.

Cependant il nous était impossible de pénétrer complétement dans ces deux âmes, et nous sentions bien qu'il y avait entre elles et nous des différences essentielles, qui nous rendaient, à plusieurs égards, étrangers les uns aux autres.

Madame Marange avait une prédilection avouée pour Algénib ; elle en augurait beaucoup pour l'avenir et se sentait portée à le préférer à Morenita. Cette mère parfaite, cette femme éminente, avait au fond du caractère une certaine irrésolution que l'idée de la force avait toujours charmée et subjuguée. Elle aimait tout ce qui était un symptôme d'énergie morale, et un peu de tendance à la domination ne la choquait pas. Selon elle, Morenita n'avait que des velléités, Algénib avait des puissances.

Algénib avait beaucoup de respect extérieur et de déférence apparente pour ma femme et pour sa mère ; mais il ne s'épanchait jamais avec personne. Il travaillait avec un soin extrême ses manières, sa toilette, son extérieur. Longtemps il avait copié la tenue, le langage et les modes de ce monde qu'il affectait de mépriser, avec le mauvais goût des parvenus. Chez nous, il épurait tout cela avec une attention sérieuse, et sa préoccupation dominante semblait être de demander à madame Marange les traditions de la bonne compagnie. Morenita paraissait fort sensible à ses progrès, elle qui, d'instinct, avait toujours eu l'aisance et l'aplomb d'une petite princesse.

Elle était plus souvent mélancolique que riante auprès de lui. Elle n'essayait plus d'être coquette : elle craignait son ironie ou son blâme. Il ne la gâtait pas, il faut le dire. Il la dominait par cette passion muette et concentrée qu'elle paraissait subir avec orgueil plutôt que partager avec lui.

C'était ainsi seulement, je pense, que Morenita pouvait aimer. Elle était de ces natures qui abusent, qui épuisent, qui se lassent, et qui ne conservent que ce qu'on les force d'épargner par la crainte de les perdre. Sous ce rapport, Algénib était un amant de génie, et je me disais souvent avec admiration que vingt ans d'analyse du cœur humain ne m'avaient pas donné le quart de la science qu'il possédait à l'endroit de celui de sa fiancée. Il est vrai que la possession de cette femme n'eût jamais été pour moi un idéal capable de me donner tant d'empire sur moi-même.

Un soir que nous étions réunis au salon, Morenita, qui était dans un moment d'expansion et de gaieté, jouait avec une petite caille apprivoisée dont nous avions tous admiré la grâce et la gentillesse.

— Elle est si belle et si sage, dit-elle, que je veux que vous l'embrassiez, mamita !

Elle l'approcha des lèvres de ma femme, qui causait avec Roque, arrivé chez nous la veille. Anicée baisa machinalement le dos lisse et propre du petit animal, et continua sa conversation. Roque lui parlait tout bas de Clet, qui venait de faire un assez brillant mariage.

Morenita, qui n'entendait pas, et qui, malgré la rouerie insigne de son aventure avec le pauvre Clet, était toujours un petit enfant, posa sa caille sur la table pour la voir marcher. L'oiseau alla du côté d'Algénib et se blottit dans sa main. Algénib la porta à ses lèvres et l'embrassa aussi.

Morenita devint pâle, et lui dit à demi-voix, d'un ton irrité :

— Pourquoi l'embrassez-vous, vous qui n'aimez pas les bêtes ?

— Je ne sais pas, dit Algénib, qui avait l'esprit de n'être jamais galant avec elle.

— Moi, je le sais ! reprit Morenita impétueuse et comme désolée.

— Si vous le savez, dites-le donc.

— Vous savez, vous, que je ne peux pas le dire. Mais répondez, est-ce cela ?

— Oui, c'est cela, répondit Algénib la regardant en face.

— Ah ! mon Dieu ! c'est donc pour me rendre folle et méchante encore une fois ? s'écria Morenita en se levant. Donnez-moi ma caille, je veux lui tordre le cou !

— Que dit-elle donc là ? demanda Anicée surprise, en se retournant.

Elle vit Morenita qui allait étrangler sa caille. Algénib la lui reprit avec autorité, et, la donnant à ma femme :

— Sauvez-la, madame, dit-il d'un air fort animé, vous qui plaignez tout ce qui est faible, et qui relevez tout ce que le monde foule aux pieds.

Anicée regarda Morenita, qui tremblait de colère. C'était le premier orage depuis son retour.

— Mais qu'est-ce qu'il y a donc ? dit-elle en s'adressant à sa mère et à moi, qui avions contemplé cette petite scène avec la même stupéfaction.

— Il y a que la fille est jalouse de toi, dit madame Marange en levant les épaules, moitié riant, moitié grondant.

Morenita jeta un cri de douleur, et, s'élançant vers ma femme, elle tomba à ses genoux et cacha sa figure dans ses mains, qu'elle prit pour les couvrir de larmes et de baisers.

Algénib souriait d'un air de dédain ; ma femme caressait Morenita avec inquiétude et ne comprenait pas.

— Madame, dit Algénib, j'ai dérobé un baiser à cette charmante petite créature que vous avez là dans votre manche, et Morenita trouve que c'est une injure que je lui ai faite. Voilà pourquoi elle veut la tuer.

— Tuer sa caille ? Mais elle est donc folle ! dit Anicée.

— Mamita, dit Morenita en se levant, je vous aime ; mais vous me ferez mourir, je sens cela. Ce n'est pas votre faute, ce qui arrive ; mais c'est égal, il faut que je vous quitte. Il y a huit jours que j'y pense, et, ce soir, je le veux, renvoyez-moi au couvent. J'en mourrai, puisque je ne peux pas vivre sans vous ; mais je mourrais ici, puisque je ne peux pas vivre avec vous !

Elle s'enfuyait, hors d'elle-même et en proie à un véritable accès de démence. Algénib courut après elle, la prit dans ses bras et la rapporta plutôt qu'il ne l'amena aux pieds d'Anicée.

— Morenita de mon âme ! s'écria-t-il rayonnant d'enthousiasme et de joie, sois bénie pour ce mouvement-là ! Tu aurais quitté ta mère pour moi, aussi ? Tu en as eu la pensée, c'est tout ce qu'il me faut. A présent, écoute. J'ai embrassé cet oiseau par méchanceté pure, comme j'ai pris, l'autre jour, devant toi, les fleurs du bouquet ; comme je t'ai dit, ce matin que les femmes blanches étaient plus belles que les noires. Tu as été furieuse, je ne trouvais pas que ce fût assez. Ce soir, je suis heureux, je te remercie !

— Algénib, dit Anicée d'un ton sévère, tout ce que je comprends de vos mystères d'enfant, c'est qu'elle souffre et que cela vous amuse.

— Madame, répondit Algénib en pliant aussi le genou devant ma femme, si je n'étais pas un pauvre gitano indigne, je dirais que je vous aime comme ma mère ; ne vous fâchez pas de cette parole-là ; c'est la première fois de ma vie, c'est probablement la dernière que je me sentirai assez ému, assez exalté par la joie pour avoir tant de confiance et de présomption. Vous avez été pour moi plus que celle qui m'a donné la vie, plus que la pauvre Pilar qui me l'avait conservée par ses soins. Vous m'avez donné une âme en m'accordant de l'estime, en réclamant de moi une promesse et en y croyant ! Je ne dis pas que je ne mentirai plus jamais aux hommes ; mais je ne

mentirai pas plus à vous qu'à Dieu. Croyez-moi donc quand je vous dis que je rendrai votre enfant heureuse et qu'elle n'aura jamais à rougir de moi. Donnez-la-moi pour femme ; car je commence à devenir fou, et c'est demain que je suis dégagé de mon serment. . . . . . . . . . . . . . . . .
. . . . . . . . . . . . . . . . .

JOURNAL DE STÉPHEN.

15 août 1852. — Briole, six heures du matin.

C'est aujourd'hui l'anniversaire d'Anicée. Hier au soir, Morenita lui a écrit de Vienne, où notre jeune couple d'artistes fait fureur. Sa lettre est charmante. Elle y parle de sa gloire au moins autant que de son bonheur, ou plutôt elle confond ces deux choses. A chacun sa destinée !

Il n'a manqué à la nôtre que la joie d'avoir des enfants. Cela nous imposait le devoir d'élever ceux qui n'avaient pas de parents. Nous l'avons rempli le mieux possible.

Quel beau bouquet je vais porter sous les fenêtres d'Anicée ! La *iucca filamenteuse* a fleuri derrière la haie des troènes. Il y a quinze ans aujourd'hui, nous avons planté cette fleur mystérieuse, dont l'épi luxuriant dort quelquefois si longtemps dans le sein de la terre. Anicée la croyait inféconde et ne la regardait plus. L'épi s'est élancé enfin et s'est couvert d'une girandole de fleurs d'un blanc pur, un vrai bouquet de mariée !

Déjà quinze ans d'hyménée ! que c'est court, mon Dieu ! et que cela passe vite ! Quoi ! ce n'est que le temps de faire éclore une petite plante ! Celle-ci est l'image de notre félicité cachée, et ce jour me semble celui de la première floraison de mon amour et de mon bonheur.

# COLLECTION MICHEL LÉVY ET DE LA LIBRAIRIE NOUVELLE, A 1 FRANC LE VOLUME.

**AMÉDÉE ACHARD** vol.
La Chasse royale. . . 2
Les Dernières Marquises. 1
Les Femmes honnêtes. . 1
Parisien. et Provinciales. 1
Les Petits-Fils de Lovelace 1
La Robe de Nessus. . . 1

**ACHIM D'ARNIM**
*Traduction Th. Gautier fils*
Contes bizarres. . . . 1

**ADOLPHE ADAM**
Souvenirs d'un Musicien. 1
Dern. Souv. d'un Musicien. 1

**W.-H. AINSWORTH**
*Traduction B.-H. Révoil*
Le Gentilhomme des grandes routes . . . . 2

**GUSTAVE D'ALAUX**
L'Emp. Soulouque et son Empire. . . . . . 1

***
Mme la duche d'Orléans, Hélène de Mecklembourg-Schwerin. . . 1

***
Souvenirs d'un officier du 2e de zouaves. . . . . 1

**ALFRED ASSOLLANT**
Hist. fantast. de Pierrot. 1

**XAVIER AUBRYET**
La Fem. de vingt-cinq ans. 1

**ÉMILE AUGIER**
Poésies complètes. . . 1

***
Les Zouaves et les Chasseurs à pied. . . . . 1

**J. AUTRAN**
Milianah (épisode des guerres d'Afrique). . . 1

**TH. DE BANVILLE**
Odes funambulesques. 1

**CHARLES BARBARA**
Histoires émouvantes. . 1

**J. BARBEY D'AUREVILLY**
L'Amour impossible. . . 1
L'Ensorcelée. . . . . 1

**BEAUMARCHAIS**
Théâtre, précédé d'une notice sur sa vie et ses ouvrages, par Louis de Loménie. . . . . . 1

**ROGER DE BEAUVOIR**
Aventurières et Courtisanes. . . . . . . 1
Le Cabaret des Morts. . 1
Le Chevalier de Charny. . 1
Le Chev. de St-Georges. 1
Histoires cavalières. . . 1
La Lescombat. . . . . 1
Mademoiselle de Choisy. 1
Le Moulin d'Heilly. . . 1
Le Pauvre Diable. . . . 1
Les Soirées du Lido. . . 1
Les Trois Rohan. . . . 1

**Mme ROGER DE BEAUVOIR**
Confidences de Mlle Mars. 1
Sous le Masque. . . . 1

**HENRI BÉCHADE**
La Chasse en Algérie. . 1

**Mme BEECHER STOWE**
La Case de l'oncle Tom. . 2
Souvenirs heureux. . . 3

**GEORGES BELL**
Scèn. de la vie de château. 1

**A. DE BERNARD** vol.
Le Portr. de la Marquise. 1

**CH. DE BERNARD**
Les Ailes d'Icare. . . 1
Un Beau-Père. . . . 2
L'Écueil. . . . . . 1
Gentilhomme campagnard 2
Gerfaut. . . . . . . 1
Un Homme sérieux. . . 1
Le Nœud gordien. . . 1
Le Paratonnerre. . . . 1
Le Paravent. . . . . 1
La Peau du Lion et la chasse aux amants. . 1

**ÉLIE BERTHET**
La Bastide rouge. . . . 1
Les Chauffeurs. . . . 1
Le Dernier Irlandais. . . 1
La Roche tremblante. . 1

**Mme CAROLINE BERTON**
Le Bonheur impossible. 1
Rosette. . . . . . . 1

**H. BLAZE DE BURY**
Musiciens contemporains. 1

**CH. DE BOIGNE**
Les Petits Mémoires de l'Opéra. . . . . . 1

**J.-B. BOREDON** vol.
Gabriel et Fiammetta. . 1

**LOUIS BOUILHET**
Melænis, conte romain. 1

**RAOUL BRAVARD**
L'Honneur des Femmes. . 1
Une Petite Ville. . . . 1
La Revanche de Georges Dandin. . . . . . 1

**ALFRED DE BRÉHAT**
Bras d'acier. . . . . 1
Scènes de la vie contemporaine. . . . . . 1

**MAX BUCHON**
En Province. . . . . 1

**ÉMILIE CARLEN**
*Traduction Marie Souvestre*
Deux Jeunes Femmes. . 1

**LOUIS DE CARNÉ**
Un Drame sous la Terreur. 1

**ÉMILE CARREY**
L'Amazone.—8 Jours sous l'Équateur. . . . . 1
Les Métis de la Savane. . 1
Les Révoltés du Para. . 1
Récits de la Kabylie. . 1

**HIPPOLYTE CASTILLE**
Histoire de Ménage. . . 1

**CÉL. DE CHABRILLAN**
La Sapho. . . . . . 1
Les Voleurs d'or. . . . 1

**CHAMPFLEURY**
Les Amoureux de Sainte-Périne. . . . . . . 1
Les Aventures de Mlle Mariette. . . . . . . 1
Les Bourgeois de Molinchart. . . . . . . 1
Chien-Caillou. . . . . 1
Les Excentriques. . . . 1
Les Premiers Beaux Jours 1
Le Réalisme. . . . . 1
Les Sensations de Josquin. 1
Souffrances du Professeur Delteil . . . . . 1
Souven. des Funambules. 1
L'Usurier Blaizot. . . 1

**PHILARÈTE CHASLES**
Le vieux Médecin. . . 1

**GUSTAVE CLAUDIN**
Point et Virgule. . vol 1

**Mme LOUISE COLET**
Quarante-cinq lettres de Béranger. . . . . . 1

**HENRI CONSCIENCE**
*Traduction Léon Wocquier*
Aurélien . . . . . . 2
Batavia. . . . . . . 1
Le Conscrit. . . . . . 1
Le Coureur des grèves. . 1
Le Démon de l'Argent. 1
Le Démon du jeu. . . . 1
Le Fléau du Village. . . 1
Le Gentilhomme pauvre. 1
La Guerre des Paysans. 1
Heures du Soir. . . . 1
Le Jeune Docteur. . . . 1
Le Lion de Flandre. . . 2
La Mère Job. . . . . 1
L'Orpheline. . . . . 1
Scènes de la Vie flamande. 2
Souvenirs de jeunesse. . 1
Le Tribun de Gand. . . 2
Veillées flamandes. . . 1

**H. CORNE**
Souvenirs d'un proscrit polonais. . . . . . . 1

**ARTHUR CORNILLON**
Mathéus. . . . . . . 1

**CUVILLIER-FLEURY**
Voyages et Voyageurs. . 1

**LA COMTESSE DASH**
Les Bals masqués. . . 1
La Chaîne d'Or . . . 1
Les Châteaux en Afrique. 1
Les Degrés de l'Échelle. . 1
La Duchesse d'Éponnes. . 1
Le Fruit défendu. . . 1
Les Galanteries de la cour de Louis XV. . . . 4
La Régence. . . . . 1
La Jeunesse de Louis XV 1
Les Maîtresses du roi. . 1
Le Parc-aux-Cerfs. . 1
Le Jeu de la Reine. . . 1
La Marquise de Parabère. 1
La Marquise sanglante. . 1
La Poudre et la Neige. . 1
Le Salon du Diable. . . 1

**LE GÉNÉRAL DAUMAS**
Le Grand Désert. . . . 1

**E. J. DELÉCLUZE.**
Dona Olimpia. . . . . 1

La Première Communion. 1
Madem. Justine de Liron. 1

**ÉDOUARD DELESSERT**
Voyage aux Villes maudites. . . . . . . . 1

**PAUL DELTUF**
Aventures parisiennes. . 1
Petits Malh. d'une jeune Femme. . . . . . 1

**PAUL DHORMOYS**
Une Visite chez Soulouque. 1

**CHARLES DICKENS**
*Traduction Amédée Pichot*
Contes de Noël. . . . 1
Le Neveu de ma Tante. 2

**OCTAVE DIDIER**
Une Fille de Roi. . . 1
Madame Georges. . . 1

**MAXIME DU CAMP**
Mémoires d'un Suicidé. . 1
Le Salon de 1857. . . . 1
Les Six Aventures. . . 1

**ALEX. DUMAS**
Amaury. . . . . . . 1
Ange Pitou. . . . . . 2
Ascanio. . . . . . . 2
Aventures de John Davys. 2
Les Baleiniers. . . . . 2
Le Bâtard de Mauléon . 3
Black . . . . . . . 1
La Bouillie de la comtesse Berthe 1
La Boule de neige. . . 1
Bric-à-Brac. . . . . 2
Un Cadet de Famille. . 3
Le Capitaine Pamphile. . 1
Le Capitaine Paul . . . 1
Le Capitaine Richard. . 1
Catherine Blum. . . . 1
Causeries. . . . . . 2
Cécile. . . . . . . 1
Charles le Téméraire. . 2
Le Chass. de Sauvagine. 1
Le Château d'Eppstein . 2
Le Chevalier d'Harmental. 2
Le Chev. de Mais.-Rouge. 2
Le Collier de la reine. 3
La Colombe. — Maître Adam le Calabrais. . 1
Le Comte de Monte-Cristo. 6
La Comtesse de Charny. . 6
La Comtesse de Salisbury 2
Confessions de la Marquise 2
Conscience l'Innocent. . 2
La Dame de Monsoreau. . 3
Les Deux Diane. . . . 3
Dieu dispose. . . . . 2
Les Drames de la mer. . 1
La Femme au coll. de vel. 1
Fernande. . . . . . . 1
Une Fille du Régent . . 1
Les Frères Corses . . . 1
Gabriel Lambert. . . . 1
Gaule et France. . . . 1
Georges. . . . . . . 1
Un Gil-Blas en Californie. 1
La Guerre des Femmes . 2
Hist. d'un Casse-Noisette. 1
L'Horoscope. . . . . 1
Impressions de voyage :
Suisse. . . . . . . 3
Une Année à Florence. 1
L'Arabie heureuse. . . 3
Les Bords du Rhin . . 2
Le Capitaine Aréna. . 1
De Paris à Cadix. . . 2
Quinze jours au Sinaï . 1
Le Spéronare. . . . 2
Le Véloce. . . . . 2
Ingénue. . . . . . . 2
Isabel de Bavière. . . . 2
Italiens et Flamands. . 2
Ivanhoë. . . . . . . 2
Jane. . . . . . . . 1
Jehanne la Pucelle. . . 1
Les Louves de Machecoul. 3
Madame de Chamblay. . 2
La Maison de glace. . . 2
Le Maître d'armes. . . 1
Les Mariages du père Olifus 1
Les Médicis. . . . . . 1
Mes Mémoires . . . . 10
Mémoires d'une Aveugle. . 2
Mémoires de Garibaldi. . 2
Mémoires d'un Médecin.— Joseph Balsamo. . . 5
Le Meneur de Loups. . . 1
Les Mille et un Fantômes. 1
Les Mohicans de Paris. . 4
Les Morts vont vite. . . 2
Napoléon. . . . . . . 1
Une Nuit à Florence. . . 1
Olympe de Clèves. . . . 3
Le Page du duc de Savoie 2
Le Pasteur d'Ashbourn. . 2
Pauline et Pascal Bruno. 1
Le Père Gigogne . . . 2
Le Père la Ruine. . . . 1
La Princesse Flora. . . 1

Les Quarante-Cinq. . . 3
La Reine Margot. . . . 2
La Route de Varennes. . 1
Le Saltéador. . . . . 1
Salvator. . . . . . . 5
Souvenirs d'Antony. . . 1
Les Stuarts. . . . . . 1
Sultanetta. . . . . . 1
Sylvandire. . . . . . 1
Le Test. de M. Chauvelin. 1
Trois Maîtres. . . . . 1
Les Trois Mousquetaires. 2
Le Trou de l'Enfer. . . 1
La Tulipe noire. . . . 1
Le Vicomte de Bragelonne. 6
La Vie au Désert. . . . 2
Une Vie d'Artiste. . . 1
Vingt ans après . . . 3

**ALEXAND. DUMAS FILS**
Antonine. . . . . . . 1
Aventures de 4 Femmes. 1
La Boîte d'Argent. . . 1
La Dame aux Camélias. 1
La Dame aux Perles. . . 1
Diane de Lys. . . . . 1
Le Docteur Servans. . . 1
Le Régent Mustel. . . 1
Le Roman d'une Femme. 1
Trois Hommes forts. . . 1
La Vie à vingt ans. . . 1

**HENRI DUPIN**
Cinq Coups de Sonnette. 1

**MISS EDGEWORTH**
*Traduction Jousselin*
Demain. . . . . . . . 1

**GABRIEL DANTRAGUES**
Hist. d'amour et d'argent. 1

**ERCKMANN-CHATRIAN**
L'Illustre Doct. Mathéus. 1

**XAVIER EYMA**
Aventuriers et Corsaires . 1
Les Femmes du nouveau monde . . . . . . . 1
Les Peaux noires. . . . 1
Les Peaux rouges. . . . 1
Le Roi des Tropiques. . . 1
Le Trône d'argent. . . 1

**PAUL FÉVAL**
Alizia Pauli. . . . . . 1
Les Amours de Paris. . . 2
Le Bercoau de Paris. . . 1
Blanchefleur. . . . . . 1
Le Bossu ou le Petit Parisien. . . . . . . . 3
Le Capitaine Simon. . . 1
Les Compagn. du Silence. 3
Les Dernières Fées. . . 1
Les Fanfarons du Roi. . 1
Le Fils du Diable. . . . 4
Le Tueur de Tigres. . . 1

**GUSTAVE FLAUBERT**
Madame Bovary. . . . . 2

**PAUL FOUCHER**
La Vie de plaisir. . . . 1

**ARNOULD FRÉMY**
Confessions d'un Bohémien. 1
Les Maîtresses parisiennes. 2

**GALOPPE D'ONQUAIRE**
Le Diable boiteux à Paris. 1
Le Diable boiteux en prov. 1
Le Diable boit. au village. 1
Le Diable boiteux au château. . . . . . . . 1

**THÉOPHILE GAUTIER**
Constantinople. . . . . 1
Les Grotesques. . . . . 1

**SOPHIE GAY**
La comtesse d'Egmont. . 1
Un Mariage sous l'empire. 1

**JULES GÉRARD**
La Chasse au lion (orné de 12 gravures de Gustave Doré). . . . . . 1

**GÉRARD DE NERVAL**
La Bohême galante. . . 1
Les Filles du Feu. . . . 1
Le Marquis de Fayolle. . 1
Souvenirs d'Allemagne. . 1

**ÉMILE DE GIRARDIN**
Émile. . . . . . . . 1

**Mme ÉMILE DE GIRARDIN**
Contes d'une Vieille Fille à ses Neveux. . . . . 1
La Croix de Berny. . . . 1
Marguerite. . . . . . 2
M. le Marquis de Pontanges. . . . . . . . . 1
Nouvelles. . . . . . . 1
Poésies complètes. . . 1
Le Vicomte de Launay . 4

**LÉON GOZLAN**
Le Baril de Poudre d'or. 1
Les Châteaux de France. 2

La Comédie et les Comédiens. . . . . . . . 1
La Dernière Sœur grise. 1
Le Dragon rouge. . . . 1
Émotions de Polydore Marasquin. . . . . . . 1
La Famille Lambert. . . 1
La Folle du logis. . . . 1
Histoire de Cent trente Femmes. . . . . . . 1
Le Médecin du Pecq. . 1
Le Notaire de Chantilly. 1
Les Nuits du Père-Lachaise. . . . . . . . 1

**Mme M. DE GRANDFORT**
L'Autre Monde. . . . . 1

**GR. DE CASSAGNAC**
Danaë. . . . . . . . 1

**LÉON HILAIRE**
Nouvelles fantaisistes. . 1

**HILDEBRAND**
*Traduction Léon Wocquier*
La Chambre obscure. . . 1
Scèn. de la Vie hollandaise 1

**ARSÈNE HOUSSAYE**
L'Amour comme il est. . 1
Les Femmes comme elles sont. . . . . . . . . 1
La Vertu de Rosine. . . 1

**CHARLES HUGO**
La Bohème dorée. . . . 2
La Chaise de paille. . . 1

**F. VICTOR HUGO**
*Traducteur*
Le Faust anglais de Marlowe. . . . . . . . 1
Sonnets de Shakspeare. . 1

**F. HUGONNET**
Souv. d'un Chef de bureau arabe. . . . . . . . 1

**JULES JANIN**
L'Âne mort. . . . . . 1
Le Chemin de traverse. . 1
Un Cœur pour 2 Amours. 1
La Confession. . . . . 1

**CHARLES JOBEY**
L'Amour d'un Nègre. . . 1

**PAUL JUILLERAT**
Les Deux Balcons. . . . 1

**ALPHONSE KARR**
Agathe et Cécile. . . . 1
Le Chemin le plus court. 1
Clotilde. . . . . . . . 1
Clovis Gosselin. . . . . 1
Contes et Nouvelles . . 1
Devant les Tisons. . . . 1
Les Femmes. . . . . . 1
Encore les Femmes. . . 1
La Famille Alain. . . . 1
Feu Bressier. . . . . . 1
Les Fleurs. . . . . . 1
Geneviève . . . . . . 1
Les Guêpes. . . . . . 6
Hortense. . . . . . . 1
Menus Propos. . . . . 1
Midi à Quatorze heures. . 1
Pêche en eau douce et eau salée. . . . . . . . 1
La Pénélope normande. . 1
Une poignée de Vérités. . 1
Promenades hors de mon Jardin. . . . . . . . 1
Raoul. . . . . . . . . 1
Roses noires et R. bleues. 1
Les Soirées de Sainte-Adresse. . . . . . . 1
Sous les orangers. . . . 1
Sous les Tilleuls. . . . 1
Trois Cents Pages . . . 1
Voyage autour de mon Jardin. . . . . . . . 1

**KAUFFMANN**
Brillat le Menuisier. . . 1

**LÉOPOLD KOMPERT**
*Traduction Daniel Stauben*
Les Juifs de la Bohême. . 1
Scènes du Ghetto. . . . 1

**DE LACRETELLE**
La Poste aux Chevaux. . 1

**Mme LAFARGE**
*Née Marie Capelle*
Heures de Prison. . . . 1

**CHARLES LAFONT**
Les Légend. de la Charité. 1

**G. DE LA LANDELLE**
Les Passagères. . . . . 1

**STEP. DE LA MADELAINE**
Secret d'une Renommée. 1

**JULES DE LA MADELÈNE**
Les Âmes en peine. . . 1
Le Marquis des Saffras. 1

**A. DE LAMARTINE** v
Les Confidences. . . . .
Geneviève, Histoire d'une Servante. . . . . . .
Graziella. . . . . . . .
Homère et Socrate. . .
Nouvelles Confidences. .
Régina. . . . . . . . .
Rustem. . . . . . . . .
Toussaint Louverture. .

**VICTOR DE LAPRAD**
Psyché. . . . . . . .

**CH. DE LA ROUNAT**
La Comédie de l'Amour.

**THÉOPHILE LAVALL**
Histoire de Paris. . . .

**CARLE LEDHUY**
Le Capitaine d'Aventures.
Le Fils maudit. . . . .

**LEOUZON LEDUC**
L'Empereur Alexandre II.

**LOUIS LURINE**
Ici l'on aime. . . . . .

**FÉLICIEN MALLEFILI**
Le Capitaine La Rose. .
Marcel. . . . . . . . .
Mémoires de Don Juan.
Monsieur Corbeau. . .

**MARCOTTE DE QUIVIÈR**
Deux ans en Afrique, avec une introduction du bibliophile Jacob. . . .

**MARIVAUX**
Théâtre. . . . . . . .

**X. MARMIER**
Au bord de la Newa. .
Les Drames intimes. .
Une Grande Dame russe.
Hist. allemandes et scandinaves. . . . . . .

**LE Dr FÉLIX MAYNAR**
Un Drame dans les mers boréales. . . . . . .
Journal d'une Dame anglaise. — De Delhi à Cawnpore. . . . . .
Voyages et Avent. au Chili.

**MÉRY**
André Chénier. . . .
La Chasse au Chastre. .
Le Chât. des Trois-Tours.
Le Château vert. . .
Une Conspir. au Louvre.
Les Damnés de l'Inde. .
Une Histoire de Famille.
Une Nuit du Midi. .
Les Nuits anglaises. .
Les Nuits d'Orient. .
Les Nuits espagnoles. .
Les Nuits italiennes. .
Les Nuits Parisiennes. .
Salons et Souterr. de Paris

**PAUL MEURICE**
Scènes du Foyer (la famille Aubry)
Les Tyrans de Village.

**PAUL DE MOLÈNES**
Avent. du Temps passé
Caract. et récits du temps.
Chroniques contempor. .
Histoires intimes. .
Hist. sentiment. et milit.
Mém. d'un Gentilhomme du siècle dernier. .

**MOLIÈRE**
Œuvres complètes. Nouvelle édition publiée par *Philarète Chasles.*

**Mme MOLINOS-LAFITT**
L'Éducation du Foyer. .

**HENRY MONNIER**
Mémoires de M. Joseph Prudhomme. . .

**CHARLES MONSELE**
M. de Cupidon. . . .

**LE COMTE DE MOYNI**
Bohémiens et Grands Seigneurs. . . . . .

**HÉGÉSIPPE MOREA**
Œuvres, avec une notice par *Louis Ratisbonne*

**FÉLIX MORNAND**
Bernerette. . . . . .
La Vie arabe. . . . .

**HENRY MURGER**
Les Buveurs d'eau. .
Le Dernier Rendez-vous
Madame Olympe . .
Le Pays Latin. . .
Propos de ville et propos de théâtre. . . .

SUITE DE LA COLLECTION A 1 FR. LE VOLUME

**HENRY MURGER** (suite.)
Le Roman de toutes les Femmes. 1
Scènes de Campagne. 1
Scèn. de la Vie de Bohême. 1
Scèn de la vie de jeunesse. 1
Le Sabot rouge. 1
Les Vacances de Camille. 1

**A. DE MUSSET, DE BALZAC, G. SAND**
Paris et les Parisiens. 1
Les Parisiennes à Paris. 1
Le Tiroir du Diable. 1

**PAUL DE MUSSET**
La Bavolette. 1
Puylaurens. 1

**NADAR**
Le Miroir aux Alouettes. 1
Quand j'étais Étudiant. 1

**HENRI NICOLLE**
Le Tueur de Mouches. 1

**CHARLES NODIER**
*Traducteur*
Le Vicaire de Wakefield. 1

**ÉDOUARD OURLIAC**
Les Garnaches. 1

**PAUL PERRET**
Les Bourgeois de campagne. 1
Hist. d'une Jolie Femme. 1

**LAURENT-PICHAT**
La Païenne. 1

**AMÉDÉE PICHOT**
Un Drame en Hongrie. 1
L'Écolier de Walter Scott. 1
La Femme du Condamné. 1
Les Poètes amoureux. 1

**EDGARD POE**
*Traduction Ch. Baudelaire*
Av. d'Arth. Gordon-Pym. 1
Histoires extraordinaires. 1
Nouvelles histoires extraordinaires. 1

**F. PONSARD**
Études antiques. 1

**A. DE PONTMARTIN**
Contes d'un Planteur de choux. 1

Contes et Nouvelles. 1
La Fin du procès. 1
Mémoires d'un Notaire. 1
Or et Clinquant. 1
Pourquoi je reste à la campagne. 1

**L'ABBÉ PRÉVOST**
Manon Lescaut, précédée d'une Étude, par John Lemoinne. 1

**MAX RADIGUET**
Souvenirs de l'Amérique espagnole. 1

**RAOUSSET-BOULBON**
Une Conversion. 1

**B. H. RÉVOIL**
*Traducteur*
Le Docteur américain. 1
Les Harems du N. Monde. 1

**LOUIS REYBAUD**
Ce qu'on peut voir dans une Rue. 1
César Falempin. 1
La Comtesse de Mauléon. 1
Le Coq du Clocher. 1
Le Dernier des Commis-Voyageurs. 1
Édouard Mongeron. 1
L'Industrie en Europe. 1
J. Paturot à la recherche de la meilleure des Républiques. 1
J. Paturot à la recherche d'une Position sociale. 1
Marie Brontin. 1
Mathias l'Humoriste. 1
Pierre Mouton. 1
La Vie à rebours. 1
La Vie de Corsaire. 1

**AMÉDÉE ROLLAND**
Les Martyrs du foyer. 1

**NESTOR ROQUEPLAN**
Regain : la Vie parisienne. 1

**JULES DE SAINT-FÉLIX**
Scèn. de la Vie de Gentilh. 1
Le Gant de Diane. 1
Mademoiselle Rosalinde. 1

**F. DE SAINT-LARY**
Les Chutes fatales. 1

**GEORGE SAND**
Adriani. 1
Le Château des Désertes. 1
Le Comp. du tour de France 2
La Comt. de Rudolstadt. 1
Consuelo. 2
La Daniella. 1
La Dernière Aldini. 1
Le Diable aux champs. 1
La Filleule. 1
Histoire de ma Vie. 10
L'Homme de neige. 3
Horace. 1
Isidora. 1
Jacques. 1
Jeanne. 1
Lélia. — Métella. — Melchior. — Cora. 1
Lucrezia Floriani. — La vinia. 1
Les Maîtres sonneurs. 1
Le Meunier d'Angibault. 1
Narcisse. 1
Le Péché de M. Antoine. 1
Le Piccinino. 1
Le Secrétaire intime 1
Simon. 1
Teverino. — Léone Léoni. 1
L'Uscoque. 1

**JULES SANDEAU**
Catherine. 1
Nouvelles 1
Sacs et Parchemins 1

**EUGÈNE SCRIBE**
Théâtre (Ouvr. complet). 20
Comédies. 18
Opéras. 2
Opéras-Comiques. 5
Comédies - Vaudevilles. 10

**ALBÉRIC SECOND**
A quoi tient l'Amour. 1
Contes sans prétention. 1

**FRÉDÉRIC SOULIÉ**
Au Jour le Jour. 1
Aventures de Sat. Fichet. 1
Le Bananier. — Eulalie Pontois. 1
Le Château des Pyrénées. 2
Le Comte de Foix. 1
Le Comte de Toulouse. 1

La Comtesse de Monrion. 1
Confession générale. 1
Le Conseiller d'État. 1
Contes pour les enfants. 1
Les Deux Cadavres. 1
Diane et Louise. 1
Les Drames inconnus :
La Maison n°3 de la r. de Provence. 1
Aventures d'un Cadet de Famille. 1
Amours de Vr Bonsenne, Olivier Duhormel. 1
Un Été à Meudon. 1
Les Forgerons. 1
Huit jours au Château. 1
La Lionne. 1
Le Magnétiseur. 1
Un Malheur complet. 1
Marguerite. — Le Maître d'école. 1
Les Mémoires du Diable. 2
Le Port de Créteil. 1
Les Prétendus. 1
Les Quatre Époques. 2
Les Quatre Napolitaines. 2
Les Quatre Sœurs. 1
Un Rêve d'Amour. — La Chambrière. 1
Sathaniel. 1
Si Jeunesse savait... si Vieillesse pouvait... 2
Le Vicomte de Béziers. 1

**ÉMILE SOUVESTRE**
Les Anges du Foyer. 1
Au bord du Lac. 1
Au coin du Feu. 1
Causeries histor. et littér. 1
Chroniques de la Mer. 1
Confessions d'un Ouvrier. 1
Contes et Nouvelles. 1
Dans la Prairie. 1
Les Derniers Bretons. 2
Les Derniers Paysans. 1
Deux Misères. 1
Les Drames parisiens. 1
L'Échelle de Femmes. 1
En Famille. 1
En Quarantaine. 1
Le Foyer breton. 1
La Goutte d'Eau. 1

Histoires d'autrefois. 1
L'Homme et l'Argent. 1
La Lune de miel. 1
Le Mât de Cocagne. 1
Le Mémorial de famille. 1
Le Mendiant de St-Roch. 1
Le Monde tel qu'il sera. 1
Le Pasteur d'hommes. 1
Les Péchés de Jeunesse. 1
Pendant la Moisson. 1
Philosophe sous les toits. 1
Pierre et Jean. 1
Récits et Souvenirs. 1
Les Réprouvés et les Élus. 2
Riche et Pauvre. 1
Le Roi du Monde. 1
Scènes de la Chouannerie. 1
Scènes de la vie intime. 1
Scènes et Récits des Alpes. 1
Les Soirées de Meudon. 1
Sous la tonnelle. 1
Sous les Filets. 1
Sous les ombrages. 1
Souv. d'un Bas-Breton. 1
Souvenirs d'un Vieillard. 1
La dernière étape. 1
Sur la Pelouse. 1
Théâtre de la Jeunesse 1
Trois Femmes. 1

**MARIE SOUVESTRE**
Paul Ferroll, traduit de l'anglais. 1

**DANIEL STAUBEN**
Scènes de la Vie juive en Alsace. 1

**DE STENDHAL**
De l'Amour. 1
La Chartreuse de Parme. 2
Chroniques et Nouvelles. 1
Promenades dans Rome. 2
Le Rouge et le Noir. 1

**EUGÈNE SUE**
Adèle Verneuil. 1
La Bonne Aventure. 1
Clémence Hervé. 1
Les Fils de Famille. 3
Gilbert et Gilberte. 1
Le Grande Dame. 1
Les Secrets de l'Oreiller. 3
Les Sept Péchés Capitaux. 6

L'Orgueil. 1
L'Envie, la Colère. 1
La Luxure, la Paresse. 1
L'Avarice, la Gourmand. 1

**Mme DE SURVILLE**
Balzac, née Balzac, sa vie et ses œuvres. 1

**FRANÇOIS TALON**
Les Mariages manqués. 1

**E. TEXIER**
Amour et Finance. 1

**W. THACKERAY**
*Traduction W. Huguet*
Les Mémoires d'un valet de pied. 1

**LOUIS ULBACH**
L'Homme aux cinq Louis d'Or. 1
Les Secrets du Diable. 1
Suzanne Duchemin. 1
La Voix du Sang. 1

**J. DE WAILLY FILS**
Scènes de la Vie de Famille. 1

**OSCAR DE VALLÉE**
Les Manieurs d'argent. 1

**VALOIS DE FORVILLE**
Le Comte de Saint-Pol. 1
Le Conscrit de l'An VIII. 1
Le Marquis de Pazayal. 1

**MAX VALREY**
Les Filles sans Dot. 1
Marthe de Montbrun. 1

**V. VERNEUIL**
Mes Aventures au Sénégal. 1

**LE DOCTEUR L. VÉRON**
Cinq cent mille francs de rente. 1
Mémoires d'un Bourgeois de Paris. 1

**CH. VINCENT et DAVI**
Le tueur de Brigands. 1

**FRANCIS WEY**
Les Anglais chez eux. 1
Londres il y a cent ans. 1

## BIBLIOTHÈQUE NOUVELLE
**Format grand in-18, à 2 francs le volume**

**EDMOND ABOUT** vol.
Le Cas de M. Guérin. 1
Le Nez d'un Notaire. 1

**AMÉDÉE ACHARD**
Belle-Rose. 1
Nelly. 1
La Traite des blondes. 1

**PIOTRE ARTAMOV**
Histoire d'un bouton. 1
La Ménagerie littéraire. 1

**ALBERT AUBERT**
Les Illusions de jeunesse de M. Boudin. 1

**BABAUD-LARIBIÈRE**
Histoire de l'Assemblée nationale constituante. 2

**H. DE BARTHÉLEMY**
La Noblesse de France, avant et depuis 1789. 1

**Mme DE BAWR**
Nouvelles. 1
Robertine. 1
Raoul ou l'Énéide. 1
Les soirées des jeunes personnes. 1

**FRÉDÉRIC BÉCHARD**
Les Existences déclassées. 1
Un Échappé de Paris. — 2e série des Existences déclassées. 1

**GEORGES BELL**
Lucy la blonde. 1
Les Revanches de l'amour. 1

**PIERRE BERNARD**
L'ABC de l'esprit et du cœur. 1

**ALBERT BLANQUET**
Le roi d'Italie. 1

**RAOUL BRAVARD**
Ces Savoyards! 1

**E. BRISEBARRE et E. NUS**
Les Drames de la vie. 2

**CLÉMENT CARAGUEL**
Souvenirs et Avent. d'un Volontaire garibaldien. 1

**CÉL. DE CHABRILLAN**
Est-il fou ? 1
Miss Pewel. 1

**EUGÈNE CHAPUS**
Les Haltes de chasse 1
Manuel de l'Homme et de la femme comme il faut. 1

**A. CONSTANT**
Le Sorcier de Meudon. 1

**LA COMTESSE DASH**
Le Livre des Femmes 1

**DÉCEMBRE-ALONNIER**
La Bohême littéraire. 1

**ÉDOUARD DELESSERT**
Le Chemin de Rome. 1

**CH. DESLYS**
Sur la Côte normande. 1

**CH. DICKENS**
*Traduction Amédée Pichot.*
Histor. et récits du Foyer. 1
Les Contes d'un Inconnu. 1

**CH. DOLLFUS**
Le Calvaire. 1
Liberté et centralisation. 1

**MAXIME DU CAMP**
Les Chants modernes. 1
Cheval, du Cœur-Saignant. 1
L'Homme au bracelet d'or. 1
Le Nil (Égypte et Nubie). 1
Le Salon de 1859. 1
Le Salon de 1861. 1
L'Éternel féminin. 1

**ALEXANDRE DUMAS**
L'Art et les Artistes contemporains. 1
Une Aventure d'amour. 1
Les Compagnons de Jéhu. 3
Les Drames galants. 1
Le Fils du Forçat. 1
De Paris à Astrakan. 1

**XAVIER EYMA**
Le Roman de Flavio. 1

**ANTOINE GANDON**
32 Duels de Jean Gigon. 1
Le Grand Godard. — 4e édit. 1
L'oncle Philibert. 1

**ÉMILE DE GIRARDIN**
Bon sens, bonne foi. 1
Le droit au travail au Luxembourg et à l'Assemblée nationale. 2
Études politiques 1
Le Pour et le Contre. 1
Questions administratives et financières. 1

**ED. ET J. DE GONCOURT**
Sœur Philomène. 1

**ÉDOUARD GOURDON**
Louise. — 10e édition. 1
Les Faucheurs de nuit. — 3e édition. 1

**LÉON GOZLAN**
L'Amour des lèvres et l'Amour du cœur. 1
Aristide Froissart. 1
Les Aventures du prince de Galles. 1
Le plus beau rêve d'un Millionnaire. 1

**Mme MANOEL DE GRANDFORT**
Octave. — Comment on s'aime quand on ne s'aime plus. 1

**ED. GRIMARD**
L'Éternel féminin. 1

**JULES GUÉROULT**
Fables. 1

**CHARLES D'HÉRICAULT**
La Fille aux Bluets. 1

**LA REINE HORTENSE**
(Fragments de Mém. inédits)
La reine Hortense en Italie, en France et en Angleterre pend. l'an 1831 1

**ARSÈNE HOUSSAYE**
Les filles d'Ève. 1
La Pécheresse. 1

**A. JAIME FILS**
L'Héritage du mal. 1
Les Falous noirs. — 2e édit. 1

**LOUIS JOURDAN**
Les Peintres français. 1

**AURÈLE KERVIGAN**
*Traducteur*
Histoire de rire. 1

**MARY LAFON**
La Bande mystérieuse. 1
La Peste de Marseille. 1

**LA MARQ. DE LA GRANGE**
La Résinière d'Arcachon. 1

**G. DE LA LANDELLE**
La Gorgone. 1
Une haine à mort. 1

**STÉP. DE LA MADELAINE**
Un Cas pendable. 1

**F. LAMENNAIS**
De la Société première et de ses lois. 1

**LARDIN ET D'AGHONNE**
Jeanne de Flers. 1

**JULES LECOMTE**
Voyages çà et là. 1

**A. LEXANDRE**
Le Pèlerinage de Mireille. 1

**FANNY LOVIOT**
Pirates Chinois. — 3e édit. 1

**LOUIS LURINE**
Voyage dans le passé. 1

**AUGUSTE MAQUET**
La belle Gabrielle. 3
Le comte de Lavernie. 3
L'Envers et l'Endroit. 1
La Maison du Baigneur. 2
La Rose blanche. 1

**MARC-MONNIER**
La Camorra. 1
Hist. du brigandage dans l'Italie méridionale. 1

**MÉRY**
Le Paradis terrestre. 1
Marseille et les Marseillais. 1

**ALFRED MICHIELS**
Contes d'une nuit d'hiver. 1

**EUG. DE MIRECOURT**
Confes. de Marion Delorme. 3

**L. MOLAND**
Le Roman d'une fille laide. 1

**HENRY MONNIER**
Mém. de M. J. Prudhomme. 1

**MORTIMER-TERNAUX**
Le 20 Juin 1792. 1

**CHARLES NARREY**
Le Quatrième Larron. 1

**HENRI NICOLLE**
Courses dans les Pyrénées. 1

**JULES NORIAC**
La Bêtise humaine. 1
Le 101e Régiment. 1
La Dame à la plume noire. 1
Le Grain de sable. 1
Mémoires d'un baiser. 1
Sur le Rail. 1

**ÉDOUARD OURLIAC**
Suzanne. 1

**L. OLIPHANT**
Voy. pittoresque d'un anglais en Russie et sur le litoral de la Mer Noire et de la mer d'Azof. 1

**PARMENTIER**
Description topographique de la guerre turco-russe. 1

**CHARLES PERRIER**
L'Art français au Salon de 1857. 1

**A. DE PONTMARTIN**
Les Brûleurs de femmes. 1

**CHARLES RABOU**
Louison d'Arquien. 1

Les Tribulations de maître Fabricius 1
Le Capitaine Lambert. 1

**JULES SANDEAU**
Un héritage. 1

**ROGER DE BEAUVOIR**
Colombes et Couleuvres. 1
Les Mystères de l'Île St-Louis. 1
Les Œufs de Pâques. 1

**GIOVANI RUFINI**
Mémoires d'un Conspirateur italien. 1

**VICTORIEN SARDOU**
La Perle noire. 1

**AURÉLIEN SCHOLL**
Scènes et mensonges parisiens. 1

**Mme SURVILLE**
(née de Balzac)
Le Compagnon du Foyer. 1

**EDMOND TEXIER**
La Grèce et ses insurrections, avec carte. 1

**ÉMILIE DE VARS**
La Joueuse. — Mœurs de province. 1

**Mme VERDIER-ALLUT**
Les Géorgiques du Midi. 1

**A. VERMOREL**
Les Amours vulgaires. 1
Despéranza. 1

**Dr L. VÉRON**
Paris en 1860. — Les théâtres de Paris de 1806 à 1860, avec gravures. 1

**LE Dr YVAN ET CALLÉR**
L'insurrection en Chine, avec portrait et carte. 1

***

Mémoires de Bilboquet. 1

CLICHY. — Imp. Maurice Loignon, et Cie, rue du Bac-d'Asnières, 12.

www.ingramcontent.com/pod-product-compliance
Lightning Source LLC
LaVergne TN
LVHW021004090426
835512LV00009B/2075